LES LEÇONS

DE

LA GUERRE MONDIALE

PRINCIPALES ŒUVRES DU MÊME AUTEUR

Etude sur les eaux Potables et le Plomb, Paris, 1884. — Traduction turque, Constantinople, 1889.

Dell'uso dei tubi di Piombo per la Condotta delle acque alimentari Piacenza, 1886. — Traductions polonaise, espagnole.

La Navigation aérienne. Paris, 1885.

L'agonie d'une Société, étude sociologique, Paris, 1889.

Ministère et Mélinite, étude sociologique, Paris, 1891.

La France Sociale et Politique, années 1890 et 1891, trois volumes, Paris, 1891 et 1893.

Le Socialisme et le Congrès de Londres, étude sociologique, Paris, 1897. Traductions portugaise et espagnole.

Socialisme et Anarchisme, étude sociologique, Préface d'Alfred NAQUET, Paris, 1905. — Traductions italienne, russe et espagnole.

Psychologie du Militaire professionnel, Paris, 1893, 1895. — Traductions allemande, bulgare, italienne, portugaise, russe, et espagnole.

Psychologie de l'anarchiste Socialiste, Paris, 1895. — Traductions tchèque et espagnole.

Déterminisme et Responsabilité, Paris, 1897. — Traductions anglaise, portugaise et espagnole.

Le Molière du XXe Siècle : Bernard Shaw. Paris, 1913. — Traductions anglaise et espagnole.

LES LEÇONS DE LA GUERRE MONDIALE

PAR

AUGUSTIN HAMON

PROFESSEUR A L'UNIVERSITÉ NOUVELLE DE BRUXELLES
AU COLLÈGE LIBRE DES SCIENCES SOCIALES DE PARIS
ANCIEN CHARGÉ DE COURS LIBRE
A LA FACULTÉ DES LETTRES DE L'UNIVERSITÉ DE PARIS
LECTURER AT THE LONDON SCHOOL OF ECONOMICS AND POLITICAL SCIENCE

« Amicus Plato sed magis amica veritas ».

Il n'est pas en ce monde un motif assez fort pour qu'un savant se contraigne dans l'expression de ce qu'il croit la vérité.
ERNEST RENAN.

PARIS (V^e)
M. GIARD & E. BRIÈRE
LIBRAIRES-ÉDITEURS
16, RUE SOUFFLOT ET 12, RUE TOULLIER

1917

LES LEÇONS
DE LA
GUERRE MONDIALE

PAR

AUGUSTIN HAMON

PROFESSEUR A L'UNIVERSITÉ NOUVELLE DE BRUXELLES
AU COLLÈGE LIBRE DES SCIENCES SOCIALES DE PARIS
ANCIEN CHARGÉ DE COURS LIBRE
A LA FACULTÉ DES LETTRES DE L'UNIVERSITÉ DE PARIS
LECTURER AT THE LONDON SCHOOL OF ECONOMICS AND POLITICAL SCIENCE

« Amicus Plato sed magis amica veritas ».

Il n'est pas en ce monde un motif assez fort pour qu'un savant se contraigne dans l'expression de ce qu'il croit la vérité. — ERNEST RENAN.

PARIS (Ve)
M. GIARD & E. BRIÈRE
LIBRAIRES-ÉDITEURS
16, RUE SOUFFLOT ET 12, RUE TOULLIER

1917

A HENRIETTE HAMON

Ma compagne dont l'assidue collaboration m'a permis d'écrire cette étude de sociologie.

AU LECTEUR

La guerre, surtout une guerre comme celle qui, depuis plus de deux ans et demi, ravage le monde, précipite et grossit le cours des événements sociaux. Elle en accentue les conséquences qui se développent rapidement. C'est pourquoi il est possible de voir immédiatement les leçons nombreuses qui se dégagent de ce gigantesque phénomène social qui met en mouvement toutes les forces matérielles, intellectuelles et morales de foule de peuples, de l'humanité entière.

J'étais vivement intéressé par l'admirable enseignement sociologique donné par cette guerre quand M. Victor Branford, Secrétaire honoraire de la Sociological Society de Londres, me demanda, en juin 1915, de prendre part au Summer Meeting organisé pour juillet par le célèbre Professeur Patrick Geddes, à King's College (Université de Londres) sur « La Guerre : ses tâches et problèmes sociaux ». J'acceptai aussitôt et résolus de traiter en quatre conférences les leçons sociologiques enseignées par la guerre mondiale. Les auditeurs, et parmi eux le professeur Patrick Geddes, leur firent un accueil qui m'encouragea à traiter plus à fond des questions que je n'avais pu qu'ébaucher dans mes quatre conférences.

Aussi, lorsque M. Lea, le registrar de University Extension Lectures Board, me demanda de faire dix conférences à

Birkbeck College (Université de Londres) de novembre 1915 à mars 1916, je proposai, — et cela fut accepté, — de parler sur « Les leçons de la Guerre Mondiale ». Mais, plus je pénétrais dans le sujet de mes études, plus je le voyais s'étendre, de sorte que je fus amené à faire treize conférences au lieu de dix.

Ce sont ces conférences que je publie en volume. Déjà elles ont paru, mais très résumées, puisqu'elles étaient réduites de plus de moitié, dans la publication quotidienne de la Maison Atar de Genève, La Guerre mondiale. *Une édition complète a été publiée en espagnol à Valencia par la Maison d'édition Prometeo. Des fragments de chapitres ont paru dans* la Revue de Hollande, la Grande Revue, The Truth Seeker, la Libre Pensée Internationale, les Documents du Progrès. *Le texte de l'édition française est à peu près celui que je prononçai devant l'auditoire britannique qui suivit mon cours à Birkbeck College (Londres). Je dis « à peu près », car les événements qui se déroulèrent depuis mars 1916 jusqu'à ce jour ont motivé quelques additions et mises au point, qui n'ont d'ailleurs modifié en rien les déductions que j'avais exposées à mes auditeurs. J'espère que la censure — car en 1916, il y a en France une censure pour les produits de la pensée humaine — laissera lire aux Français ce que les Britanniques ont pu librement entendre dans des amphithéâtres de deux collèges de l'Université de Londres. Ceci est une œuvre de science, pensée objectivement et sans parti pris. Puisse-t-elle être lue de même et aider ainsi à l'expansion de ce que je crois la vérité.*

AUGUSTIN HAMON,

Ty an Diaoul, Port Blanc en Penvénan,
(Côtes-du-Nord).

20 décembre 1916.

AVANT-PROPOS

La guerre actuelle est un événement d'une importance sociologique si grande qu'il est impossible d'en voir toutes les conséquences, et surtout tous les développements. Une distribution nouvelle du monde politique va naître de cette guerre. Des répercussions économiques suivront nécessairement, car Politique et Economique s'influencent toujours réciproquement. La conséquence de ces modifications économiques et politiques sera un changement dans le monde social et après, mais à un degré beaucoup moindre, une modification de la psychologie humaine. Cette guerre mondiale est appelée à jouer un si grand rôle dans l'évolution humaine qu'on peut se demander s'il y a eu dans le passé événement aussi grave et aussi influent.

Quoi qu'il en soit des conséquences et de leur développement, cette guerre présente dès maintenant une énorme importance à cause du nombre de peuples qu'elle englobe, de l'énormité du nombre des soldats qui luttent les uns contre les autres et de l'aire terrestre considérable où les hommes s'entre-choquent et se tuent. Quatorze puissances sont en guerre : quatre d'un côté, Allemagne, Autriche-Hongrie, Turquie, Bulgarie ; dix de l'autre, Serbie, Russie, Belgique, France, Grande-Bretagne, Monténégro, Japon,

Italie, Portugal, Roumanie, englobant d'un côté plus de 800 millions d'habitants, et de l'autre à peine 160 millions. La lutte s'étend sur la terre entière. On se bat en même temps en France, en Belgique, en Alsace, dans le Trentin et la Carnie, en Macédoine, en Dalmatie, en Galicie, en Pologne, en Courlande. On se bat ou on s'est battu aux Dardanelles et au Caucase, en Mésopotamie, en Perse et sur le canal de Suez. On se bat ou on s'est battu dans l'Afrique Centrale et du Sud, en Extrême-Orient, dans l'Australasie, aux Falkland, à l'île de Pâques et dans l'Océan Glacial. On se bat sur terre et sous terre, puisque la guerre de sape se fait comme aux XVIIe et XVIIIe siècles ; on se bat sur l'eau et sous l'eau ; enfin on se bat dans les airs. Des millions d'hommes sont occupés à cette besogne de tuerie, et jamais dans le passé on ne vit un tel nombre d'êtres humains cherchant à s'entre-tuer, car il y en a plus de quarante millions, si l'on compte toutes les armées des belligérants avec leurs réserves et leurs territoriaux ou landwehr.

Non seulement les soldats par millions se battent sur les divers fronts, mais des populations entières de villes et de villages partent, fuient devant l'envahisseur, ou sont enlevées par lui de leur sol et transportées en d'autres régions lointaines. Près d'un million de Belges ont fui en France, en Hollande, en Angleterre ; près de 100.000 civils français ont été transférés, d'abord en Allemagne et ensuite renvoyés en France par la Suisse. Des centaines de mille de Prussiens ou de Galiciens ont fui vers l'Occident, devant les armées russes et plus tard, quand la vague est revenue sur elle-même, plus de 4 millions de Polonais, de Ruthènes, de Lettes, ont dû, volontairement ou non, abandonner leur pays que les Austro-Allemands envahissaient. Plus d'une centaine de mille de Serbes et de Monténégrins ont fui devant l'ennemi ; des centaine de mille d'Arméniens ont été massacrés ou déracinés par le Turc.

Partout, dans l'hémisphère Sud comme dans l'hémisphère Nord, des hommes abandonnèrent leurs travaux, leurs champs ou leurs usines, leurs boutiques ou leurs bureaux, pour venir se battre. Blancs, jaunes, noirs, rouges, en une mêlée sans nom se heurtèrent et se heurtent encore les uns contre les autres. Près de deux millions d'hommes furent ainsi transportés de tous les coins du globe terrestre aux lieux des batailles. Près de quatre millions d'hommes sont prisonniers, incarcérés en des camps, au milieu de pays ennemis, et cela, depuis des mois et des mois. Ces phénomènes rappellent les migrations des peuples aux époques pré- et proto-historiques, quand les hommes fuyaient les hordes envahisseuses.

L'importance sociologique de cette guerre mondiale se révèle encore par la variété des procédés de lutte et par la durée de cette lutte. Les systèmes de combat les plus nouveaux se mélangent aux procédés les plus anciens. Les javelots, les frondes, les grenades, les obusiers, les liquides incendiaires, etc.,ont réapparu, sortant du musée des armes antiques, pour jouer un rôle important. Et à côté de l'emploi de ces armes anciennes à peine modifiées, nous voyons l'utilisation des procédés scientifiques et industriels les plus perfectionnés et les plus récents : chemins de fer, automobiles, aéroplanes, motocyclettes, ballons dirigeables, sous-marins, gaz asphyxiants, etc.

La guerre, en durant des années — on ne peut pas encore prévoir le moment où elle finira — a rompu la vie sociale, politique et économique habituelle. Il a fallu organiser autre chose que ce qui était, s'adapter aux nouvelles conditions. Cette adaptation a été plus ou moins longue, plus ou moins rapide selon la rapidité de compréhension des peuples, selon leur plasticité vis-à-vis des circonstances extérieures, ou selon qu'ils étaient préparés. Une fermentation générale des esprits, tendus vers un seul but : la guerre, s'est présentée partout. Il y a eu, il y a une véritable suractivité intellectuelle, scientifique surtout. Les procédés de destruction se sont élevés à un degré à nul autre pareil : mais aussi les procédés de conservation ont suivi le même processus ascensionnel. Le traitement des blessés et des malades a progressé et progresse chaque jour, encore que l'échange international des perfectionnements et des découvertes scientifiques ait été beaucoup réduit, puisqu'il ne se fait plus qu'à l'intérieur des deux groupes belligérants.

Une suractivité morale s'est montrée parallèlement à la suractivité intellectuelle ; il y a eu un besoin général et irréfrénable d'action, qui s'est manifesté sous les formes les plus diverses d'entr'aide. Les nations neutres ont subi ce besoin comme les belligérants. Sur tous les points du globe terraqué, un vent d'altruisme a soufflé. Il contrebalançait en somme la tempête sanglante qui ravageait le monde et il fait bien augurer de l'avenir.

Cette suractivité intellectuelle et morale est un effet de la guerre, en tant que cataclysme humain. La guerre, par ses destructions, par sa besogne de mort, a produit le même effet que produirait un tremblement de terre, ou quelque cataclysme terrestre producteur d'une aussi grande besogne de mort. Ce serait une erreur de raisonnement que de mettre à l'actif de la guerre la suractivité intellectuelle et morale qu'elle a produit.

Cette guerre mondiale est donc un phénomène social de première importance. Foule de leçons s'en dégagent pour l'avenir de l'humanité. Nous ne pourrons évidemment qu'esquisser partie de cet enseignement, tant il est divers, complexe, considérable. Mais cette esquisse même montrera la gravité des leçons de la guerre. Elle indiquera, pensons-nous, les voies dans lesquelles l'humanité doit s'engager si elle veut tirer un profit réel, correspondant aux hécatombes humaines et aux montagnes de ruines que la folle ambition d'une fraction des dirigeants allemands, la caste des junkers et celle de la grande industrie métallurgique ont déchaînées sur l'humanité.

Il ne faut d'ailleurs pas se faire d'illusions. Pour tous les humains qui en sont acteurs ou spectateurs, la guerre semble épouvantablement longue, mais, par rapport à la durée de l'humanité, cette guerre n'a que la durée d'un très court moment. Aussi les changements psychologiques qu'elle provoquera seront sans doute infimes, à peine visibles, car il faut de longs temps pour modifier les esprits des hommes. Tout au plus quelques semences de ces modifications auront-elles été jetées dans les cerveaux humains. Elles y croîtront et s'y développeront sous l'influence des conditions politiques, économiques et sociales que la guerre aura fait naître. Et c'est seulement des années plus tard, alors que cette guerre ne sera plus qu'un souvenir mort pour les hommes, que l'humanité ressentira les effets psychiques du cataclysme qui, à l'aube du XXe siècle, a ravagé et ravage la terre.

LES LEÇONS
DE LA GUERRE MONDIALE

CHAPITRE PREMIER

Dans la guerre mondiale actuelle, ce qui frappe tout d'abord, c'est la manière violente, terrifiante, dont elle a été et dont elle est encore menée. Cela frappe pour diverses raisons. D'abord les gouvernements ont cru de leur intérêt de faire ressortir les brutalités, les cruautés, les violations des soi-disant règles de la guerre, qui ont été commises par les belligérants. Ensuite, depuis près d'un demi-siècle, il n'y avait plus eu de guerre en Occident, et les démocraties anglaise, française et belge avaient oublié ce qu'était la guerre. Puis les idées anti-militaristes et pacifistes, l'idéal de liberté, les mœurs démocratiques et, pour quelques-uns les idées chrétiennes, s'étant répandus parmi le monde, il s'est créé une opinion moyenne qui réprouve les violences, les atteintes brutales et par la force au droit et à la liberté d'un chacun, peuple ou individu. Ajoutons, à ces raisons, le perfectionnement de l'organisation allemande, la méthode avec laquelle est réalisé en pratique le système de terrorisme qui est à la base de la conduite de la guerre; l'extraordinaire discipline, servilement et passivement obéie par le peuple allemand; et enfin l'application aux fins de guerre des connaissances scientifiques les plus perfectionnées.

Tout cela a amené la guerre à être la plus épouvantable qui se vît jamais. Si on songe, en outre, à la multitude des hommes qui s'entre-choquent, sur tant de points divers de la terre, on comprendra l'immensité des pertes et en vies humaines et en biens de toute nature.

Il est vraiment impossible de déterminer avec précision et certitude les chiffres des pertes subies par chacun des belligérants. Tous les gouvernements, en effet, ont tenu à garder les peuples dans la plus complète ignorance de ces pertes. Ils ont volontairement projeté sur les nations une épaisse atmosphère de mensonge et d'ignorance ; mieux encore, ils ont façonné cette atmosphère par un mélange savamment dosé de mensonges, de vérités et d'omissions. Les autorités gouvernementales, en quelque pays que ce soit, veulent toujours emmailloter les esprits des masses gouvernées. Durant les dix-huit premiers mois de guerre, l'Empire britannique a publié les chiffres de ses pertes et on pouvait y accorder créance. Mais depuis qu'elles se sont accrues de par le fait même que l'armée est plus nombreuse et occupe un front plus grand, aucune totalisation ne fut publiée. Quelques journaux donnent une liste des morts et parfois des blessés, mais nul ne sait si elle est complète.

La France, la Russie, la Serbie, la Belgique, l'Italie, la Turquie, la Bulgarie n'ont rien publié officiellement. L'Allemagne, elle, a donné des listes officielles des pertes réparties selon les divers états de l'Empire. Mais lorsqu'on étudie de près ces listes, on constate qu'elles sont inexactes, et que les totaux donnés sont inférieurs à la réalité. Les statistiques sont maquillées de façon à tromper le public tant allemand et allié qu'ennemi et neutre. L'Autriche-Hongrie a, paraît-il, publié des listes de pertes, mais ce ne fut qu'à de rares intervalles qu'on les vit signaler dans la presse franco-anglaise ou suisse.

Naturellement, dans chaque pays, le public a cherché à

écarter l'obscurité projetée sur les pertes et chacun s'est livré à des conjectures. En général, grâce à la folle du logis, on est plutôt enclin à accroître les pertes, à moins qu'on n'établisse ses calculs sur des observations et des déductions judicieuses.

L'analyse des chiffres publiés par les Gouvernements allemand, anglais, autrichien donne des rapports assez semblables entre les pertes brutes et les éléments qui les composent. Les pertes brutes sont constituées par : 1° les tués et les morts par suite de maladie et de blessures ; 2° les blessés graves, c'est-à-dire ceux qui resteront infirmes ou estropiés ; 3° les blessés guérissables qui peuvent retourner au front après guérison ; 4° les disparus comprenant les prisonniers et ceux dont le sort est inconnu, et qui, d'ailleurs, sont le plus souvent parmi les morts. J'ai pris une moyenne entre les rapports de ces trois armées, de façon à être le plus proche possible de la vérité et à écarter le plus possible les erreurs. C'est ainsi que j'ai dressé le tableau suivant. Mais il faut, en le lisant, se rappeler qu'il ne faut pas prendre les chiffres donnés comme ayant une valeur absolue, mais bien comme présentant une probabilité d'exactitude et comme étant une indication de la réalité.

Tableau des pertes à la fin du trentième mois de guerre (31 janvier 1917)

	France 1	Grande-Bretagne 2	Russie 3	Allemagne 4	Autriche-Hongrie 5	Serbie 6	Belgique 7	Turquie (23 mois de guerre) 8	Italie (21 mois de guerre) 9	Bulgarie (16 mois de guerre) 10	Roumanie (5 mois de guerre) 11	Totaux
Tués, morts de blessures et de maladies 22,40 °/₀	1209600	302400	2205000	1881600	1425600	130000	43700	190500	181450	39450	17920	7627220
Gravement blessés 13,50 °/₀	729000	182300	1680000	1134000	1102200	140000	26500	381500	109350	82960	10800	4974150
Blessés guérissables, pouvant retourner au front 50 °/₀ *a)*	2700000	675000	4305000	4200000	2904000		97500		405000		40000	15930960
Disparus (prisonniers) et autres manquants 14,10 °/₀ *b)*	761000	190300	2310000	1184400	1168200	30000	27300	63000	114210	13600	11280	5873290
Totaux...........	5400000	1350000	10500000	8400000	6600000	300000	195000	635000	810000	136000	80000	34405620
Moyenne mensuelle des pertes brutes *c)*	180000		350000	280000	220000	10000	6500	22700	27000	8500	16000	

NOTES RELATIVES AU TABLEAU PRÉCÉDENT

a) La proportion des blessés guérissables à la totalité des blessés est de 78 0/0. Nous pensons que cette proportion est plus exacte que celle de 80 à 90 0/0 donnée dans des rapports scientifiques allemands. Celle-ci est, croyons-nous, volontairement trop forte. Il en résulte que sur les 34.405.620 hommes qui, au cours de 30 mois de guerre, ont été mis hors de combat, il y en a 15.980.960 qui ont pu retourner au front.

b) Dans cette catégorie de disparus, il y a un assez grand nombre de tués ou de blessés mourant sur le champ de bataille sans qu'on puisse les ramasser. Il est impossible de dire le pourcentage exact de ces morts parmi les disparus. Il est probable que le nombre des morts dépasse 10 0/0 des disparus. Il me paraît probable que les chiffres ci-dessus pour les prisonniers sont un peu au-dessus de la réalité, pour la France, l'Allemagne et la Grande-Bretagne. Là où il y a une guerre de tranchée, le nombre des prisonniers est réduit.

c) Nous n'avons pas indiqué la moyenne mensuelle des pertes brutes pour la Grande-Bretagne parce que son armée a crû depuis le commencement de la guerre et tend à occuper un front de plus en plus grand. Il en résulte que cette moyenne va grossissant. Dans la première année de guerre, elle fut de 27.000, puis après de 32.300. Depuis la mi-année 1916, elle oscille aux environs de 100.000.

Outre que ce tableau est basé sur les rapports existant entre les diverses catégories et les pertes brutes, il est encore basé sur un chiffre de pertes brutes mensuelles de 180.000 pour la France.

1. *France.* — Nous avons pris pour la France une perte brute mensuelle de 180.000 pour diverses raisons : — *a*) Ce chiffre nous fut donné au cours de 1915 par des hommes politiques français à même d'être bien renseignés. — *b*) Il fut publié par le colonel Feyler dans le *Journal de Genève*, et ce critique est informé de source sûre. — *c*) Il ressort des chiffres publiés dans une circulaire du *French Relief Fund*, qui parut à l'occasion du *French Flag Day*, le 14 juillet 1915. — *d*) Le nombre mensuel des morts (40.000) est confirmé par les chiffres qu'on obtient si on cherche le nombre des morts au moyen d'une enquête dans les communes de France. Il semble que le pourcentage des morts par rapport à la population varie, au bout de 2 ans de guerre, entre 2, 3 et 3, 5 0/0 selon les communes. Cela donne à la fin du 24e mois de guerre une moyenne d'un million cent mille morts. — *e*) La Société pour l'Etude de la

Guerre (Copenhague) a donné dans son Bulletin le chiffre de 885.000 morts pour 2 ans de guerre. La Correspondance Politique de l'Europe Centrale (Zurich) estime, d'après un calcul ingénieux et plausible, que le nombre des morts s'élève à 1.100.000 pour 2 ans de guerre. Un manifeste de la minorité du Parti socialiste Français cite un million de morts, sans indiquer d'ailleurs pour quelle durée de guerre. Mais comme le manifeste date de novembre 1916, il est probable qu'il s'agit de 2 ans de guerre au moins. Tous ces chiffres se rapprochent fort de celui que j'ai trouvé.

2. *Grande-Bretagne.* — Je me suis servi, comme base, des chiffres officiels donnés à la « House of Commons » en janvier 1916 ; et j'y ai ajouté pour les six mois finissant la deuxième année de guerre les chiffres basés sur un taux de pertes brutes mensuelles de 32.000 et pour les six mois suivants un taux de 400.000 pertes brutes mensuelles. Les grandes offensives sont toujours meurtrières.

3. *Russie.* — Pour la première année de guerre, la proportion des prisonniers est de 31 0/0 : il en résulte que les proportions des morts et des blessés est moindre que celles chez les Occidentaux. Dans les mois suivants, les proportions ont tendu à se rapprocher de celles des Occidentaux. Il est très probable, vu le désordre dans les services administratifs, que le taux des blessés guérissables et aptes à retourner au front est moindre de 50 0/0. J'ai pris les rapports suivants : disparus 22 0/0, morts 21 0/0, blessés gravement 16 0/0, blessés guérissables 41 0/0.

4. *Allemagne.* — Les chiffres officiellement publiés donnent une perte brute mensuelle moyenne d'environ 150.000. Ce chiffre ne peut être vrai, car il est impossible que l'armée allemande ait moins de pertes que l'armée française, dans une guerre aussi longue. C'est impossible pour plusieurs raisons : — *a*) l'Allemagne a une armée qui est presque le double de la France. — *b*) Elle combat sur 2 fronts dont la longueur est plus du double de celle du front où combattent les Français, dont le front a été se rétrécissant depuis août 1915. Par suite, la proportion des Allemands en première ligne est plus grande que celle des Français par rapport au total de l'armée, même en tenant compte du remplacement des hommes par les machines. — *c*) Longtemps les offensives allemandes se firent en masses compactes ; même à Verdun, en 1916, leurs vagues d'assauts furent ainsi.

En considérant les rapports des pertes françaises au total de l'armée française, on trouve que la proportion mensuelle des pertes brutes est 1/36 du total de l'armée. D'après les déclarations d'un député à la Chambre (novembre 1916), la France a mobilisé 1/6 de sa population, soit à peu près 6.500.000 hommes. L'Allemagne a mobilisé environ 10.000.000 d'hommes dont le trente-sixième donne 280.000 comme pertes brutes mensuelles. C'est ce chiffre que j'ai pris comme base de mes calculs. Il est un peu plus faible que celui que j'ai donné dans une étude publiée en juillet 1915 dans *The Outlook* (Londres) et que ceux cités par divers critiques suisses et anglais. Par contre, il est plus élevé que ceux donnés par des critiques qui ont adopté comme véridiques les chiffres officiels du Gouvernement allemand. Ces derniers chiffres sont erronés. L'erreur commise est volontaire, pensons-nous ; elle repose simplement sur la signification du mot « pertes ». Lorsqu'on dit ou qu'on lit : « les pertes de l'armée allemande s'élèvent mensuellement en moyenne à 150.000 », on comprend que « les morts, les manquants, et *tous* les blessés, quelle que soit la gravité ou la légèreté de leurs blessures, s'élèvent à 150.000 par mois ». Voilà ce que le public comprend, mais il se trompe, car la signification réelle de cette phrase est la suivante : « L'armée allemande perd chaque mois 150.000 combattants qu'elle ne peut récupérer, car ce sont des morts, des manquants et des grands blessés qui, une fois guéris, seront incapables de servir ». Bref, les blessés qui, après guérison, reviendront prendre leur place dans l'armée, ne sont pas compris dans ce nombre de 150.000 pertes mensuelles. Par ce procédé, le Gouvernement allemand trompe le public sans donner de chiffres faux ! C'est un procédé jésuitique intéressant à noter.

5. *Autriche-Hongrie.* — La proportion des prisonniers est considérable, 17,7 0/0, ce qui diminue le pourcentage des blessés et des morts, qui sont de 16,7 pour les grands blessés, et 44 pour les guérissables.

6, 7, 8, 9, 10. — Pour l'Italie, la Serbie, la Belgique, la Bulgarie, la Turquie, nous n'avons que les chiffres publiés par la Société d'Etudes de la Guerre (Copenhague). A en juger par les chiffres que cette Société a donnés par les grands belligérants, il est probable que les pertes indiquées sont faibles, au-dessous de la réalité.

Pour la Serbie, la Bulgarie et la Turquie, le taux de mortalité est beaucoup plus élevé par suite des circonstances de lieu, de la défectuosité des services de santé, de l'état de civilisation des peuples. Par contre, le pourcentage des blessés tant guérissables que permanents et celui des disparus sont moins élevés. Le *Bulletin de la Société d'Études de la Guerre* donne 100 pertes brutes, 44 morts (Serbie), 30 (Turquie), 29 (Bulgarie). Nous n'avons aucun chiffre pour le Monténégro. Le Japon n'a eu à combattre les Allemands qu'en Chine et le Portugal seulement en Afrique. Les pertes sont très minimes.

11. *Roumanie.* — Elle n'est en guerre que depuis 5 mois ; ses pertes doivent être assez importantes. Nous n'avons vu aucun chiffre à son sujet. Ceux que nous donnons ont pour bases la proportion de l'armée française et une armée comptant 600.000 hommes.

On remarquera, dans le tableau précédent, que l'ordre décroissant des pertes pour trente mois de guerre, selon les nations belligérantes est, pour les 5 plus grandes puissances : Russie, Allemagne, Autriche-Hongrie, France, Empire britannique. Cette courbe des pertes selon les nations est parallèle à la courbe du nombre des soldats et, sauf pour la Grande-Bretagne, parallèle à la courbe de la population. Elle est bien conforme à la logique.

Durant ces trente mois de guerre, la consommation effective du « matériel humain », selon l'expression militaire, transformant les hommes en choses, est, en chiffres ronds, de 18 millions, puisque près de 16 millions ont pu retourner au front après leur mise hors de combat. Le total des armées belligérantes est d'environ 50 millions. Il reste donc à peu près encore un matériel humain de trente millions à consommer. Il est d'ailleurs très inégalement réparti entre les deux groupes de belligérants. Les puissances centrales ou Impériaux, représentent environ 12 millions et le reste, soit 18 millions, appartient au groupe de l'Entente.

Ce simple examen montre que la guerre mondiale actuelle n'a qu'une fin logique : l'effondrement de la puissance des Impériaux. C'est une question de temps, car la préparation à la guerre, les inventions de l'esprit humain, et l'échec de l'offensive des Impériaux en septembre 1914, sur la Marne, ont fait que cette guerre est une guerre d'épuisement en « matériel humain » et autre matériel. Ce temps, on peut approximativement l'évaluer, en admettant que le pourcentage des pertes reste au taux actuel, et en ne comptant que sur l'épuisement du matériel humain. Au bout d'environ 23 mois, cet épuisement sera suffisant pour que les Impériaux soient obligés de cesser la lutte. Il ne leur resterait plus, en effet, que 6 millions d'hommes ayant tous été des blessés guérissables, tandis que les puissances de l'Entente auraient encore près de trois millions intacts, et en outre leurs huit millions de récupérés, sans parler des disponibilités britanniques qui, à ce jour, s'élèvent à 2 ou 3 millions et de l'armée japonaise entière. Il semble donc que la guerre ne puisse durer au delà de décembre 1918, si l'on ne considère que « le matériel humain ».

En trente mois de guerre, le nombre des morts dépasse 7.627.220 car, parmi les disparus, on peut probablement compter de 5 à 600.000 morts, sinon plus ! Le nombre des grands blessés, infirmes et estropiés par suite de pertes de membres, de la vue, de l'ouïe, par folie, etc., s'élève à près de 5 millions. Il y a donc, à fin janvier 1917, une perte effective pour l'humanité de 13 millions d'hommes entre 18 et 48 ans. Voilà l'œuvre de guerre ! En vérité, l'humanité poursuit en ce moment sa propre destruction !

Notons d'ailleurs que cette perte humaine, produite par l'œuvre de guerre, est un minimum, car il faut y ajouter la foule des civils fusillés, pendus, massacrés ou morts de misère physique et morale, de famine, en Belgique, dans l'Est et le Nord de la France, en Galicie, en Prusse Orientale, en Pologne, en Arménie, en Roumanie, en Macédoine, dans le Trentin, etc. Nous ne parlons pas non plus de la mortalité accrue dans la plupart des régions en guerre, par les mauvaises conditions de vie, qui sont les conséquences inéluctables de la guerre. Les femmes et surtout les jeunes enfants payent le plus fort tribut au Moloch de la guerre. D'après ce qui a été dit des massacres d'Arménie et des ruines de Serbie et de Pologne, il faut compter pour toutes ses pertes civiles sur plus de 5 millions. En trente mois de guerre, 18 millions de morts ou d'infirmes pour la vie !

Tous les chiffres cités ci-dessus, loin d'être exagérés, sont plus que probablement au dessous de la vérité. Leur énormité montre immédiatement la nuisance extrême de la guerre. Ceux que la mort a fauchés étaient, en effet, des hommes ou dans la jeunesse ou dans toute la force de l'âge. Les produits de leur vigueur intellectuelle et physique sont à jamais perdus ; comme sont perdus les efforts d'enseignement, d'éducation, d'entretien, de travail qu'ils représentaient. Chiffrer ces pertes en argent est chose impossible, car nul ne sait quelle œuvre grande en science, en art, en littérature, en industrie, etc., eût pu produire tel ou tel de ces jeunes hommes restés dans les tranchés de l'Yser, dans les monts de l'Alsace, des Carpathes ou de la Carnie, sur les plaines, emmi les lacs de la Prusse Orientale, ou dans l'entre fleuve de l'Euphrate et du Tigre, ou sur les versants des collines de Gallipoli, ou dans la grande mer.

La guerre, au XXe siècle, s'est montrée telle qu'elle était à l'époque antique, telle qu'elle fut au Moyen Age et dans les temps modernes.

La guerre n'est pas seulement la mise hors de combat des soldats, des combattants, c'est en fait la ruine, l'épuisement de l'ennemi à tous les points de vue : moral, intellectuel et physique. Elle a toujours été cela et elle le sera toujours. C'est sa nature. Il est impossible de changer la nature d'un être ou d'une chose sans détruire cet être ou cette chose. On ne peut même pas altérer quelque peu cette nature, car, comme l'a dit le poète Destouches :

« Chassez le naturel, il revient au galop ».

Les hommes ont voulu altérer la nature de la guerre en la rendant civile, humaine, ou plutôt moins inhumaine. Et alors ils ont codifié la guerre, croyant que ses règles et lois seraient observées. C'était une besogne un peu enfantine, vouée à l'insuccès et nul, qui réfléchissait, ne pouvait s'attendre à ce que les militaires professionnels observassent les règles établies par des diplomates et des juristes. Cette humanisation de la guerre, cette œuvre essentiellement anti-humaine, apparaissait comme une folie à ceux qui ne se contentent pas de voir la superficie des choses. Maintenant, les faits ont montré à tous d'une éclatante façon l'échec complet de toute législation de la guerre. On ne codifie pas le crime, et la guerre est un crime, crime de sang, de vols, de viols, d'incendies, de pillage et de ruines de toute sorte.

La hideur humaine de la guerre a été surtout mise en lumière par les actes des armées allemandes, réalisant en pratique, avec une admirable méthode, l'enseignement de la conduite de la guerre tel que le Grand Etat-Major allemand l'a rédigé dans son fameux traité : *Kriegsbrauch in Landkriege.*

« Les moyens de conduire la guerre se réduisent en somme aux deux principes de *violence* et de *ruse.* En ce qui concerne leur application, il faut se baser sur ceci : Est permis, toute mesure sans laquelle le but de la guerre ne peut être atteint : est répréhensible, tout acte de violence et de destruction sans utilité pour atteindre le but de la guerre. »

Cette formule très nette résume tout l'enseignement de la conduite de la guerre, telle qu'elle a été en fait menée dans tous les temps et dans tous les pays. C'est en réalité le terrorisme enseigné comme système menant à la victoire par l'écrasement de l'ennemi. Il faut rendre grâce au militarisme allemand d'avoir eu le courage de jeter bas les masques et d'affirmer à haute voix la nature de la guerre : plus même, d'avoir montré par la pratique, au xxe siècle, la nature *réelle* et *éternelle* de la guerre.

Ce système de terrorisation des armées et des populations explique la multitude de crimes (meurtres, vols, viols, incendies, esclavage) commis contre les civils, dans toutes les régions envahies par l'ennemi. Le système de représailles, qui est une des formes du terrorisme, explique les tueries des prisonniers, qui plus ou moins ont eu lieu et ont encore lieu. C'est, en un mot, partout une débauche de cruautés comme depuis des siècles l'humanité n'en avait pas vues, parce que, depuis des siècles, on n'avait pas vu une telle guerre de nations contre nations, de peuples contre peuples. On voyait autrefois des fractions de peuples en lutte, mais cette fois, ce sont des peuples entiers.

Certes, quelques-uns des éléments générateurs de ces violences et de ces cruautés sont l'alcoolisme et l'ivresse du sang, mais l'élément principal, c'est la mentalité militaire, dont les caractéristiques les plus importantes sont : l'esprit d'obéissance servile, l'infatuation, la prépotence, le mensonge et l'anesthésie morale. Ce qui a formé cet esprit militaire, c'est l'éducation et la discipline basée sur la crainte. Nous reviendrons tout à l'heure sur cet emploi de la crainte comme base de l'éducation ; disons quelques mots auparavant d'un des effets de ce mode éducatif : le mensonge.

Une des grandes leçons de la guerre est la mise en lumière, pour tous ceux qui prirent la peine de regarder et de réfléchir, de l'emploi du mensonge comme moyen de mener les hommes. C'est avec impudence que cet emploi s'étala partout, mais à des degrés divers, selon l'état de démocratisation des gouvernements.

*
* *

Il importe, avant de pénétrer plus avant dans les enseignements qui ressortent de cette guerre mondiale, de préciser ce que nous entendons par démocratie et gouvernement démocratique quand nous userons de ces termes. Il ne s'agit point d'une démocratie absolue, c'est-à-dire d'un peuple entier se gouvernant lui-même directement. Il s'agit de peuples déléguant un certain nombre d'hommes pour les gouverner pendant un temps déterminé. Il résulte de là qu'en fait parmi mandants et mandataires, il se forme des clans, des groupes, ayant une tendance très forte vers l'oligarchie. Mais les nombres des groupes dirigeants et de ceux qui les composent croissent avec le degré de civilisation politique des peuples, et il s'ensuit que plus un peuple est politiquement avancé, plus ces clans dirigeants sont représentatifs des intérêts matériels et des aspirations morales des masses. Aussi on peut dire, avec certitude, que les gouvernements oligarchiques, dans notre état de civilisation occidentale, tendent de plus en plus vers un état réellement démocratique. Ce sont ces gouvernements que nous désignons sous le terme de gouvernements démocratiques, en opposition avec le système gouvernemental autocratique. Un gouvernement autocratique est un gouvernement de caste, qui tient compte, aussi peu que cela lui est possible, des intérêts et aspirations des masses. Il ne les représente pas et ne désire pas les représenter. Il gouverne par et pour une ou plusieurs castes déterminées.

*
* *

Maintenant que nous avons dit ce que nous entendons par ces termes de gouvernement autocratique et démocratique, nous revenons à l'emploi du mensonge comme mode de gouvérnement. Il a été employé de tous temps et partout, avec d'autant plus d'intensité que le gouvernement est plus autocratique, car la base sur laquelle est fondé ce procédé gouvernemental est la crainte et l'obéissance. Les peuples doivent obéir aux chefs ; il est donc inutile et même nuisible qu'ils sachent la vérité, car ils raisonneraient et jugeraient. Il suffit qu'ils croient les dires des chefs et qu'ils obéissent. Pour obtenir facilement ce résultat, le meilleur système est de ne laisser arriver à la connaissance des masses que les choses qui peuvent affermir la foi des masses. Le système, par suite, consiste à plonger les masses dans une atmosphère épaisse d'ignorance, de mensonge et, par suite, d'illusions. A cette besogne, tous les gouvernements se sont attelés pendant la guerre actuelle, parce que les procédés démocratiques de gouvérnement ont plus ou moins été remplacés par les procédés autocratiques inhérents à l'autorité militaire. Les Etats-Majors se sont surpassés dans l'élaboration des mensonges. La palme appartient sans conteste à l'État-Major et au Gouvernement allemands. C'est avec une méthode parfaite et une admirable continuité qu'ils usèrent et qu'ils usent de mensonge. Les communiqués allemands et austro-hongrois n'ont pour ainsi dire pas, depuis le commencement des hostilités, varié dans leur système de mensonge. Ils mentent avec impudence, inventant des faits, résumant inexactement les événements. Le but de ces altérations de la vérité est évident : induire en erreur le public national, ennemi et neutre. Le critique militaire du *Journal de Genève*, le colonel Feyler, a montré à diverses reprises ces mensonges, et à l'un de ses articles de critique des communiqués allemands, il a pu mettre le titre « Un Roman ».

Les communiqués français furent d'abord mensongers, presqu'à la manière allemande, c'est-à-dire à la manière militaire. Puis, sous la pression des circonstances et des conditions d'esprit démocratique de la population, leur degré de mensonge diminua et la forme en changea. Ce fut alors et c'est surtout maintenant le mensonge par omission qui prédomine. Ces communiqués ne disent pas de choses erronées, mais ils s'abstiennent de dire *toute* la vérité. On en peut dire autant des communiqués anglais et russes. Ceux-ci furent d'abord rédigés d'un façon absolument mensongère : c'était l'effet de l'esprit autocratique gouvernemental. Mais sous l'influence d'abord des Alliés démocratiques occidentaux et ensuite des événements qui obligèrent la bureaucratie russe à relâcher son autoritarisme, les communiqués russes se modifièrent au point de ne plus pécher, pour ainsi dire, que par omission. Naturellement ce sont les échecs qui sont omis.

L'étude de ces communiqués, bien que fastidieuse, conduit à d'amusantes constatations, révélatrices d'un état d'âme un peu enfantin chez les militaires qui les rédigent.

Il semble, par exemple, qu'ils croient qu'en s'abstenant de parler d'un événement, ils suppriment l'existence de cet événement. C'est l'autruche qui se figure entièrement cachée quand elle a caché sa tête.

Les militaires recourent aussi à l'ambiguïté des expressions et des termes. Lorsque les communiqués parlent de pertes sanglantes, c'est toujours l'ennemi qui les a éprouvées. Et ainsi de suite.

Le Gouvernement allemand a porté le système du mensonge et du bluff — une forme du mensonge — à un développement extraordinaire. La presse entière, quelle que soit sa nuance politique, a été utilisée pour tenir les masses populaires, non seulement dans l'ignorance de la réalité, mais encore dans une atmosphère d'illusion. Les illustrations des journaux furent employées à cette fin. On a pu y voir, par exemple, des dessins représentant une chose fausse : l'incendie des docks de Londres par les Zeppelins. Dans l'Allemagne disciplinée et obéissante, la presse, à de rares exceptions près, ne fut plus que le porte-parole ou le reflet des idées du Gouvernement et des castes dirigeantes.

En France, sous l'influence de l'esprit et de l'autorité militaires, on assista d'abord aux manifestations d'une tendance semblable. Mais l'éducation démocratique de la masse bourgeoise et prolétarienne, l'esprit critique développé arrêtèrent et jugulèrent bientôt cette tendance autocratique. Il fallut là encore se borner à omettre partie de la vérité. L'ignorance des masses, et même des élites intellectuelles de ces masses, est ainsi partiellement entretenue, mais elles ne sont pas trompées au même degré qu'avec le système allemand d'expansion de mensonges effectifs. En l'Empire britannique, l'omission de la vérité fut à un degré moindre qu'en France, mais elle a lieu indubitablement. On peut le constater par la lecture des journaux des pays neutres et aussi par ce qui transpire des pourparlers diplomatiques secrets entre alliés et neutres. Il est impossible de tenir dans l'obscurité complète des nations entières ; il filtre toujours quelque petit rai de lumière qui permet à certains de reconstituer une vérité approximative, et à la foule de se livrer aux divagations de la « folle du logis ».

*
* *

Cette guerre et les événements qui la précédèrent ont fait apparaître nettement aux yeux des peuples d'éducation démocratique la puissance de la diplomatie secrète. Quand je dis « diplomatie secrète », je veux dire « secrète » vis-à-vis de la masse de la nation, vis-à-vis même de la majorité des classes dirigeantes. Mais naturellement cette diplomatie n'est pas secrète vis-à-vis d'un petit nombre d'élus, les dirigeants des dirigeants. Toute cette diplomatie secrète qui a abouti, pour les uns, à déchaîner, et pour les autres, à laisser déchaîner sur l'humanité le fléau actuel, est, en fait, en contradiction absolue avec les principes démocratiques des gouvernements des nations occidentales. L'idée essentielle de la diplomatie secrète et du gouvernement par le système du bluff et du mensonge, est que les masses populaires sont comme les troupeaux de moutons : elles sont incapables de se conduire elles-mêmes ; il faut les mener. Il leur faut des bergers et des chiens. Cette idée essentielle du Gouvernement par le mensonge, par la diplomatie secrète, par l'obscurité planant sur les peuples, par l'emmaillotement intellectuel des masses, est en opposition absolue avec le principe démocratique. Ce principe, en effet, est que les peuples doivent se diriger eux-mêmes ou tout au moins par des délégués qu'ils ne peuvent élire et soutenir consciemment que s'ils connaissent les choses en leur vérité et leur réalité.

Le Gouvernement par le mensonge et la diplomatie secrète conduit aux pires nuisances, aux pires sottises. On peut dire avec certitude que si le Parlement et le peuple français avaient connu en 1913 les rapports qui figurent au commencement du *Livre Jaune* français, les armements de la France n'eussent pas été, en juillet 1914, insuffisants comme ils le furent. Du haut de la tribune de la Chambre des députés français, le président, M. Deschanel l'a discrètement laissé entendre, aux applaudissements de l'unanimité de la Chambre. Si la conversation de M. Cambon et de M. von Jagow, à propos du Congo Belge et des petites puissances, conversation d'avril 1915 (*Livre Gris belge*, 1915) eut été connue du public mondial, la situation politique n'eut pas été ce qu'elle fut en juillet 1914. Il est probable que si le peuple anglais avait connu ce que connaissait la diplomatie secrète, la nation eut été préparée à la guerre, alors qu'elle ne l'était pas du tout en juillet 1914.

L'attitude et la conduite des peuples de Grande-Bretagne, de France, de Belgique dans cette guerre, montrent combien ces modes autocratiques de gouvernement ont été nocifs pour ces peuples. Chose intéressante à noter, de même que l'Allemagne a poussé au plus haut degré le système de terrorisme et de mensonge militaires, de même elle a poussé au plus haut degré le système de tromperie diplomatique vis-à-vis de tous, nationaux, alliés, ennemis et neutres. Le Gouvernement allemand a publié, comme tous les autres gouvernements, un livre officiel, le *Livre Blanc*, relatant les pièces diplomatiques qui précédèrent la guerre. Rarement on a vu livre plus vide, éclairant moins les faits. Seul le *Livre Rouge autrichien* peut lui être comparé. L'intention de tromper le public apparaît même avec une certaine brutalité dans le *Livre Blanc allemand*, car les pièces si peu nombreuses qui y figurent, ne sont pas présentées dans leur ordre chronologique. Et il faut une étude pour en bien voir la signification. Cette faiblesse dans la démonstration des livres diplomatiques allemand et autrichien frappe tous ceux qui les lisent. Un juriste allemand, dans un livre très remarquable, *J'accuse*, l'a fait ressortir avec une grande puissance. Cependant la manière dont les pièces et commentaires sont présentés au lecteur montre et le mépris des gouvernants allemands pour l'opinion publique et l'absence d'esprit critique chez la majorité des Allemands même instruits. On voit pertinemment que le *Livre Blanc* est fabriqué pour rejeter sur la Russie la responsabilité de la guerre. Et dans cette fabrication, le Gouvernement allemand ne recula pas devant l'emploi de mensonges qu'il savait fort bien être des mensonges; par exemple, l'action de guerre commise d'abord par les Français, les Russes et les Belges.

L'assuétude de croire la parole du maître, des chefs, a empêché l'Allemagne cultivée de voir l'opposition fondamentale qu'il y a entre l'attitude première du Gouvernement allemand rejetant toute la responsabilité sur la Russie et son attitude suivante, présentant la Russie et la France comme les victimes de la duplicité britannique, seule responsable de la guerre. L'Allemand ne s'embarrasse pas de telles contradictions : il croit le maître et il obéit. Pour lui, le maître ne ment pas ! Et, à son tour, le maître est convaincu par l'obéissance de la masse populaire et bourgeoise, que le mensonge est vérité ou paraîtra tel aux yeux de tous. Et il est poussé ainsi à mentir de plus en plus. Un mensonge en entraîne un autre et ainsi de suite. C'est ainsi qu'on a vu le Gouvernement allemand forgeant et falsifiant des documents pour excuser sa violation du territoire belge, dont il avait garanti la neutralité. Je fais ici allusion au rapport du général belge Ducarme, dont la traduction volontairement faussée parut dans *Die Norddeutsche Algemeine Zeitung* et après, en une brochure en langue hollandaise.

*
* *

Le Gouvernement allemand était un des signataires du traité garantissant la neutralité de la Belgique et il la viola délibérément, croyant que c'était son intérêt de la violer. Ce fait a montré clairement que les traités entre nations, tout comme les traités entre individus, n'ont de valeur que selon la volonté des contractants. Seulement, lorsqu'il s'agit de traités entre individus, leur rupture illégitime est soumise à la sanction, plus ou moins bonne, des tribunaux. Pour les traités entre nations, il n'y a actuellement aucune autre sanction que la guerre. A tout bien considérer, cette sanction n'en est pas une, car il peut arriver que le résultat de cette guerre favorise l'Etat qui a violé sa signature et sa parole. La guerre en somme n'est autre chose que le duel, « jugement de Dieu » de l'époque médiévale. La seule différence c'est qu'au lieu d'être le « jugement de Dieu » entre individus, elle l'est entre collectivités nationales.

La guerre, comme mode de solutionner des conflits entre collectivités, est véritablement un système encore barbare, sinon sauvage. Il devrait être abandonné et remplacé par un système analogue à celui existant pour solutionner les conflits entre individus. Il est possible, facile même, si les hommes le veulent, de trouver une sanction pratique qui empêche un Etat de violer sa signature, qui l'oblige à réparer ses torts, exactement comme cela existe actuellement pour un particulier quelconque.

Une des conséquences de la guerre est ce principe : la force crée le droit. Ce principe, qui régnait autrefois dans les relations sociales et commerciales entre individus, a disparu de nos mœurs, puisque tous les conflits entre particuliers se résolvent par des jugements basés théoriquement sur le droit. — Je dis théoriquement, car l'homme est faillible. Il est nécessaire que ce principe de la force créant le droit cesse d'exister dans les relations internationales si l'humanité veut échapper à la perpétuation des guerres et à la tuerie de plus en plus perfectionnée de ses membres, en un mot, à son auto-destruction.

Malheureusement, l'idée que la force crée le droit est une des idées les plus répandues qui existent. Elle est, en effet, à la racine de toute l'éducation de l'enfance et de tous les modes gouvernementaux. La base de cette idée est la crainte. Et c'est sur la crainte que l'éducation repose ; et c'est sur la crainte que la conduite des hommes repose. Selon l'état d'avancement démocratique des peuples, l'emploi de la crainte dans l'éducation est plus ou moins grand ; mais nulle part elle n'est pas employée, sauf peut-être dans quelques familles aux idées si avancées que, pour un peu, elles seraient traitées de folles.

Naturellement, c'est dans les Etats autocratiques que la crainte est le plus employée. Mais à cet égard, il n'y a pas avec les Etats démocratiques une différence de nature. Il n'y a qu'une différence de degré. Il en est ainsi parce que les états démocratiques sont encore tout imprégnés des principes autocratiques. La politique et la morale des démocraties continuent à avoir pour base la crainte. C'est là un résidu des morales et des enseignements religieux, des idées de force brutale régissant le monde, conséquences de notre ancestralité animale.

En Allemagne, l'emploi de la crainte a été systématisé avec une méthode parfaite. L'Allemagne est le pays le plus militarisé qui soit et la pierre fondamentale du militarisme est la crainte. L'aveu en est fait par le plus grand des militaires allemands contemporains, le maréchal von Hindenburg. Il a écrit, en effet : « On n'arrivera à rien sans contrainte ». Or, qui dit contrainte, dit crainte, car la contrainte n'a d'action que si on la craint.

Les conséquences de l'éducation et de la conduite des

hommes par la crainte sont très graves, surtout, évidemment, quand son emploi est généralisé et systématisé. Il se produit une population obéissante, à l'esprit servile et d'une crédulité enfantine. Il y a une suppression réelle de tout esprit critique. Le dire du maître tient lieu de tout. Les effets nuisibles de cet état mental sont énormes, non seulement pour les individus, mais encore pour les collectivités. Certes, la discipline passive existant dans une population permet les actions de masses, mais ces actions de masses n'ont pas la puissance qu'elles auraient si la discipline était volontaire. En effet, l'obéissance passive a supprimé l'initiative individuelle ou, tout au moins, l'a considérablement restreinte. Elle tendait à la réduire à zéro. Il en résulte que la masse est un agrégat de machines mues par une volonté extérieure. C'est une somme pure et simple d'unités identiques : des bras sans têtes. La discipline volontaire donne tout autre résultat, car l'obéissance est raisonnée. La masse est alors un agrégat d'individus ayant une même volonté. Ce n'est plus une somme d'unités, c'est un multiple, et les unités ne sont pas des bras sans têtes, ce sont des têtes avec des bras.

Cette différence entre la discipline passive et la discipline volontaire explique comment l'armée allemande, malgré sa force en hommes triple de celle de l'armée française, malgré son armement, ses approvisionnements supérieurs en nombre à ceux de l'armée française, s'est trouvée battue à la bataille de la Marne. Un médecin allemand, le Dr Delius, l'a fort bien compris lorsqu'il a écrit dans *Der Tag* : « Le soldat français a une supériorité manifeste sur les autres soldats. Il sent qu'il est citoyen de son pays, au lieu d'être une machine cédant aveuglément à la discipline. Il comprend les devoirs que son rang de citoyen lui impose pour la défense de son pays. C'est de ce patriotisme conscient que les Français tirent leur force de résistance, leur détermination obstinée de vaincre. Ce patriotisme leur aurait permis de soutenir des épreuves plus grandes encore que celles qu'ils ont subies ».

Cette différence entre la discipline passive et la discipline volontaire explique comment les Allemands furent arrêtés à Liège et sur l'Yser par les Belges ; comment, depuis deux ans et demi, malgré leur préparation méthodique, ils ont été arrêtés sur tout le front franco-belge. L'armée allemande s'est trouvée en présence de nations en armes, de nations ayant une pensée, une volonté : défendre leur liberté, leur autonomie, leur droit de disposer d'elles-mêmes. Et cette pensée, cette volonté n'étaient pas imposées aux peuples par la volonté d'un maître ; elles naissaient spontanément, conséquences fatales des circonstances agissant sur des êtres habitués à vivre libres, — une liberté, hélas encore petite, mais qui, par la force des choses, ira en s'accroissant. C'est parce que ces circonstances n'apparurent pas d'une manière identique aux citoyens britanniques que si lente fut la mise en marche de cette nation pour cette guerre, cependant vitale pour elle, plus vitale même que pour la France ou pour la Russie. On en a la preuve dans le fait que chaque atteinte directe à la nation britannique, bombardement des quelques villes de la côte, coulage du *Lusitania*, meurtre de miss Cavell, etc., provoquèrent une ruée pour l'enrôlement.

La supériorité de la discipline volontaire sur la discipline imposée par la crainte ressort donc nettement de cette guerre. Il en ressort aussi l'importance de ne pas briser les initiatives individuelles et de ne pas croire que les hommes peuvent être comparés à des machines et menés comme telles. C'est là un enseignement sur lequel nous appelons l'attention des partisans du système Taylor dans l'utilisation industrielle des humains. Les bénéfices que la production industrielle du moment en retirerait seraient apparents et non réels, car ils seraient au détriment de la production future. La mécanisation des individus diminue leur intellectualité et il n'est pas de besogne, aussi infime et manuelle soit-elle, qui ne demande des efforts intellectuels et un esprit critique. Les êtres vivants se différencient des machines que construisent les hommes, l'oubli de cette vérité conduit à commettre mille sottises et à avoir foule de concepts faux.

La discipline passive qui imprègne toute la nation allemande a aboli presque entièrement l'esprit critique chez la plupart des Allemands. Et la conséquence en a été et en est encore les erreurs psychologiques les plus grossières à propos des autres peuples. Ils ont mesuré les autres à leur aune et les ont cru semblables à eux : c'est-à-dire cédant à la crainte, des machines obéissantes. Les dirigeants allemands ont eu si peu d'esprit critique qu'ils n'ont pas su voir que tous les dominions anglais, l'Irlande (1), l'Inde, seraient loyaux. Ils ne pouvaient comprendre, eux élevés dans l'obéissance et dans le commandement, c'est-à-dire sous l'action incessante de l'autorité, quelle était la puissance de la liberté chez les peuples habitués à en jouir.

*
* *

La liberté ! Tant sont diverses les choses qui s'entendent sous ce nom, que mieux vaut l'expliquer quelque peu. Cicéron a dit : « La liberté, c'est *Potestas vivendi ut velis* ». Et sir Robert Fulmer a écrit : « La liberté est la liberté pour chacun de faire ce qu'il désire, de vivre comme il lui plaît et de ne pas être lié par des lois ». C'est là la liberté absolue, qui, en fait, n'existe nulle part, car la volonté de

(1) Le soulèvement des Sinn Fein, en avril 1916, est un incident sans importance. Il n'y eut que quelques milliers d'insurgés. D'ailleurs il montre d'autre part combien l'ancienne politique anglaise de coercition a été nuisible, car l'état psychique des Sinn Feiner est un produit de cette ancienne politique.

chacun subit l'influence de mille liens, du fait de l'environnement universel. La liberté dont nous parlons, c'est la liberté politique et sociale, c'est-à-dire l'absence de contrainte, étrangère à l'individu et à lui imposée malgré lui. Un peuple est libre quand l'ensemble des individus qui le composent ont le droit d'établir pour eux-mêmes des règles et des lois ; il cesse d'être libre quand une volonté humaine étrangère à la propre volonté du peuple vient, par la force, le contraindre à agir comme il ne voulait pas. Chez les peuples à gouvernement démocratique, la liberté est moins restreinte que chez les peuples à gouvernement autocratique. L'autorité s'y fait moins sentir et cet état de liberté relative crée, pour ceux qui en jouissent, un tel milieu social qu'à aucun prix ils ne voudraient en être privés.

Les dirigeants allemands, habitués à être obéis, ne pouvaient concevoir la puissance de l'amour de la liberté chez les peuples qui en jouissaient. Ils ne pouvaient imaginer que le peuple belge préférerait mourir plutôt que de ne pas être libre de se gouverner à sa guise, libre de parler la langue qui lui plaisait. Les dirigeants ne pouvaient concevoir que les Polonais, les Alsaciens, les Tchèques, etc., se souviendraient des efforts permanents de germanisation qu'ils subissaient. Les dirigeants allemands ne pouvaient pas comprendre, à cause de leur éducation, la force des aspirations vers la liberté. Et cette force était telle que ces nationalités, vaincues et subjuguées depuis des siècles ou des années, faisaient des vœux pour la victoire d'une autocratie comme la Russie ! Elles mettaient leur espoir dans les démocraties occidentales : l'Empire britannique et la France. Elles se fiaient en leur force morale pour l'accomplissement des promesses officielles du grand-duc Nicolas de Russie. Allemagne et Autriche avaient bien fait les mêmes promesses pour les Polonais, avant même celles du Gouvernement russe. Mais quel fond établir sur des promesses du Gouvernement allemand, quand on le voyait violer sa signature par l'envahissement de la Belgique et du Grand-Duché de Luxembourg ? Le développement des conséquences des actes se fait à l'infini et inéluctablement.

Le manque d'esprit critique des Allemands, conséquence de leur discipline, ne leur a pas permis de voir les conséquences de la violation de leur signature, pas plus qu'ils ne comprirent le soulèvement de l'opinion mondiale contre leurs actes : rupture de leurs traités ; violences et terrorisation.

Les événements de cette guerre montrent donc tout d'abord l'énorme valeur sociale de l'esprit de critique, la nuisance considérable de l'obéissance passive, de la discipline imposée et subie. De cette guerre résulte la glorification de l'esprit de révolte, de cet esprit qui est le géniteur de tous les progrès de l'esprit humain.

CHAPITRE II

La guerre actuelle est remarquable par ce fait de l'énorme nombre d'hommes qui y sont engagés. Si l'on incorpore dans ce nombre toutes les réserves et territoriaux, conformément à la loi, pour les pays où existe le service obligatoire de tous les hommes, on trouve que la quantité des soldats de toutes armes et de tous rangs s'élève à plus de 50 millions pour les quatorze belligérants (Empire britannique, France, Belgique, Italie, Russie, Serbie, Monténégro, Japon, Portugal, Roumanie, Allemagne, Autriche-Hongrie, Turquie, Bulgarie). Cette énorme masse d'hommes est un produit du service obligatoire, et seulement du service obligatoire, car l'Empire britannique, en y comprenant ses colonies, n'entre que pour un dixième dans ces 50 millions de soldats. D'ailleurs au cours de 1916, cet Empire recourut, lui aussi, au service obligatoire, ce qui accrut ses ressources en hommes.

Naturellement, la plus grande partie de ces millions d'hommes étaient, avant la guerre, des civils, commerçants industriels, professeurs, ouvriers, paysans, et demain, après la guerre, ceux qui survivront retourneront à leur métier et à leur art. Il résulte de là que les militaires de profession ont été noyés dans la masse combattante. D'abord, comme ils occupaient les commandements, puisque officiers, leur importance fut grande. Mais plus la guerre se prolongea, plus cette importance s'effrita. L'action continue des batailles, des fatigues de la guerre, joue à leur égard un rôle analogue à celui de la mer sur les rocs qu'elle frappe d'un incessant ressac. Au bout de quelques mois, une grande partie des officiers professionnels étaient hors de combats, tués, blessés, prisonniers et les commandements subalternes étaient remplis par des militaires occasionnels, la veille, civils. Ce phénomène se passa dans toutes les armées, aussi bien celles à recrutement volontaire que celles à service obligatoire.

On peut donc dire avec certitude que la guerre actuelle est une guerre, non de militaires professionnels, mais de civils momentanément militarisés. Et elle dure depuis plus de deux ans et demi! C'est dire la valeur d'un entraînement de quelques semaines, de 3 mois au plus, pour transformer le pacifique civil en un combattant habile.

De ce fait général que la guerre est soutenue entièrement par des civils d'hier et de demain, il en résulte la preuve éclatante de l'inutilité d'un long service militaire en temps de paix. La fameuse loi française de trois ans qui, au dire des militaristes, était nécessaire pour sauver la France, n'a pas eu le temps de jouer en cette guerre, et pourtant la France a tenu et tient, et même tient *mieux* qu'au commencement. L'inutilité de cette loi est démontrée par les faits. Ce que cette guerre enseigne encore, c'est l'utilité et l'importance des milices, du peuple armé, pouvant se lever et rapidement pour défendre ses libertés menacées. Une entraînement est nécessaire, mais rien ne sert qu'il dépasse quelques semaines : les faits le prouvent. Il y a là une éclatante confirmation des conséquences qui ressortaient de la guerre de Sécession en Amérique et que l'influence des militaires professionnels avait fait méconnaître et nier.

Une autre leçon de cette guerre gigantesque, telle que l'humanité n'en avait jamais vue, c'est la faillite complète du militarisme basé sur la discipline passive, l'autorité indiscutable. Malgré son admirable organisation et la moutonnière obéissante de ses millions d'hommes, l'Allemagne sera battue. Mais si, à sa force organisatrice et à celle de son nombre, elle avait ajouté la force du ressort individuel, la force morale, la France n'eut pu résister en septembre 1914. L'Angleterre eut été impuissante, puisque sans armée. Et l'Allemagne eut triomphé. Mais son régime militaire d'éducation, de vie avait brisé en elle le ressort individuel, pour ne plus laisser de force qu'au ressort collectif. L'homme obéissait parce qu'il était accoutumé à obéir, comme une bête de troupeau.

En France, différent fut le phénomène. La nation entière, sauf un nombre très minime de chauvins belliqueux, était pacifique ; mais quand elle vit que la guerre était inévitable, et qu'il fallait ou obéir aux Allemands ou se battre pour leur résister, ce fut une ruée pour la bataille, c'était la guerre à la guerre que tous ces hommes allaient mener. Je ne puis mieux le prouver qu'en citant un fragment de lettre écrite dans les tranchées de l'Yser, le 11 décembre 1914. Son auteur, un simple fermier breton, très intelligent, soldat d'un régiment territorial, a disparu en mars 1915, probablement tué lors du premier emploi des gaz asphyxiants.

« ...Blessé le 30 octobre devant Bixchotte, écrit M. Olivier Guyomarch, d'un éclat d'obus au pied en venant de renseigner un lieutenant d'artillerie qui fut tué, lui (j'étais homme de liaison, c'est-à-dire facteur du champ de bataille) ; je fus évacué sur Mortain, puis chez moi, j'ai rejoint le 3 décembre le dépôt à Guingamp, et le jour même, j'ai demandé à partir de nouveau à la place d'un père de cinq enfants. J'étais parti volontairement également au 18 septembre. Ce n'est pas que je sois un chauvin. *Je fais avec enthousiasme la guerre à l'esprit guerrier que l'Allemagne incarne et je lutterai jusqu'au bout avec la même foi, pour abattre le caporalisme prussien, cause de tant de deuils, de tant de ruines.*

« Des deuils, des ruines ? Inutile de vous narrer longuement s'il y en a. On ne peut se représenter, quand on n'y a pas assisté, ce qu'est une bataille de nos jours. Quelle foi immense en un avenir de paix ne faut-il pas avoir pour résister à tant d'horribles choses, à tant de misères et matérielles et morales. Voilà pourquoi, moi, célibataire, *antimilitariste*, je fais aujourd'hui, avec un enthousiasme délirant, la guerre à ce que je crois être l'obstacle à la marche de la société vers plus de bonté, plus de fraternité, plus de civilisation, aux reîtres allemands, à l'esprit qui les anime.

« Nous sommes dans les tranchées face à l'Yser. La bataille est moins rude ici que là où nous étions précédemment.

« Ne me plaignez pas si je tombe, car je crois servir une noble cause, une cause digne d'absorber toutes nos énergies, tout notre enthousiasme... Que de nos souffrances sorte la paix féconde qui réparera tant de ruines. »

L'état d'esprit qui dicta cette lettre, si admirable en sa simplicité, était et est celui des quatre-vingt-dix centièmes des combattants français. Sauver leur liberté ! Vivre libres ! Voilà ce qui les enflammait, voilà ce qui les enflamme encore. Il y a eu là un phénomène analogue à celui qui s'est produit il y a un siècle et quart, à l'époque où les Impériaux menaçaient la Révolution Française naissante, à l'époque où Rouget de Lisle symbolisait dans la *Marseillaise* les aspirations de la France.

Chaque citoyen eut conscience de la menace qui planait sur lui-même par la victoire des Impériaux d'aujourd'hui. Chaque citoyen se leva et courut défendre, non sa patrie territoriale, non sa patrie économique, mais son patrimoine de liberté, ses mœurs et ses coutumes. C'est cet esprit individualiste existant en chaque Français et en chaque

Française, qui forma une conscience nationale d'une force énorme, qui permit de résister et de repousser en partie un envahisseur plus nombreux et mieux organisé, mieux préparé que les Français ne l'étaient.

La guerre actuelle a montré que la discipline volontaire, c'est-à-dire la discipline que le soldat s'imposait à lui-même, par raison et non par crainte, donnait une supériorité au combattant. En effet, on sait que le Français est un soldat peu soumis ; il a l'esprit critique très développé ; il « grogne » sur toutes choses. Rappelons-nous son surnom de « grognard ». Mais dans l'action, il se discipline instantanément sous la pression des circonstances et de sa raison, de son jugement. Ce n'est pas une machine en action, c'est un être vivant, intelligent en action. Et il en résulta qu'il triompha, sur la Marne et ailleurs, de troupes plus nombreuses et disciplinées. Parfois même il triompha, en dépit de chefs qui, apeurés et affolés, ordonnaient des retraites, ordres qui n'étaient pas obéis. Ainsi, dans cette guerre, le rôle du ressort individuel, de la volonté tendue et raisonnée de chaque individu, apparaît comme très considérable. La base de ce ressort, de cet individualisme, c'est la liberté, l'autonomie de l'individu. D'ailleurs, même chez ceux qui s'imaginent que la force d'une collectivité obéissant passivement l'emporte toujours sur une collectivité raisonnante, il y eut l'intuition de la force du ressort individuel, puisque nous vîmes les autocraties allemande et russe faire appel aux idées de liberté, de défense des libertés, pour entraîner les peuples à la guerre. Mais il ne pouvait y avoir là que des aspirations vagues, car la base — l'éducation et les mœurs de la liberté — manquait, par suite des modes autocratiques de gouvernement. Peut-être en cette absence de ressort individuel, d'initiative individuelle, faut-il voir une des causes des défaites des armées russes par les armées allemandes mieux organisées et mieux dirigées.

Un des enseignements de cette guerre est la diminution

considérable du rôle du militaire professionnel, tandis que celui des ingénieurs et administrateurs croissait d'autant plus en importance. Il y a eu une véritable industrialisation de la guerre : le militaire professionnel a dû s'adapter à cette nouvelle forme de guerre, si différente de la forme traditionnelle et classique. Les combats à la baïonnette sont en réalité devenus rares, il y a relativement peu de blessés par l'arme blanche ; bien que les journaux illustrés et autres représentent ou content ces charges. Sur le front Occidental, les hommes répugnèrent souvent à l'emploi de la baïonnette ou du couteau-poignard, qu'on substitua à la baïonnette pour le combat des tranchées. Ils préfèrent la grenade. On doit voir là la preuve d'un affaiblissement de l'esprit de violence, du goût du meurtre chez les humains.

L'humanité n'assiste pas simplement à une guerre d'armées et de flottes, elle assiste à une guerre d'ouvriers et d'ingénieurs d'usines ! C'est autant une lutte industrielle qu'une lutte soldatesque, à cause de la quantité de munitions, d'armes, d'équipements et de vivres dont il est besoin. Tout concourt donc à réduire de plus en plus l'importance du militaire professionnel.

Toutefois le commandement resta ès-mains des militaires professionnels. Aussi il en résulte un désordre inénarrable dans maints services et dans l'utilisation des forces physiques et intellectuelles des hommes. L'écho en retentit jusque dans les Parlements et on en trouvera des preuves longuement énumérées dans les comptes rendus officiels. Partout on constate ce désordre, même en Allemagne où l'organisation était cependant poussée à un haut degré de perfectionnement.

Un petit fait que le sociologue et le psychologue doivent noter c'est que pendant ces deux ans et demi de guerre, les grands États-Majors, ceux des généralissimes, n'ont jamais été bombardés par des aéroplanes ou des dirigeables. Le lieu où ils résident est connu de tous, des ennemis aussi bien que des amis, et pourtant ils restèrent indemnes alors que les aéroplanes ou les dirigeables allaient semer les bombes sur des villes lointaines ! Le fait est curieux et significatif. Il est une preuve de la solidarité qui unit tous les militaires professionnels indépendamment des nations dont ils font partie (1).

Cette guerre a donc réduit énormément l'importance du militaire professionnel, dans l'exercice même de sa profession : la guerre. Il dut même subordonner sa stratégie à la politique : il est le serviteur de l'homme politique, de l'homme d'état. Jamais cette fonction du militaire de profession n'est apparue plus visiblement que dans cette guerre, et c'est à l'Allemagne, la nation militaire par excellence, qu'il appartenait de montrer ce rôle subalterne du militaire professionnel ! Il est d'ailleurs logique, car la stratégie guerrière n'est que le moyen pour réaliser le but indiqué par la politique.

Lorsqu'on étudie l'offensive allemande, on voit très bien que telle ou telle action de guerre est exécutée dans tel ou tel but politique ou dans plusieurs buts politiques : influence sur les neutres des Balkans ou d'Amérique, influence sur la population allemande, influence sur les souscriptions aux emprunts de guerre, etc. Cela est de toute évidence pour qui réfléchit, car ces actions de guerre n'ont en elles-mêmes directement aucune utilité. Leur seul résultat direct est une grande consommation d'hommes et de munitions, sans un affaiblissement corrélatif de l'ennemi. Le même phénomène d'ailleurs s'est produit pour certaines actions de l'offensive des Alliés.

La guerre est vraiment une survivance barbare en notre siècle d'industrialisme ; aussi devait-elle entraîner après elle toute une reviviscence de coutumes chères à nos ancêtres

(1) Voir la *Psychologie du Militaire professionnel*, par A. Hamon, Paris, 1893, p. 25.

des siècles antérieurs. C'est ainsi que nous vîmes fleurir les décorations les plus diverses. A celles existantes s'en joignirent de nouvelles. Les croix de guerre, les ordres pour le mérite, les croix de Victoria, etc. etc., s'accrochèrent à une multitude de poitrines. Oh ! ce n'est pas que ces hochets divers fussent géniteurs d'actes héroïques ! Non, ils n'influençaient en rien les combattants occasionnels, civils d'hier et de demain. Le soldat, au moment de la bataille ou dans la tranchée, ne pense qu'à une chose : s'en tirer le mieux possible, sans être tué, tout au moins, et il se dit : « Plus je tue, moins j'ai de chances d'être tué ». Cela souvent le conduit à commettre des actes héroïques, mais cet héroïsme n'en a pas moins pour base l'égoïsme, l'idée de la self-préservation. Jamais l'idée d'une récompense n'intervient pour le pousser à agir. Cette constatation, faite dans une enquête psychologique de M. Lahy et confirmée par les lettres du front que j'ai reçues, est fort importante, car d'elle il découle que les récompenses sont inutiles et sans aucune valeur pour motiver les actions humaines. Cela confirme ce que j'ai écrit à propos des récompenses et des punitions comme mode éducatif (1).

Les décorations que les gouvernants distribuent libéralement, pensant ainsi payer le sacrifice et les souffrances de millions d'êtres, sont simplement la survivance des tatouages et autres marques de valeur guerrière, telles que par exemple les queues de loup des Peaux-Rouges, si chères à nos ancêtres sauvages. L'homme reste toujours un peu un enfant, se contentant de peu, et surtout des apparences.

Cependant il importe aussi de voir en ces décorations un côté esthétique de la guerre. Elle est si horrible avec son cortège de morts et de ruines, que l'humanité, au cours des ans, a éprouvé le besoin de l'enjoliver et de la décorer. Et

(1) Voir *Déterminisme et responsabilité*, Paris, 1897 ; *Education et iberté*, Paris, 1912.

de là sont nés les multitudes de croix et aussi des uniformes. Qui porte l'uniforme aime à parader ! En Angleterre, par exemple, on ne possède point l'esprit militaire et l'officier y sort toujours sans arme. Cependant on y voit l'uniforme kaki, souvent très élégamment porté d'ailleurs, parader dans les salons et sur les avenues, à la grande joie des femmes qui, à quelque classe sociale qu'elles appartiennent, subissent presque toutes le charme des tatouages et des queues de loup modernes.

*
* *

Un phénomène intéressant qui fut signalé pour tous les pays, c'est la diminution, en cette guerre, de la criminalité banale. Les tribunaux correctionnels et les cours d'assises avaient beaucoup moins de travail. C'était la répétition d'un phénomène qu'on avait aussi constaté lors de la guerre de 1870. Ceux qui ne voient que les apparences des choses en ont déduit que la guerre moralisait. Il y a là une erreur absolue d'interprétation d'un fait réel. La criminalité diminue durant toute guerre, non parce que les hommes sont plus moraux, mais parce que les hommes qui ont l'instinct du meurtre, de la rapine, du parasitisme, les criminels enfin, trouvent dans les faits mêmes de la guerre un exutoire à ces instincts. On en a une preuve dans ces faits que la criminalité féminine ne diminue pas et que la criminalité juvénile augmente. La criminalité ne disparaît pas, elle ne change même pas de forme, elle change seulement d'objet. Tuer un homme devient méritoire, car il est l'ennemi ; violer une fille de l'ennemi est sans importance ; quant à piller, à voler, ce ne sont même pas des péchés véniels, c'est la monnaie courante de la guerre. Bien plus, foule d'actes qui sont purement et simplement des crimes vulgaires, sont méthodiquement organisés par tous les belligérants : par exemple, vols de documents, de dépêches. Mais la palme en ce genre de banale criminalité appartient sans conteste à l'Allemagne, dont les représentants officiels aux Etats-Unis, par exemple, fabriquèrent de faux passeports et de faux témoignages, poussèrent et à l'assassinat et à faire sauter des ponts, des usines et des navires.

Les dirigeants excitent en somme chez les hommes les instincts les plus pervers, les plus anti-humains et les plus bruts ; et, par un renversement complet des idées morales ordinaires, ils transforment en actes admirables et dignes d'être imités, les actes les plus bas, les plus sordides et les plus cruels. Loin de les punir, ils les récompensent par de l'argent, par des décorations, par des grades et par des titres.

Le militarisme est une école de crime. Cet aphorisme, que j'écrivais en 1893, a été par malheur trop surabondamment prouvé par les événements de cette guerre. Sur certains fronts ou parties d'iceux, le commandement a érigé en système le « nettoyage » des tranchées, c'est-à-dire la tuerie au couteau de tout le « matériel humain » qui y est. Avant les offensives, selon les armées, on fait boire aux hommes du rhum ou de l'éther ou un mélange de ces deux narcotiques. Une demi-ivresse est indispensable pour commettre l'œuvre de mort et lâcher la bride aux instincts brutaux et anti-humains. La guerre devient ainsi une école de crime, un « conservatoire » d'apacherie, dont on pourrait bien goûter les fruits amers dans l'après-guerre.

La guerre n'est vraiment qu'une succession sans fin de crimes de toutes sortes : assassinats, meurtres, vols en bande et vols individuels, viols, tentatives de meurtre et d'assassinat, destruction des biens, fabrications de pièces fausses, etc. Les enquêtes officielles menées par les divers gouvernements sur les actes de la guerre ont montré qu'il en est bien ainsi. Il suffit pour s'en assurer de lire par exemple : *The report of the committee on alleged german outrages, presided by the right hon. Viscount Bryce*, avec son volume de documents justificatifs et *Les violations des lois de la guerre par l'Allemagne*, publication du ministère des Affaires étrangères de France. Il y a là des preuves photographiques impossibles à nier, car elles sont l'aveu même des auteurs des actes criminels.

* * *

La guerre mondiale actuelle développe tant d'horreurs avec ses millions de morts, ses millions d'infirmes, ses millions de blessés, ses milliards de ruines, que si l'humanité était composée d'êtres raisonnables, un immense sentiment anti-guerrier s'étendrait sur le monde entier. En sera-t-il ainsi ? Cette guerre sera-t-elle la dernière guerre? Il est impossible de le prédire avec certitude. Mais il est une chose certaine, c'est que parmi les combattants — tous ceux qui ont eu des lettres ou des conversations avec ceux qui viennent du front peuvent en témoigner — une véritable horreur de la guerre s'est élevée. Soldats et officiers chez tous les belligérants ont vu des choses si épouvantables, qu'ils ont acquis la haine de la guerre. Ecoutez ces fragments de lettres, deux venant de simples soldats et la troisième d'un officier anglais. L'une, citée par Romain Rolland, émane d'un Allemand et est écrite à un professeur de la Suisse Alemanique ; l'autre provient d'une lettre qui me fut adressée par un ouvrier menuisier, réserviste français : « Nous tous, écrit le soldat allemand, même ceux qui, au début, furent les plus acharnés à la lutte, nous ne désirons plus aujourd'hui que la paix, nos officiers aussi bien que nous... Le désir de la paix est intense chez tous, chez tous ceux, du moins, qui se trouvent sur le front et qui sont obligés d'assassiner et de laisser assassiner. Les journaux disent qu'il est à peine possible de modérer l'ardeur guerrière des combattants. Ils mentent consciemment et inconsciemment ».

« Depuis le 25 septembre (1915), écrit le soldat français, jusqu'au 1er octobre, j'ai vécu dans un carnage épouvantable et sans précédent. Jamais le ...e régiment n'avait vu ce qui s'est passé pendant ces six jours. C'est horrible. Vous et tous les savants ne savez pas ce que c'est que la guerre de tranchée, car si vous le saviez, tous, au nom de l'humanité et de la civilisation, vous demanderiez la paix. Il faut voir les hommes ou parties d'hommes sauter dans les airs, à 15, 20, 30 mètres de haut. Il faut voir des têtes, des bras, des jambes d'hommes, de chevaux, de mulets, partout à traîner sur le champ de bataille... »

Tout commentaire affaiblirait l'horreur de cette description.

Et l'officier, un jeune Anglais, engagé volontaire, dit : « Je ne pense pas à ce que je fais, à ce que je vois, à ce que j'entends, à ce que je sens, car si je le faisais, il me serait impossible de l'endurer. Ce n'est pas *moi* qui suis ici, c'est quelque être qui ne pense pas et qui fait son travail, bon ou mauvais, c'est seulement ainsi qu'on peut garder l'équilibre de ses nerfs. La vie des tranchées est un enfer plein de vermine, froid, humide, ignoblement sale, et de toutes façons, mentalement aussi bien que physiquement. Tous ceux qui sont là n'aspirent qu'à une chose, recevoir une blessure pour pouvoir retourner chez soi ».

Tous les soldats qui ont été au feu haïssent la guerre, un véritable enfer, comme l'ont écrit maints Anglais dans des lettres que les journaux publièrent. La population civile sur le continent a le même sentiment anti-guerrier, car elle a aussi le contre-coup de la guerre, plus fortement que la population britannique qui y a échappé en partie, grâce à son insularité.

Une des leçons de cette guerre est donc la haine de la

guerre et l'amour de la paix. La leçon est chèrement acquise, mais nous pensons qu'elle sera effective.

*
* *

Parallèlement à ce développement de sentiment antiguerrier a lieu le développement de l'antimilitarisme. Cela est tout à fait logique, puisque militarisme et guerre marchent de concert La discipline militaire est toujours rude, brutale. Elle choque tous les hommes accoutumés à la liberté relative de la vie civile et, de ce choc, il résulte un mécontentement, puis un sentiment anti-militaire.

L'homme, quel qu'il soit, lorsqu'il possède un pouvoir, tend à en abuser. Il aime à faire montre de sa puissance et il ne le peut qu'au détriment, qu'à l'ennui de ceux qui sont sous lui. Naturellement, le résultat est qu'il se développe chez ceux-là un esprit d'opposition et de haine pour l'organisme social qui les lèse. La base de la discipline militaire est, toujours, la contrainte par une volonté extérieure à l'individu. L'obéissance repose non sur la volonté libre des soldats mais sur l'absence de volonté de ces soldats, transformés en machines obéissantes mues par des chefs. Il en résulte donc que la discipline militaire est basée sur la crainte de punitions, dont la variété est petite et la gravité est grande, car elles vont jusqu'à la peine de mort.

Au point de vue psychologique, les conséquences de la discipline militaire sont graves. En effet, d'une part, cette discipline diminue, atrophie l'initiative individuelle : d'autre part, elle hyperexcite l'esprit d'autoritarisme. Il se produit en effet chez tous ceux à qui est imparti un fragment de pouvoir — c'est-à-dire chez les gradés, depuis le simple sous-officier jusqu'au général — une sorte de griserie, d'ivresse de la puissance. Ce phénomène a lieu, même chez ceux qui, la veille encore, étaient civils et qui demain le redeviendront. Les conséquences de cette hyperexcitation de l'autoritarisme sont des actes multiples de prépotence, d'arbitraire. De tels actes choquent ceux qui en sont témoins ou victimes, avec d'autant plus de violence qu'ils sont accoutumés aux mœurs démocratiques, à la vie de liberté de nos pays occidentaux. Il y a un abîme entre les aspirations des hommes et la manière dont ils sont traités ! C'est ainsi qu'un professeur, soldat actuellement, m'écrivait en 1915 : « Voilà 14 mois que je suis esclave ! » Ces mots expriment vraiment le sentiment qui imprègne la grande majorité des soldats français, auxquels il faut une forte dose d'énergie pour supporter envers et contre tous les nuisances et les désagréments du militarisme, pour conserver leur volonté de mener cette guerre jusqu'au triomphe des Alliés, de façon à tuer la guerre. Mais en eux s'agglomère peu à peu une masse de petites révoltes contenues qui, à la fin de la guerre, s'épanouiront en un immense cri contre le militarisme.

Je crois que le sentiment des soldats anglais est le même, à en juger par quelques fragments de lettres que j'ai pu lire. Ce sentiment antimilitariste du citoyen britannique, devenu soldat pour la défense de la liberté, est tout à fait logique, et il serait surprenant qu'il n'existât pas chez tous les citoyens d'un pays où l'on possède tant l'amour de la liberté individuelle.

Cet esprit d'antimilitarisme qui se développe même chez les neutres — il suffit de lire les journaux suisses, par exemple, pour s'en apercevoir — se développe-t-il chez les Allemands ? On ne peut l'affirmer avec certitude ; mais cela semble probable. L'obéissance servile et passive des Allemands est surprenante pour nous autres, démocrates occidentaux. Les soldats subissent sans broncher des traitements qui provoqueraient des révoltes chez les Français et les Britanniques. Ainsi, il est certain — je tiens le fait d'une lettre d'un soldat français, témoin visuel — que des soldats allemands sont attachés à des mitrailleuses ! Cependant, malgré cette acceptation passive des pires traitements, abaissant la dignité de l'homme au point de la faire disparaître, il y a au fond de la masse allemande, civile hier et qui le sera demain, un sentiment vague de révolte sourde contre le militarisme. On peut le percevoir dans certaines des notes quotidiennes tenues par les soldats et publiées dans le volume officiel du Gouvernement français : *Les violations des lois de la guerre par l'Allemagne* et dans la brochure de M. Joseph Bédier : *Les crimes allemands d'après des témoignages allemands.* On peut aussi le percevoir dans quelques fragments de lettres allemandes publiées par Romain Rolland, dans le *Journal de Genève.* Il serait d'ailleurs assez étonnant que le peuple allemand acceptât, sans aucun sentiment de révolte, de subir les méfaits du militarisme exacerbé. Il obéit encore par peur des punitions, mais au fond de lui, il existe une brutale contradiction entre l'état économique et intellectuel de sa civilisation et son état politique, en retard d'un siècle. Cette contradiction provoque un travail souterrain, qui se manifestera un jour en une explosion terrible d'antimilitarisme. La logique le montre et nous pensons que le phénomène de la guerre actuelle confirmera le principe : toute action engendre une réaction.

La douleur est essentiellement éducative. Et en cette guerre, les hommes de tous les pays auront tant souffert ou tant vu souffrir qu'ils auront beaucoup appris. Une de leurs leçons sera : le développement dans l'âme humaine d'un profond sentiment anti-guerrier et antimilitariste.

*
* *

De tous temps, la guerre a été un mode d'acquisition de biens, comme le commerce, l'industrie ou le brigandage.

La guerre actuelle n'a pas failli à cette mission sociologique. Par des réquisitions et des pillages organisés méthodiquement, des régions ont été vidées de vivres, de machinerie, de matières premières et même d'objets mobiliers, qui furent transportés en Allemagne. Le fait a été nié, mais il n'en existe pas moins, et on en a eu la preuve dans un ordre du jour d'un commandant de corps, se plaignant du trouble dans les transports, causé par l'envoi des choses pillées, ordre du jour imprimé, qui fut publié dans *Die Berner Tagwacht*. Il y eut même des annonces de vente de produits du pillage ! Ainsi la revue du chimiste Ostwald, *Das Monistische Jahrhundert*, en publia une dans son numéro du 30 septembre 1915. En tête figuraient ces mots : *Butin de guerre*.

Il s'est produit dans la guerre du XXe siècle ce qui s'est produit dans toutes les guerres antérieures. La seule différence, si tant est qu'il y en ait une, reposerait dans la méthode et l'organisation du dépouillement actuel. Un des biens dont la guerre permet de s'emparer, c'est l'or, et une des manières de s'en emparer, c'est le système des amendes collectives, du rachat des fautes, supposées ou réelles. Il a été pratiqué sur une large échelle en Belgique, en France, en Pologne, bref, dans toutes les régions envahies. C'est purement et simplement la remise en vigueur du Wehrgeld de l'ancien droit germanique. Cela permet à la collectivité victorieuse de s'enrichir à bon compte des dépouilles de la collectivité vaincue.

D'ailleurs la volonté de dépouiller le vaincu, c'est-à-dire l'affirmation que la guerre est un mode d'acquisition de richesses, a été ouvertement avouée par des dirigeants allemands. Ils ont déclaré à diverses reprises leur intention de s'approprier le pays conquis, en prenant les terres, les usines, les maisons et en expulsant les autochtones. Il est impossible, en effet, de comprendre autrement les phrases suivantes que nous tirons de deux pétitions officielles envoyées au chancelier de l'Empire, M. von Bethmann-Hollweg, par des associations très importantes d'agriculteurs, d'industriels et par des intellectuels (1).

« Les moyens de puissance économique, lit-on dans ces pétitions, existant sur ces territoires (français), y compris la moyenne et la grande propriété, seront remis entre des mains allemandes par des procédés tels que ce soit la France qui en *indemnise* et *recueille* les propriétaires... Les entreprises et propriétés (belges) *devront passer* des mains anti-allemandes en des mains allemandes... Les territoires que la Russie sera forcée de nous céder seront... des territoires de *colonisation* agricole... L'indemnité de guerre russe doit être payée en objets... la cession politique des fonds de terre, *libérés de toute propriété* privée... Les plus importantes entreprises et les propriétés devront passer des propriétaires anti-allemands à des propriétaires allemands, les indemnités aux anciens propriétaires restant à la charge de la France. »

En somme, toutes ces phrases ne signifient qu'une chose : l'expropriation des propriétaires, l'expulsion des autochtones. Les terres conquises sont des terres de colonisation, de peuplement. Les Allemands prétendent en avoir besoin à cause de l'accroissement de leur population, grâce à sa forte natalité. Les classes dirigeantes allemandes ont donc affirmé ainsi leur intention d'appliquer en grand le système qu'ils avaient ébauché en Pologne dite allemande. Cette transformation des terres européennes en colonies de peuplement ne peut être qu'à la condition de l'expulsion en masse des propriétaires, sans souci de leur nationalité, par

(1) Il y a eu deux pétitions, l'une d'intellectuels et de professeurs, l'autre de la « Ligue des Agriculteurs, » du « Comité Directeur de la Ligue des Paysans allemands (actuellement le groupe des paysans Westphaliens) », de « l'Union Centrale des Industriels allemands », de la « Ligue des Industriels » et de « l'Union des classes moyennes de l'Empire ». Leur requête est du 20 mai 1915.

le simple droit de la force, *quia nominor leo*. Les dirigeants allemands, en rédigeant de telles demandes, ne se souciaient point des neutres qui peuvent être propriétaires d'usines et de terres sur le sol par eux conquis. Le droit de propriété est pour eux inexistant, du moment que telle est leur volonté. Toujours la conception que la force crée le droit ; ce qui implique nécessairement la suppression de la liberté dans les régions où cette conception règne et est appliquée.

Ce système d'appropriation des biens des vaincus, en contradiction avec nos mœurs et les soi-disantes lois de la guerre, est, en fait, appliqué avec plus ou moins de rigidité par tous les peuples occidentaux aux peuples autochtones asiatiques, africains et américains. Les Européens les ont considérés comme des inférieurs auxquels ils faisaient beaucoup d'honneur en les croquant. Les Allemands veulent appliquer ce système aux Européens, leurs voisins, parce qu'ils considèrent que ces Européens appartiennent à des races inférieures et que la race germanique est la seule race supérieure, élue de Dieu, choisie pour commander au monde. Il y a là un phénomène curieux dû à une véritable hypertrophie du moi, provoquée par l'éducation militaire agissant sur une caste, pénétrée de l'orgueil de caste et sur des classes habituées ancestralement à l'obéissance passive et à la servilité. Cette conception de la race germanique comme élue de Dieu, n'est que la transformation, à notre époque, de la croyance ancienne que le peuple juif était l'élu de Dieu. C'est, en somme, une survivance d'une époque barbare.

De même la guerre comme mode d'acquisition de biens est une survivance des époques antérieures de celles où l'industrie et le commerce n'avaient pas le développement qu'ils ont maintenant. L'emploi de ce système pour s'enrichir montre chez ceux qui le pratiquent une absence complète d'esprit d'analyse et de déduction. C'est une conception tout à fait simpliste. Et il était logique qu'elle se trouvât dans les mentalités militaires, chez lesquelles tout esprit critique a été éliminé par l'hypertrophie de l'esprit d'autorité et de l'esprit d'obéissance.

Lorsqu'on réfléchit tant soit peu, on voit l'impossibilité de réalisation de l'idéal germanique : l'industrie d'enrichissement. Les conditions financières, industrielles et commerciales avec leur complexité, leur interpénétration, leur internationalité infinies s'y opposent absolument. Tout l'édifice de production d'échange dans nos sociétés repose en somme sur le crédit, c'est-à-dire sur la bonne foi des contractants, sur la sûreté des contrats. La dépossession par la guerre en est l'opposé. C'est donc la destruction de l'édifice entier de la finance, de l'industrie et du commerce. C'est le retour aux modes commerciaux du Moyen Age, vivant sans cesse sous la crainte des bandes de mercenaires à la solde de hobereaux. Il faut avoir eu l'intelligence simpliste du parfait professionnel militaire et du parfait hobereau pour imaginer qu'au, xxe siècle, la guerre enrichirait le vainqueur. Mais si le dirigeant allemand a eu cette simplicité d'intelligence, c'est dû à son éducation militaire, à sa mentalité militaire qui lui faisaient considérer les hommes comme des machines et qui lui enlevaient tout esprit critique et tuaient en lui tout esprit de liberté. Nous constatons donc là par un autre chemin, ce que nous avons déjà constaté : la nuisance de la mentalité militaire, génitrice de mort, la bonté de l'esprit de liberté, levain du progrès humain.

*
* *

La guerre n'est pas un mode d'acquisition de richesses, car elle ne paie pas, pour employer l'expression commerciale. Elle détruit plus qu'elle ne rapporte.

Considérons la guerre actuelle. Que voyons-nous? Des villes, des villages en cendres; des usines et des manufactures démantelées, des champs labourés par les obus, des forêts hachées et détruites, des routes défoncées, des ponts effondrés, des voies et des gares de chemins de fer sautées, des navires coulés. Nous voyons, en somme, tous les outils de production et d'échange démolis et annihilés. Des cendres, des monceaux informes de pierres et de métaux, des amas désordonnés d'arbres, des champs incultes les remplacent. Et dans cette œuvre de destruction sont englobés tous les produits de l'esprit humain, et contemporains et passés. Mobiliers, livres, étoffes, outils et machines, œuvres d'art des siècles passés, tout cela n'est plus que ruines. Voilà l'œuvre directe de la guerre, la manière effective dont elle enrichit l'humanité et aussi le vainqueur, qui se trouve ainsi possesseur de cendres et de ruines, si tant est qu'il puisse en rester possesseur.

Mais à côté de ces pertes par destruction des choses, il y a la perte par la mauvaise utilisation d'énergies humaines et par la destruction des outils mêmes de la guerre : les munitions et les armes. Toutes les facultés physiques et intellectuelles sont, durant cette période de guerre, tendues pour produire vite et plus des armes et des munitions. Les énergies humaines tendent à œuvrer des outils de mort au lieu d'outils de vie. Il y a donc là une mauvaise utilisation des forces de l'humanité, inévitable conséquence de l'état de guerre. Les armes et les munitions ainsi fabriquées sans repos, sont détruites par le fait même de leur emploi, avec une extrême rapidité. Tout le travail humain, absorbé dans cette fabrication, s'évanouit ainsi sans laisser rien d'utile à la collectivité humaine. Il laisse des morts et des blessés, pas un produit utile à la vie de l'humanité !

En somme, après la guerre, il y aura moins de produits qu'avant la guerre, à cause de leur destruction violente, de leur non-production ou de leur usure rapide. Il résulte de là que les effets de la guerre sont des nuisances énormes qui dépassent de beaucoup les quelques effets utiles et favorables qu'il en peut résulter, tels que la reconstruction dans des conditions de salubrité des villes, villages et maisons détruits ; l'amélioration et le renouvellement du machinisme. Il y a dans la guerre une multitude infinie d'efforts humains qui disparaissent par la destruction même des choses qui les incarnaient.

*
* *

Il est très difficile de chiffrer la valeur des choses détruites et encore plus, celle des hommes tués ou infirmes pour leur vie. Cependant on peut arriver à avoir une évaluation bien approximative, certes, mais permettant de se faire une idée de l'immensité des pertes subies par l'humanité du fait de cette guerre. Des économistes et statisticiens ont donné des chiffres différents les uns des autres ; mais cependant ceux d'origine anglaise, française et belge se ressemblent assez. Les chiffres donnés par un statisticien allemand, M. W. Michaelis et publiés par lui dans *Ueber Land und Meer*, sont beaucoup plus faibles. En étudiant son étude statistique, on voit nettement sa volonté de ne pas montrer au public la situation réelle et de cacher en partie le montant des pertes et des dépenses causées par la guerre. La science est subordonnée au but politique : aussi là, la vérité est altérée.

Les pertes des propriétés et des biens détruits sont immenses, sans parler des pertes résultant de l'usure des munitions, des armes et des équipements, de l'inutilisation des usines et des flottes marchandes d'Allemagne et d'Autriche-Hongrie, des troubles de l'industrie, du commerce et de la finance mondiaux, de la non-production des millions de travailleurs manuels et intellectuels employés à la guerre. Considérons seulement les propriétés immobilières et foncières, les produits industriels et mobiliers détruits en Belgique, en Pologne, en Lithuanie, dans le nord-est de la France, la Prusse orientale, la Bukovine, la Transylvanie, la Galicie, la Serbie, la Roumanie, le Trentin, la Macédoine, etc., et les navires des belligérants ou des neutres sombrés sur toutes les mers. On peut, sans crainte d'une surévaluation, estimer que toutes ces destructions représentent au moins 50 milliards de francs. Voilà pour les choses.

La valeur des hommes est encore plus difficile à déterminer, car tout dépend de la valeur fixée à l'individu moyen. On trouve cette évaluation flottant entre 10.000 et 25.000 francs. Je prendrai le chiffre le plus bas, 10.000 francs. Alors les 8 millions de morts représentent une valeur de 80 milliards de francs. Les grands blessés seront presque tous improductifs. Le peu de production qu'ils donneront compensera à peine la diminution de la valeur des hommes blessés légèrement ou malades ou affaiblis par les fatigues et les privations. Au nombre de 5 millions après deux ans et demi de guerre, ils représentent une perte de 50 milliards, car on peut évaluer la valeur de chacun d'eux à 10.000 francs, comme pour les morts. En effet, non seulement ils seront quasi improductifs mais encore ils seront consommateurs. Ils dépenseront donc sans produire.

Donc, la perte des hommes, tant morts qu'estropiés et infirmes, évaluée en argent, s'élève approximativement à plus de 130 milliards de francs, en donnant à chaque unité la valeur minimum de 10.000 francs. Il s'agit là d'une perte absolue, sans récupération possible. Il faut y ajouter la valeur des femmes, des enfants, des adultes civils tués, massacrés ou morts de privations, de misère. On arrive ainsi à un total de valeur argent, pour les pertes humaines, dépassant 150 milliards de francs, atteignant peut-être 175 milliards ! Notons que la fin de cette guerre mondiale n'est même pas en vue, qu'elle peut continuer encore un an, deux ans peut-être, que d'autres peuples peuvent y prendre part, que tout fait prévoir que les destructions s'intensifieront, car les dirigeants des Impériaux, se sachant perdus, tiendront à s'ensevelir sous des ruines et à faire trembler le monde en disparaissant.

*
* *

Examinons maintenant les dépenses pour l'entretien de la guerre, c'est-à-dire pour permettre aux belligérants d'avoir des fusils, des canons, des mitrailleuses, des aéroplanes, des dirigeables, des automobiles, des sous-marins, des croiseurs, des transports et des tonnes d'obus, d'explosifs, des vivres, des vêtements, etc., pour les soldats et même pour les civils. D'après les crédits votés par les Chambres et les déclarations des ministres, on peut évaluer approximativement les dépenses annuelles de guerre à une moyenne en francs de 36 milliards 400 millions pour la Grande-Bretagne (sans compter les crédits des Dominions, mais comprenant les avances à des gouvernements alliés); de 35 milliards pour l'Allemagne; de 30 milliards pour la France; de 25 milliards pour l'Autriche-Hongrie et la Russie. Quant à l'Italie, ses dépenses n'atteignent pas 8 milliards pour la première année de guerre, mais elles ont augmenté au cours de la deuxième année. Nous ignorons les dépenses de la Belgique, de la Serbie, du Monténégro, de la Turquie, de la Bulgarie, du Portugal, de la Roumanie et du Japon. On peut les évaluer, sans crainte de surévaluation, à une vingtaine de milliards pour les 30 mois de guerre. En résumé, nous avons comme dépenses de guerre, à la fin de 1917, les chiffres suivants, en milliards de francs :

Empire Britannique	91
France	75
Russie	62,5
Italie.	14
Allemagne.	87,5
Autriche-Hongrie	62,5
Autres belligérants.	20
Total.	412,5 milliards de francs!

Il ne s'agit là que des belligérants et c'est un chiffre plutôt au-dessous qu'au-dessus de la réalité ! Mais les dépenses causées par la guerre ne se bornent pas à celles-là. En effet, les neutres, Hollande, Suisse, Danemark, Suède furent obligés de mettre plus ou moins leurs armées sur pied de guerre. Et il en est résulté de très lourdes charges pour ces peuples.

On peut donc affirmer qu'à la fin du trentième mois, la guerre a nécessité pour toutes les nations européennes une dépense de plus de 412 milliards de francs. Et comme la guerre ne semble pas près de finir bientôt, il s'ensuit que les dépenses continuent et que cette somme gigantesque va s'accroître encore, atteignant peut-être 577 milliards, si la guerre dure toute l'année 1917, ou 742 milliards, si elle ne se termine qu'à la fin de 1918. La dépense mensuelle de l'ensemble des belligérants doit en effet être évaluée à 13 milliards 733 millions de francs, au moins. Les nations en guerre courent littéralement à leur ruine.

Cependant beaucoup de ces dépenses ne sont pas des pertes sèches. Tout l'argent ne disparaît pas en fumée, en éclats d'obus. Il y en a qui ne fait que changer de mains. Mais cependant une grosse partie de ces sommes énormes est une perte sèche, à cause de la destruction même des munitions, de l'usure rapide des choses et de l'emploi de tout le matériel de guerre pour des buts de destruction.

D'ailleurs, quoi qu'il en soit, les dépenses restent toujours à la charge de l'ensemble de chaque nation qui devra en payer l'intérêt et l'amortissement chaque année, car toutes ces dépenses sont faites sous forme d'emprunts à longs ou à courts termes. La Grande-Bretagne seule recourut à des taxes pour couvrir partie des dépenses de guerre durant les deux premières années. En comptant l'intérêt et l'amortissement à 6 0/0, on voit que les peuples des puissances belligérantes auront chaque année à payer environ 24 milliards 750 millions de francs pour amortir leurs dettes au trentième mois de la guerre ; 34 milliards 620 millions, si la guerre ne se terminait qu'à fin 1917 ; et 44 milliards 500 millions, si elle durait jusqu'à fin 1918.

Ce n'est pas tout, car il faut ajouter à cette somme les pensions aux veuves, aux vieux parents, aux enfants des tués, les pensions aux infirmes et à la famille dont ils étaient le gagne-pain. Quel pourra être le montant de cette pension ? On peut le fixer en moyenne à 500 francs par an et par tué ou infirme. Alors, pour les treize millions de tués et d'infirmes, nous avons une annuité de 6 milliards 500 millions de francs qui viennent s'ajouter aux 24 milliards précédents. Si la guerre continuait un an ou deux ans encore, ces 6 milliards et demi deviendraient 9 milliards ou 11 milliards et demi !

En résumé, au bout du trentième mois, la guerre actuelle a grevé annuellement les générations futures des nations belligérantes de 31 milliards et quart, rien que pour l'amortissement des dépenses de guerre et les pensions aux veuves, enfants et infirmes ! C'est, je le répète, un minimum, car j'ai compté l'intérêt et l'amortissement à 6 0/0 et ils seront plus élevés, à en juger par les emprunts déjà faits. La moyenne des pensions dépassera probablement cinq cents francs, tout au moins, pour les puissances occidentales.

Ce n'est pas tout. En effet, à ces 31 milliards et quart que les peuples belligérants devront annuellement débourser pour amortir les dépenses et pensions de guerre, il faut ajouter l'amortissement des indemnités et dépenses pour remplacer les destructions des choses qui s'élèvent, nous l'avons vu, à un capital d'au moins 50 milliards de francs. De ce chef, c'est encore 3 milliards chaque année. C'est-à-dire que si la paix était signée le 31 janvier 1917, chose peu probable, d'ailleurs, les peuples belligérants auraient à supporter des taxes pour couvrir annuellement 34 milliards et quart, afin d'amortir toutes les indemnités et dépenses de guerre et les pensions ! Si la guerre se prolonge au delà, ce qui est probable, le montant annuel des taxes atteindra 46 milliards 620 millions (fin 1917), 59 milliards (fin 1918). Devant l'énormité de ces charges, on se demande si les peuples accepteront de les supporter ou feront une liquidation financière.

Naturellement, les quotités des pertes et des dépenses, et, par suite, des dettes, varient selon les belligérants. Il s'ensuit que les intérêts annuels varient dans les mêmes conditions. Aussi, nous pouvons dresser le tableau approximatif suivant pour la situation financière des cinq grands belligérants, au bout du trentième mois de guerre. (*Voir le tableau page suivante*).

Les chiffres de ce tableau sont approximatifs et ils n'ont de valeur que comme indication de ce qu'est la réalité. Leur approximation nous semble être au-dessous de cette réalité, peut-être dans une proportion de 10 à 15 0/0.

Par ces chiffres on peut juger de la grandeur du désastre que cette guerre cause aux finances des nations. C'est, en fait, la ruine pour elles. Aussi, il sera impossible aux vainqueurs de réclamer des indemnités aux vaincus. Le seul moyen pour les vainqueurs de s'indemniser partiellement de leurs dépenses serait la saisie de territoires avec la dépossession des particuliers propriétaires, indemnisés ou non, par la nation vaincue dépossédée de ses territoires. Ce moyen est inapplicable, comme je l'ai montré, et il ne pouvait naître que dans le cerveau simpliste des militaires.

	France	Grande Bretagne	Russie	Allemagne	Autriche-Hongrie
Dépenses en millions de francs	75.000	91.000	62.500	87.500	62.500
Amortissements et intérêts en millions de francs	4.500	5.460	3.750	5.250	3.750
Nombre des tués et infirmes	1.938.600	484.700	3.885.000	3.015.600	2.527.800
Pensions en millions de francs	969	242	1.942	1.507	1.264
Indemnités pour les destructions en millions de francs	6 000	—	10.000	—	—
Intérêts et amortissements de ces indemnités en millions de francs	360	—	600	—	—
Total des intérêts, pensions et amortissements en millions de francs	5.829	5.702	6.292	6 757	5.014
Population en millions d'êtres	39	47	170	68	51
Taxe par tête en francs	149	121	37	99	98

Cependant, la justice voudrait que les auteurs de ce cataclysme mondial réparassent avec leurs richesses les ruines par eux entassées. Cela est possible, mais il est douteux que cela soit appliqué parce que ce serait une atteinte à la classe capitaliste qui est toujours plus ou moins solidaire, indépendamment des frontières. Pour que les hobereaux, princes et rois d'Allemagne et d'Autriche-Hongrie réparent en partie les ruines dont ils sont les auteurs, il faudrait, à la paix, saisir leurs biens fonciers, mobiliers et immobiliers. Ces biens ainsi saisis seraient remis à la nationalité allemande et aux nationalités sur le territoire desquelles ils seraient, mais ils seraient grevés d'une lourde hypothèque, de façon que leurs revenus entiers, au lieu d'appartenir aux hobereaux, princes et rois, seraient, pendant un certain nombre d'années, affectés à l'indemnité des Belges, Français, Polonais, Roumains et Serbes ruinés. Après ces années écoulées, les revenus reviendraient aux nationalités allemande, hongroise, etc. Ce système permettrait d'indemniser un peu ceux que la guerre a ruinés, et cela, sans appauvrir les peuples allemand, hongrois, tchèque, etc., victimes de la folie rapace de leurs dirigeants. Seuls les hobereaux, princes et rois subiraient les conséquences naturelles et logiques de leurs actes. Appauvris, condamnés au travail pour vivre, leur mentalité se modifierait peu à peu sous l'influence de leurs conditions sociales changées. Ils cesseraient d'être des parasites nuisibles pour devenir des producteurs utiles... Mais c'est là un rêve : les hommes ne sont pas assez sages pour le réaliser. Ils ne le seront que quand ils se dirigeront tous eux-mêmes, refusant de se partager en dirigeants et en dirigés.

Donc, à la fin de la guerre, chaque nation devra supporter l'amortissement de ses dépenses et de ses ruines. Cela va être une charge énorme pour tous, s'ajoutant aux impôts déjà lourds. Il semble improbable que les nations puissent supporter cette adjonction, et il s'ensuit qu'elles seront obligées de diminuer leurs autres dépenses. Cette diminution ne peut porter que sur les dépenses militaires de terre et de mer. Celles-là seules sont compressibles. Je pense donc que la guerre actuelle va rendre impossible le régime de paix armée qui, depuis 1870, ruinait l'Europe.

La suppression du régime de paix armée, c'est le désarmement. La guerre aura tué la guerre par les excès mêmes qu'elle a présentés ; et ce bienfait résultant de milliers de méfaits pourra être porté au crédit de ceux qui l'ont déchaînée sur le monde. Il faudra les en créditer, mais en même temps observer que cette conséquence de leurs actes est contraire à leur volonté. Ils voulaient fortifier le militarisme et l'autocratisme et par la force des choses, le militarisme et l'autocratisme seront fortement touchés et diminués par cette guerre. Ce résultat prouvera une fois de plus que le développement complet des conséquences de nos actes échappe aux hommes et que, souvent, elles sont le contraire du but poursuivi.

CHAPITRE III

Aux ruines, aux dépenses gigantesques dont nous parlâmes précédemment, il faut ajouter encore la perturbation générale et profonde subie par tout le commerce et toute l'industrie du monde entier. L'évaluation précise de cette perturbation et des pertes, qui en furent la suite inexorable, est quasi impossible ; mais on peut, sans crainte d'être taxé d'exagération, l'évaluer à au moins cent milliards de francs pour les trente mois de guerre déjà révolus. — Tous les chiffres que nous donnons sont, nous tenons à le répéter, une simple indication de la réalité, qui, croyons-nous, les dépasse. — Ce sont là des pertes sèches pour les individus et pour les peuples.

La perturbation de l'industrie et du commerce s'étendit à nombre de peuples non belligérants. Les Bourses des valeurs et de commerce furent closes au commencement de la guerre, mêne dans les Etats-Unis d'Amérique. Celles d'Allemagne restèrent ouvertes, mais les affaires qui s'y firent étaient purement fictives. C'était là encore une manière de bluffer et de tromper le public sur le réel état des choses. Les détenteurs des monnaies métalliques, spécialement de l'or, les gardèrent et, pour les échanges, l'on se vit privé d'espèces sonnantes et trébuchantes. Alors, chez tous les belligérants, et sous des formes diverses, il y eut cours forcé des billets de banque. Les banques d'Etat en émirent de nouveaux, en même temps qu'elles recueillaient tout l'or possible. En Angleterre, on créa les billets de 10 shillings et d'une livre sterling, et en les attendant, les Postal orders furent négociables et eurent cours forcé. En France, les billets de 20 francs qui existaient, mais qui ne circulaient quasi plus, réapparurent. Des coupures de 5 et de 10 francs furent faites par l'Etat. Des villes, des Chambres de commerce furent autorisées à émettre des coupures de 1 franc et 0 fr. 50 qui n'avaien cours que dans le département et qui étaient toujours remboursables à vue en billets de la Banque de France. Chez les Impériaux on fit aussi des coupures de 50 pfennigs, de 25 et même de 5 pfennigs ou heller. Le billon métallique était remplacé par du billon de papier !

En maints pays la remise du paiement des dettes, des loyers, c'est-à-dire le moratoire fut prononcé. Et encore aujourd'hui, après deux ans et demi de guerre, il existe, mais atténué, diminué diversement, selon les nations. La guerre fit fermer les frontières aux exportations et aux importations de foule de produits manufacturés, chez les belligérants, aussi bien que chez les neutres. Les navires des belligérants furent saisis dans tous les ports ennemis. En outre, comme l'empire de la mer appartenait aux Alliés, grâce à la flotte britannique, les navires marchands austro-allemands se réfugièrent et s'immobilisèrent dans tous les ports neutres.

Les propriétés industrielles ou commerciales des ennemis furent de même, ou saisies ou séquestrées. Cela ne se fit pas immédiatement en tous les pays, puisque après plus d'un an de guerre, certaines industries minières, dans les Dominions de la Grande-Bretagne, étaient encore contrôlées par des propriétaires allemands ! Il y a une telle interpénétration des intérêts économiques entre citoyens de nations diverses que ces mesures conservatoires et de défense troublèrent partout profondément la production et l'échange. Les moratoires empêchèrent les faillites, sauf en Allemagne où la presse en signala. Dans ce pays, le gouvernement ne recourut sans doute qu'à un moratoire partiel. Mais une chose est certaine, c'est qu'il y en eut un, tout comme dans les autres pays, car vers juillet 1915, les journaux allemands et neutres parlèrent de mesures qui suspendaient l'action de certains points du moratoire. Une autre chose est non moins certaine, c'est que le Gouvernement impérial nia officiellement l'existence de ce moratoire : toujours la même politique de mensonge pour bluffer et tromper le public allemand et étranger.

Certains commerces s'arrêtèrent presque complètement ou diminuèrent tout au moins beaucoup, tels ceux de luxe, même en pays neutres. Le commerce maritime de l'Allemagne et de l'Autriche fut tout à fait annihilé. L'industrie et le commerce belges furent arrêtés net par l'envahissement du pays. La mobilisation des hommes entre 18 et 48 ans sur le Continent suspendit l'activité de presque toutes les usines ou tout au moins la ralentit énormément. Seule, la Grande-Bretagne, grâce à son insularité et à l'absence du service obligatoire, put continuer les affaires à peu près comme d'habitude. Ce qui troublait encore les affaires commerciales et industrielles, c'est la mainmise des Etats sur les chemins de fer pour les transports militaires, sur les télégraphes, téléphones et les postes. Tout fut subordonné aux armées et naturellement toutes communications civiles furent arrêtées et retardées. Or le commerce repose sur la rapidité et la sûreté de toutes les communications. Et sans commerce, l'industrie est forcée de chômer. La production est inutile s'il n'y a pas consommation.

Les frontières des belligérants entre eux étaient naturellement tout à fait closes. Bien plus, au cours de la guerre, elles se fermèrent complètement entre certains belligérants et les neutres pendant des périodes de temps variées. D'une façon permanente elles étaient strictement gardées et plus ou moins fermées. Ainsi la frontière entre la Belgique et la Hollande fut couverte d'un réseau de fils de fer barbelés, et de fils de fer traversés par un courant électrique à haute tension ! Entre l'Alsace et la Suisse, le Gouvernement allemand créa une zone neutre sur territoire alsacien et la sépara du territoire des opérations militaires par une barrière en fils de fer barbelés. J'emprunte au *Journal de Genève* les lignes suivantes qui peignent la situation : « La circulation entre la zone neutre et la Suisse est libre ; mais elle est interdite entre la zone neutre et l'Alsace et le Grand-Duché de Bade. Ceux qui veulent se rendre de la zone neutre en Allemagne doivent passer par la Suisse, mais ils ne peuvent sans permission spéciale faire franchir la frontière à des lettres. Dans des cas exceptionnels et limités, les habitants de la zone neutre peuvent se rendre directement en Alsace et dans le Grand-Duché, en utilisant des passages ménagés *ad hoc. Il est interdit de s'approcher à moins de 20 mètres de la barrière et de communiquer d'un côté à l'autre.* Entre 8 heures du matin et 5 heures du soir, de petites quantités de vivres et de marchandises peuvent passer la barrière du Nord au Sud ; elles doivent être déposées à 30 mètres de la barrière ; après examen, elles seront transportées au delà par les soins des fonctionnaires et des sentinelles. Pour les travaux agricoles indispensables, le passage de la barrière peut être accordé aux paysans qui, sur la rive gauche du Rhin, seront surveillés militairement pendant leur travail ».

J'ai tenu à donner le texte résumé de l'arrêté du général allemand commandant la région, car il est caractéristique. Il semble à le lire qu'on est reporté à quelques siècles en arrière, quand les Etats s'isolaient les uns les autres ! La fameuse muraille de Chine est dépassée au xxe siècle par ces murailles de tranchées bétonnées, de fil de fer barbelé ou électrifié ! Les hommes s'appliquent eux-mêmes les procédés d'isolement et d'emprisonnement qu'ils appliquent aux animaux dans leurs jardins zoologiques ! Ce serait grotesque, si ce n'était profondément triste.

Toutes les puissances pratiquèrent plus ou moins l'isolement. Un règlement bulgare concernant les voyageurs disait : « Il est formellement défendu aux voyageurs de descendre aux stations] intermédiaires ou d'entrer en relation avec les habitants du pays, soit aux gares, soit dans le train même. Il est expressément interdit aux voyageurs de porter avec eux des imprimés ou des manuscrits quels qu'ils soient, des photographies ou des appareils photographiques ». L'Angleterre interdit l'envoi d'imprimés aux neutres par des particuliers. En France, durant les premiers mois de la guerre, il était nécessaire d'avoir un permis de circulation pour aller au delà d'une dizaine de kilomètres ! Lors de l'insurrection d'Irlande, l'Angleterre isola littéralement l'île sœur du monde entier. Même aux frontières entre alliés, la surveillance était si stricte que les gens étaient souvent déshabillés pour être fouillés. Aussi, les voyages étaient rendus si désagréables que nul ne désirait en faire.

Ces isolements des pays les uns des autres sont une pure survivance de procédés et de concepts des époques barbares. Et là encore, nous retrouvons une preuve que la guerre fait appel à toutes les survivances des époques sauvages et barbares.

Mais par suite de la centralisation et de la force *statales*, ces procédés d'isolement étaient bien plus restrictifs, prohibitifs et effectifs au xxe siècle qu'au xe siècle !

Ces fermetures matérielles des frontières entre belligérants et neutres furent complétées par les interdictions d'exportations que tous les gouvernements prirent pour maints produits tant matières premières que produits manufacturés. Le résultat logique de ces interdictions fut de sérieuses atteintes au commerce et à l'industrie et un trouble énorme dans la vie domestique. Les belligérants usèrent, comme d'une arme, de leur pouvoir d'autoriser ou non l'exportation non seulement des matières qu'ils produisaient, mais encore de celles qui ne faisaient que passer à travers leur pays ou sur les mers voisines. Ils s'efforçaient d'obtenir ainsi que les neutres interdisent l'exportation chez les belligérants. De par leur situation géographique et de par leur maîtrise de la mer, la France et la Grande-Bretagne furent celles qui usèrent le plus de cette arme. Aussi ce furent l'Allemagne et ses Alliés qui souffrirent le plus de cette sorte de blocus. Mais ses ennemis et les neutres durent aussi supporter les conséquences commerciales et industrielles de la suppression des exportations. Ainsi, par exemple, certains produits de teinturerie manquèrent partout parce qu'ils étaient d'origine allemande et que l'exportation était impossible. L'Italie, avant d'entrer dans la guerre, ne dut d'avoir du sulfate de cuivre, si nécessaire à ses vignes, qu'à la bonne volonté de la Grande-Bretagne. La Suisse ne put avoir du cacao, des huiles, que parce que la France et l'Italie le voulurent bien !

L'Allemagne manqua fort de matières premières : laine, coton, cuir, cuivre, nitrates, etc. Et pour se les procurer, elle dut recourir aux neutres auxquels elle les paya très cher tant à cause de la surcharge de la manutention obligatoire, qu'à cause du fait que ces matières étaient le plus souvent de la contrebande de guerre. Une foule de produits furent en effet déclarés contrebande de guerre, ce qui permettait légalement leur saisie sur mer s'ils étaient destinés aux ennemis. Mais ce ne fut que lentement et progressivement que s'accrut la liste de cette contrebande. Des intérêts capitalistes tant chez les Alliés occidentaux que chez les neutres s'opposaient à ce que fut établi un strict blocus des puissances centrales. Il pouvait l'être au bout des premiers six mois de guerre, sinon avant, et ce ne fut guère que vers le vingtième mois des hostilités qu'il devint sérieux, encore qu'incomplet. Un exemple de ces intérêts capitalistes fut donné à la Chambre des Communes, le 2 décembre 1915. Il fut prouvé par un député, M. Bigland, que l'exportation de l'huile de graine de lin, d'abord interdite, avait été autorisée à nouveau parce que les fabricants refusaient d'en continuer la fabrication, s'ils ne pouvaient exporter l'huile. La Grande-Bretagne avait besoin que cette fabrication continuât pour obtenir les tourteaux nécessaires à l'alimentation de ses bestiaux. Comme M. Bigland le remarqua, c'eut été chose simple pour l'Etat Britannique de fabriquer l'huile, de façon à avoir des tourteaux. Mais cela ne se fit pas à cause des intérêts capitalistes. En mars 1916, il fut prouvé à la Chambre des Communes que la flotte anglaise laissait volontairement passer des transports de pétrole, quoique leur destination pour l'Allemagne fût connue. Il en était ainsi par suite de conventions avec le trust américain du pétrole.

Les économistes ont écrit autrefois, comme M. Leroy-Beaulieu par exemple, que « la guerre est le temps de semence et de moisson des capitalistes ». Une fois de plus, cela fut vérifié en cette guerre grâce au blocus possible et volontairement non effectif. Et parmi ceux qui s'enrichirent le plus furent les capitalistes neutres, principalement des pays maritimes.

On comprend donc combien tous les obstacles à la rapidité des communications, toutes les interdictions d'exportation, devaient retentir sur le commerce et l'industrie mondiales. Il y eut une crise du café au Brésil, car le marché allemand se trouvait fermé et il fallut le temps de le rouvrir partiellement par l'entremise des neutres. Des usines à coton se fermèrent pour la même raison aux Etats-Unis. Le cacao, le fer, le charbon faillirent manquer aux usines de Suisse ; les teintures aux Etats-Unis, etc., etc. Si certaines industries se trouvaient arrêtées, d'autres furent surchargées de besogne, parce qu'elles avaient des rapports avec la guerre ; des commerces disparurent, mais d'autres se créèrent et grandirent à l'extrême pour le transit avec l'Allemagne.

Les statistiques montrèrent bientôt que les Puissances centrales assiégées pour ainsi dire par les Alliés de l'Occident et la Russie s'alimentaient en vivres et matières premières par les neutres. Les Alliés occidentaux cherchèrent à y obvier plus ou moins rapidement, dans la mesure des intérêts de leurs propres capitalistes. Alors se créèrent soit des trusts de garantie d'importation, soit une intervention de l'Etat neutre garantissant la non exportation des produits en Allemagne-Autriche. Des organismes nouveaux commerciaux naissaient du besoin. Mais vous voyez quelles perturbations profondes et générales la guerre actuelle provoqua dans le commerce et l'industrie du monde entier.

L'importance de la houille se révéla clairement aux yeux de tous ceux qui réfléchirent tant soit peu. Elle apparut vraiment comme le sang de l'industrie et du commerce, et de la guerre même, aussi indispensable à leur vie que l'est le sang à la vie des hommes. Les neutres en Europe se trouvèrent ainsi tributaires de la Grande-Bretagne, car elle seule pouvait exporter de la houille. L'Allemagne possédait bien des houillères capables de fournir du charbon pour l'exportation, mais sa flotte marchande ne pouvait naviguer et ses exportations étaient confinées aux neutres limitrophes de son empire. Grande-Bretagne et Allemagne usèrent de leur houille exportable comme de modes de pression sur les neutres. Ce phénomène est fort intéressant pour le sociologue, car il révèle le grand rôle que jouent dans la puissance des peuples les conditions géologiques et géographiques. La pression que put exercer l'Allemagne fut bien restreinte, par le fait qu'elle n'avait pas la liberté des mers.

Un autre fait fut mis en lumière par la question houillère, c'est l'indispensabilité de la main-d'œuvre minière. Alors que les nations pouvaient se passer non seulement de tous les gens riches qui ne font aucun travail, mais encore de maints autres appartenant à des professions telles que celles de juristes, magistrats, professeurs, avocats, commerçants, artistes, etc., la profession manuelle des mineurs se montra absolument indispensable. Ce fait a une grande valeur, car il montre que dans une humanité complexe comme est la nôtre, tout se tient si intimement qu'il est impossible de hiérarchiser les professions et les classes. Il est impossible d'établir une supériorité de l'une sur l'autre au point de vue de l'*utilité* sociale qui est évidemment le seul critère existant. Et de cette impossibilité de hiérarchisation professionnelle se déduit l'équivalence de toutes les fonctions, de toutes les professions en nos sociétés humaines. C'est là une grande leçon acratique : Pas de maître. C'est la vérification de la morale de la fable de la Fontaine : « Les membres et l'estomac ».

Le caoutchouc, le coton, le pétrole, le cuivre, la laine, les cuirs, les nitrates et bien d'autres choses encore apparurent comme indispensables à la guerre et à la vie de tous. Et ainsi cela montrait à tous combien l'homme dépend des produits de la terre et de la terre elle-même. Une véritable leçon de solidarité terrestre apparaît en ces faits. L'homme est ainsi visiblement lié d'une façon indissoluble à son milieu tellurique, au globe terraqué sur lequel il vit et dont il subit toutes les conditions. Il en est un des produits au même titre que tous les autres produits animaux, végétaux et minéraux dont il a indispensablement besoin. Quelle leçon de solidarité mondiale et universelle !

*
* *

Dans l'agriculture, chez les belligérants et même chez les neutres, la répercussion de la guerre ne fut pas moins perturbatrice que dans l'industrie et le commerce. La main-d'œuvre manque partout, même en Amérique du Nord à cause de la mobilisation des Européens. Les campagnes, dans les régions où étaient les troupes, où l'on se battait, furent labourées d'obus et les semailles en souffrirent. Les Allemands et partiellement les Français et les Russes employèrent les prisonniers de guerre aux travaux ruraux pour remplacer la main-d'œuvre manquante. C'était en une manière le travail forcé. Les troupeaux furent partout décimés, même en l'Amérique du Sud. Les armées avàient besoin de viande, puis les belligérants manquaient de fourrages. L'Allemagne manquait de grains pour ses porcs. Ce furent des tueries en masse. Les cheptels furent de ce chef plus ou moins atteints. Dans la Belgique, la Pologne, la Galicie et la Serbie, saignées à blanc parce que envahies, le cheptel fut réellement anéanti. Les chevaux se raréfièrent et des centaines de mille vinrent d'outremer.

Partout les prix des produits s'élevèrent en des proportions variables, selon les pays. L'Allemagne et l'Autriche-Hongrie privées d'importation directe virent certains produits s'élever de 200 et 300 0/0. Mais grâce à sa longue préparation à la guerre, et à son organisation, l'Allemagne put longtemps éviter une trop grande et une trop générale élévation des prix. D'ailleurs elle recourut à des réquisitions et à des fixations des prix, au maximum. Les autres belligérants et quelques neutres le firent aussi. C'est chez les Impériaux que l'augmentation des prix fut la plus élevée. Chez les autres, elle fut en moyenne de 25 à 40 0/0, mais certains produits subirent une plus-value de 100 0/0 et même davantage. Ces augmentations sont loin d'être dues aux difficultés du moment, surtout chez les Alliés occidentaux. La rareté de la main-d'œuvre, l'élévation du fret à cause de la diminution des navires affectés aux transports marchands et à cause du danger, la diminution des superficies consacrées à certaines cultures, etc., ne provoquèrent point la hausse des produits au niveau qu'elle a atteint. La cause de cette hausse est surtout la spéculation. Le patriotisme n'empêche point que les affaires sont les affaires. Aussi à côté des ruines qui s'entassaient, des fortunes s'édifièrent et chez les belligérants et chez les neutres. Le mercantilisme ne perd jamais ses droits.

Les Gouvernements, pour paraître empêcher cet enrichissement scandaleux qui se faisait et se fait sur les ruines et sur les morts, eurent recours aux réquisitions, à la saisie, au maximum, à la taxation des bénéfices dus à la guerre. Mais soit qu'il s'agisse du prix de vente des choses indispensables à la vie des hommes, soit qu'il s'agisse des bénéfices industriels, le maximum fut toujours fixé de façon à laisser au capitalisme une large prélibation. La puissance de l'Etat s'exerçait réellement et malgré les apparences au profit de la classe capitaliste. Ce phénomène sociologique fut visible chez toutes les nations en guerre, de même que partout aussi l'on vit les municipalités tendre, dans la mesure de leurs moyens, à agir davantage en faveur de la population. Elles s'efforçaient en effet de réglementer les prix plus dans l'intérêt des masses que dans celui d'une minorité capitaliste. Il en était ainsi parce que la municipalité est en général en contact plus intime avec la population que ne l'est le Gouvernement qui est lui, surtout, en contact avec la classe dirigeante des grands capitalistes fonciers, commerçants, industriels et financiers. D'ailleurs partout l'Etat inhiba plus ou moins l'action des municipalités. De ces phénomènes sociologiques constants et mis en pleine lumière en cette guerre, il résulte ces conséquences : l'intérêt démocratique veut que les groupes administrés soient petits ; il y a opposition entre la démocratisation et la centralisation.

Le rôle important joué par la maîtrise de la mer est une des grandes leçons de cette guerre. C'est grâce à cette maîtrise que ceux qui ne la possèdent pas ont été presque isolés. Les hommes de ce temps ont assisté à un spectacle qui ne s'était jamais vu : le siège de deux nations. Certes d'abord ce siège ne fut pas très effectif et encore maintenant il n'est pas intégral. La cause en est à la complexité et à l'interpénétration profonde des intérêts capitalistes et des belligérants et des neutres. D'autre part, il fallait tenir compte des droits de neutres limitrophes des puissances centrales. C'était là une obligation pour les Alliés tant au point de vue moral qu'au point de vue matériel. La vie de la Grande-Bretagne, à cause de son régime de propriété destructeur de l'agriculture, dépend des importations alimentaires ; elle ne peut s'en passer. Elle est aussi obligée d'exporter des produits manufacturés ou non, de façon à maintenir la balance des échanges pour ne pas s'appauvrir.

Tout cela obligeait l'Empire Britannique à n'user que modérément de sa puissance navale. Mais le revers de la médaille a été que cette modération a permis à l'Allemagne de s'alimenter un peu en vivres et en matières premières, ce qui a eu pour conséquence : la prolongation de la durée de la guerre, avec son cortège de morts, de blessés, de ruines.

Les Alliés occidentaux furent véritablement les maîtres de la mer. Les flottes des puissances centrales furent bloquées dans leurs ports d'où elles ne sortirent que pour de rares raids. Avec une audace et une énergie admirables, les Allemands tentèrent de contester cette maîtrise de la mer avec leurs sous-marins. Au cours de la guerre, leur puissance de combat et leurs qualités nautiques s'améliorèrent grandement. D'abord négligeable, leur œuvre de destruction du commerce maritime des belligérants et des neutres s'accrut. Elle est devenue, après trente mois, assez importante pour que l'intérêt des Alliés soit d'y veiller. Mais cependant, pour apprécier cette œuvre justement, il faut songer au nombre des navires qui, de tous les ports du globe, appareillent chaque jour pour les ports alliés ou en partent. Cette œuvre apparaît alors bien moins grande qu'elle ne le semble lorsqu'on lit les gazettes annonçant les navires sombrés. Les

Alliés occidentaux furent les vrais maîtres de la mer, dès l'ouverture des hostilités. S'ils l'eussent voulu, ils eussent pu faire le blocus effectif et intégral, maritime de l'Allemagne et de l'Autriche-Hongrie. C'était leur droit. « Interrompre la navigation de l 'ennemi, a dit en 1892 le chancelier allemand de Caprivi, est un moyen indispensable de la lutte. Celui qui fait la guerre recherche la victoire, et lorsqu'il en possède l'énergie, il atteint ce but en se servant de tous les moyens, y compris ceux de guerre sur mer et celui d'interrompre tout commerce avec l'ennemi... »

C'était donc le droit des puissances de l'Entente de faire le blocus des puissances centrales ; mais pour le faire effectif, comme elles le pouvaient, il eut fallu porter quelque peu atteinte aux droits des neutres. Elles eussent dû alors recourir à la politique de menace et d'intimidation pratiquée par l'Allemagne.

La politique brutale et insolente du Gouvernement allemand a pour origine l'esprit militariste qui l'imprègne jusqu'à la moelle. Une de ses causes est cependant aussi le fait que la caste des junkers joue un rôle dirigeant très important. Les junkers sont surtout des propriétaires fonciers, qui, par le fait de la nature foncière de leurs richesses sont indifférents au mécontentement des neutres. Toute autre est la situation britannique. La conduite politique appartient surtout à la classe bourgeoise commerçante et industrielle de Grande-Bretagne, qui a besoin des neutres, tant comme clients que comme fournisseurs.

La causalité économique des phénomènes politiques apparaît ici. Encore une leçon qui se dégage de cette guerre, pour l'observateur qui sait analyser les événements.

Dans la guerre mondiale d'aujourd'hui, on perçoit nettement l'opposition et les résultats des politiques différentes des deux groupes belligérants. D'un côté l'Allemagne agissant avec décision et audace, provoquant les événements, intimidant les neutres par ses menaces et leur faisant parfois faire ce qu'ils ne désiraient pas faire. De l'autre la Grande-Bretagne, la France, la Russie, hésitant, tâtonnant, se consultant, se considérant comme liées par les règles internationales dont leurs ennemis ne tenaient aucun compte, cherchant des atermoiements, désirant gagner du temps, reculant les décisions et acceptant des compromis, attendant, pour tout dire, que le temps solutionne les questions par le développement logique des événements et de leurs conséquences.

L'opposition entre ces deux politiques est absolue. Les résultats en sont aussi très différents. L'une, celle des Alliés, prolonge la guerre, recule les victoires ou en atténue les grandeurs et diminue la force morale des masses qui ne comprennent ni les hésitations, ni les lenteurs, ni les tergiversations. Par contre cette politique engendre chez les neutres des sympathies réelles, quoique souvent les effets n'en soient pas visibles, parce que les intérêts matériels et la peur inspirée par les menaces germaniques viennent en inhiber les manifestations. L'autre politique, celle de l'Allemagne, produit le mécontentement, l'irritation et la désaffection des neutres. Mais elle donne des apparences de victoire qui entretiennent à l'étiage voulu le moral de la nation. Cette politique décèle à nouveau, par sa brutalité et son insolence, la nuisance de l'esprit militariste, de l'éducation et de l'enseignement militaires qui ont fait pénétrer en l'âme germanique cette croyance naïve : la crainte est le principal mobile des actes humains.

* * *

Les premiers actes de la guerre furent la violation du territoire et de la volonté de deux petits Etats neutres : le Grand-Duché de Luxembourg et la Belgique. Ces actes commis par une grande puissance contre deux petites puissances étaient une menace directe à tous les autres petits Etats.

La Force prime le Droit ; la Force crée le Droit, sont des maximes que les petits Etats ne peuvent admettre sans signer leur propre arrêt de mort. Il paraissait donc logique que tous les autres neutres se sentiraient solidaires des deux petits Etats violés et à la face du monde entier protesteraient contre cette violation, un acte qui, en réalité, est entre les collectivités de même nature que sont l'assassinat et le vol entre individus. Cependant aucune protestation officielle ne s'éleva ni de la Suède, ni de la Norvège, ni du Danemark, ni de la Suisse, ni de la Hollande, ni des Pays Balkaniques, ni de l'Espagne, ni des Etats-Unis, ni de l'Amérique du Sud. Partout le silence accueillit l'iniquité commise ! Dirigeants et peuples restèrent muets, sauf quelques personnes qui, de ci de là, eurent le courage de flageller les ouvriers d'iniquité. L'esprit de solidarité entre nations était dominé par la crainte dans l'âme des dirigeants. Parfois même, ils essayèrent comme en Suisse et ailleurs d'imposer le silence à ceux qui osaient s'élever contre l'iniquité.

Ce silence des neutres est dû à deux causes principales : la peur et les intérêts commerciaux et industriels. La force militaire des Impériaux avait aussi créé une atmosphère d'admiration chez certains neutres, spécialement dans le monde militaire qui, avec son inintelligence coutumière, considérait comme certaine la victoire des Allemands. Habitué à obéir et à être obéi passivement, le militaire perd insensiblement tout esprit critique : il s'abêtit. Il ne vit donc pas que les Impériaux, quelque fussent leurs forces militaires et leur organisation et leur préparation ne pouvaient vaincre les Alliés plus riches et de beaucoup, en hommes, en argent, en ressources de toutes sortes et ayant en outre la maîtrise de la mer.

A la vérité, les agents principaux de l'immobilité des

neutres furent la crainte et leurs intérêts matériels immédiats et mesquins. Ils se refusèrent à voir que la victoire des Impériaux, c'était la mort de leurs libertés et la vie ne vaut pas la peine d'être vécue si l'on n'a pas de liberté. Ils avaient peur et la peur supprime toute possibilité de raisonnement. D'ailleurs cette peur fut habilement entretenue par les menaces, les mensonges et le soudoiement des Allemands. En Suède, en Hollande, en Danemark, aux Etats-Unis, dans les Balkans, en Espagne, partout enfin s'organisa méthodiquement une campagne d'intimidation, de mensonges, et de corruption. Le mensonge atteignit des hauteurs que nul n'aurait jamais soupçonnées. En Chine, en Amérique, les nouvelles les plus abracadabrantes furent publiées ! Des journaux annonçaient la disparition de la flotte anglaise coulée par la flotte allemande. D'autres déclaraient que l'Allemagne avait imposé la paix et pris telles et telles provinces russes et françaises et telles colonies anglaises, etc. etc. Aucune vergogne n'apparut dans cette campagne de mensonges et de manœuvres souterraines menées même par des personnages officiels. Tout le monde se souvient des révélations de *New-York World* dans sa publication des documents officiels allemands ou des correspondances de l'ambassadeur autrichien Dumba, et autres papiers saisis sur M. Archibald ou sur le capitaine Papen. Tous les moyens étaient bons du moment qu'ils semblaient conduire au but poursuivi. La crainte ne suffisait pas, l'Allemagne soudoya. Elle fit offrir de l'argent au Parti socialiste italien, qui naturellement refusa. Mais des individualités acceptèrent et l'on vit des soi-disant démocrates défendre les Impériaux, et des Juifs comme Sven Hedin lutter en faveur de ces Impériaux aux gouvernements et aux dirigeants antisémites, contre la France qui la première dans le monde avait libéré les Juifs !

Remarquons au passage l'œuvre d'immoralité que faisaient parmi les hommes toutes ces manœuvres d'intimidation, de mensonge et de soudoiement. Une fois de plus encore, nous constatons la fausseté de cette maxime : la guerre moralise.

Plus peut-être que la crainte, les intérêts matériels poussèrent les neutres à accepter bénévolement la violation de la Belgique et du Luxembourg et à sourire aux Allemands insolents et brutaux. La base de la société actuelle est la richesse ; elle est fondée sur l'argent. Aussi, l'argent n'a pas d'odeur quelle que soit son origine et quelques conséquences qui s'en suivent.

Or si la guerre arrêtait plus ou moins la production chez les belligérants, elle ne diminuait pas la concommation. Il fallait donc que les neutres subvinssent si possible au déficit de la production et fournissent aux belligérants. La maîtrise de la mer aux mains de la Grande-Bretagne empêchait le commerce allemand des transports. Des neutres devaient donc s'y substituer. Aussi pour la Hollande, pour la Suède et la Norvège, pour le Danemark, pour les Etats-Unis, ce temps de guerre fut un temps de moisson capitaliste. Les pays limitrophes de l'Allemagne furent ses entrepôts. Et ils prélevèrent un large tribut. Plus augmentèrent les difficultés d'approvisionnement en matières premières de toutes natures, plus s'élevèrent les charges fixées par les industriels etcommerçants neutres. Ils compensaient la moindre quantité de produits par une élévation des prix.

Tout règlement, toute loi tendent toujours à être violés, s'il y a intérêt à le faire. Les Allemands payèrent largement et alors ce fut une lutte d'ingéniosité pour d'une part cacher et d'autre part déceler la contrebande. Mais quelle moisson d'or en ces pays neutres, non point certes pour l'unanimité des citoyens, mais pour une minorité de commerçants et d'industriels dont l'influence dirigeante crut d'autant.

Naturellement leur influence agissait dans un sens progermain. On ne tue pas volontiers la poule aux œufs d'or et c'eut été la tuer que de qualifier la conduite du Gouvernement allemand comme elle méritait de l'être, que de protester officiellement contre l'attentat délibéré à la liberté des Belges et des Luxembourgeois. Cette attitude pacifique et peu digne des neutres comme la Hollande, le Danemark, la Suisse, etc. fait ressortir encore plus la grandeur morale de la Belgique osant défendre sa liberté, les armes à la main.

D'ailleurs l'influence des intérêts industriels et commerciaux chez ces neutres se rencontrait avec celle des classes aristocratiques et militaires pour agir en un sens progermanique. C'est un fait intéressant pour le sociologue de constater que chez tous les neutres les aristocraties, les militaires et les rois furent peu ou prou en faveur des Allemands. Les forces autocratiques et conservatrices, — soit qu'elles fussent catholiques comme en Espagne et partiellement en Hollande et en Suisse, soit qu'elles fussent protestantes comme en Suède, en Suisse et en Danemark — se montrèrent toujours faisant des vœux pour le triomphe des Impériaux. Ceux-ci étaient et sont vraiment devenus le symbole de l'autocratie. Les forces de réaction en eurent une claire conscience aussi bien que les forces démocratiques, car on vit celles-ci, chez tous les neutres, se déclarer franchement pour les Alliés occidentaux. Les intérêts de classe et de castes agissaient, séparant les individus dans une même nation. Menu peuple des villes et des campagnes, petits et moyens bourgeois s'opposèrent en tous pays neutres d'Europe à l'aristocratie foncière, aux grands capitalistes du commerce, de l'industrie et de la finance, aux militaires et aux rois.

Ce phénomène social fut très sensible dans les régions balkaniques où l'on vit clairement une opposition flagrante entre les rois et les peuples. Elle était renforcée, cette opposition, par ce fait que la plupart des souverains étaient plus ou moins d'origine allemande ou alliés à des princes allemands. Le fait est indéniable, mais nous ne pensons pas qu'il soit un effet d'une politique préconçue et à longue échéance. Le Gouvernement allemand sut tirer parti des circonstances, sans, je pense, les préparer quelque dix ans ou quelque trente ans d'avance.

Quoiqu'il en soit, on vit les rois avoir une politique pour leur intérêt personnel, en opposition avec les intérêts réels des peuples qu'ils gouvernaient. Insensiblement, les rois arrivent à se persuader que l'Etat, c'est eux. Et naturellement, ils tendent à saisir autocratiquement le pouvoir et à gouverner sans souci des constructions et des corps élus. La démocratie parlementaire et constitutionnelle tend à se muer en une autocratie personnelle. Le phénomène est constant, partout et à toutes les époques. Il faut un développement prononcé des mœurs et de l'esprit démocratiques dans le peuple pour empêcher le triomphe de cette tendance. Les peuples balkaniques quel que soit l'esprit démocratique qui les imprègne au tréfonds de leur être, n'ont pas encore atteint ce stade de civilisation politique où sont les peuples de France, de Grande-Bretagne, de Belgique et de Suisse. La politique personnelle des rois y était donc possible, bien qu'elle contredise les traditions, les intérêts, les aspirations populaires. C'est ainsi que le roi Karol de Roumanie, violant la Constitution Roumaine, signa un traité particulier avec l'Allemagne, traité que les ministres déclarèrent nul parce que fait *ultra vires*. C'est ainsi que l'on vit le roi Constantin dissoudre la Chambre grecque à deux fois parce qu'elle était favorable à la politique de Venizelos et non à la sienne. C'est ainsi que l'on vit le roi Ferdinand entraîner les Bulgares dans une guerre contre les Russes qui leur avaient donné l'indépendance ! Et chez tous, on vit les parlements empêchés de siéger pour n'avoir pas à tenir compte des volontés des mandataires du peuple. L'antagonisme entre rois et peuples se présenta au XXe siècle comme il s'était présenté aux XVIIe et XVIIIe siècles en Angleterre et en France. Mais tandis que les peuples des Balkans se courbèrent, les peuples plus évolués d'Angleterre et de France se révoltèrent. Les rois y perdirent leurs têtes.

De ces faits, il faut tirer un enseignement, et il ne peut être que celui de la nuisance des rois et des gouvernements autocratiques. Cette nuisance a encore été confirmée par la longanimité avec laquelle les Alliés de l'Entente traitèrent le roi des Grecs, Constantin. Elle apparut si contraire aux intérêts des Alliés que les Anglais, si loyalistes, demandèrent si des intérêts dynastiques et de caste n'en étaient pas la cause ! Il ne nous paraît pas douteux que cette longanimité, fort nuisible aux intérêts des Occidentaux, n'ait pour cause la solidarité de caste qui unit les rois et les empereurs. Aussi l'intérêt des hommes est de se gouverner eux-mêmes par petites collectivités, rendant inutile toute délégation de pouvoirs, car jamais on ne doit oublier que tout mandant tend à gouverner dans son intérêt à lui et dans l'intérêt de sa caste ou de sa classe et non dans l'intérêt de ses mandataires, le peuple.

La peur et les intérêts matériels guidèrent non seulement les neutres voisins des empires du centre, mais encore la grande République des Etats-Unis. Les menaces allemandes traversant l'Atlantique agirent sur les dirigeants américains. Aux attentats contre ses citoyens, tués par les sous-marins allemands lorsqu'ils coulaient la *Lusitania*, l'*Arabic*, etc., le Gouvernement répondait par des notes diplomatiques auxquelles l'Allemagne à son tour répondait. Et de réponse en réponse, le temps s'écoula et... l'Allemagne continua ! C'eut été risible, si ce n'eut été triste, de voir un peuple nombreux et fort accepter ainsi d'être bafoué !

A quelles causes était due une telle attitude ? Il semble qu'il faille en inculper : 1° les menaces allemandes, non point de la flotte ou de l'armée germaniques, mais du soulèvement des populations d'origine allemande qui sont aux

Etats-Unis ; 2° surtout cette forme fausse d'humanitarisme et de pacifisme qui conduit à subir sans révolte toutes les injures et toutes les iniquités. La révolte contre les iniquités est l'indice le plus sûr de l'esprit humanitaire. La non-résistance au mal par la violence est une conception enfantine, parce qu'elle entretient le mal.

Les intérêts matériels semblent avoir joué, dans la neutralité américaine, un rôle moindre que dans la neutralité des petits Etats Européens. En effet, par le fait même qu'ils ne possédaient pas la maîtrise de la mer, les Allemands ne pouvaient s'alimenter que relativement peu aux Etats-Unis. Les grands acheteurs étaient par la force des choses : la Grande-Bretagne, la France, la Russie, l'Italie. Cependant, comme sous l'œil bienveillant des Alliés, des produits américains passaient chez les neutres d'Europe et de là chez les Allemands, il y avait un certain intérêt matériel à la continuation de la neutralité vis-à-vis des Impériaux. Il y avait cependant un bien plus gros intérêt matériel à une neutralité vis-à-vis des Alliés ou à une alliance avec eux, à cause de l'exportation considérable de machines-outils, d'armes, de munitions, de cuirs, de coton, de chevaux et de mules, etc. La rupture des relations entre Etats-Unis et Allemagne eut amené peu de pertes matérielles, tandis qu'avec les Alliés elles se fussent chiffrées par centaines de millions de francs, pour le commerce américain.

Donc, les Etats-Unis ne protestèrent point contre l'atteinte à la liberté des Belges et des Luxembourgeois. Ils continuèrent à avoir des rapports courtois avec les gouvernements traîtres à leur signature. Ils ne protestèrent point contre les violations certaines des conventions de La Haye, dont ils étaient signataires ! Ils laissèrent protester leur propre signature, appuyant ainsi la doctrine des conventions « chiffon de papier ». Ils acceptèrent d'avoir leurs nationaux noyés par ordre du Gouvernement allemand.

Par une telle attitude, le Gouvernement des Etats-Unis

qui crut être humanitaire et pacifiste fut réellement antihumanitaire et antipacifiste. Il prolongea la guerre et par suite les tueries et les ruines. Sa conduite appuya le concept : la force crée le droit. Cette maxime, rappelons-le, est essentiellement immorale car sa base repose sur la violence, la contrainte et la peur. Par une telle attitude, le Gouvernement des Etats-Unis diminua considérablement l'autorité morale dont il jouissait. Il se rendit réellement la risée des belligérants et des petites nations neutres qui se rappelaient que ces Etats-Unis, si plats et humbles devant l'Allemagne puissante, avaient agi tout différemment avec la faible Espagne. La masse populaire de l'Entente et de certains neutres pensait ainsi parce qu'elle ignorait l'état réel de l'opinion et du sentiment du peuple américain dont la grande majorité entendait appliquer la doctrine de Monroë et ne tenait pas à faire la guerre. Aussi, ce fut pour les démocrates européens une douleur de voir une Grande République agir aussi contrairement aux intérêts de l'humanité et détruire elle-même en partie la force morale qu'elle possédait. Parfois la politique la plus réaliste est celle qui sait s'élever au-dessus de contingences mesquines des intérêts individuels immédiats et voir les intérêts collectifs idéalistes. Cependant le peuple américain sauva son pays d'une déchéance complète morale dans l'opinion Européenne par son admirable élan de solidarité pour secourir les Belges, les Serbes et les Français du Nord.

*
* *

La guerre en se prolongeant a obligé toutes les nations à s'efforcer de reconstituer leur vie économique. Il a fallu chercher à parer au manque de matières premières, aux besoins de la guerre en armes et en munitions, aux changements des goûts et des habitudes causés par l'état de guerre. Des industries se sont créées, d'autres ont disparu, d'autres se sont déplacées. Et la migration de centaines de mille de personnes a joué un rôle dans ces déplacements d'industrie, presque comme en jouèrent aux XVIe et XVIIe siècles les guerres de religion et les exodes de religionnaires. Les gouvernements se joignirent à l'initiative privée et l'appuyèrent pour cette reconstitution de la vie économique et de l'adaptation aux nouvelles conditions de vie. L'Allemagne et la France montrèrent à cet égard le plus d'activité. La première, préparée en partie à l'éventualité présente, eut une adaptation plus aisée, tandis que la France dut tout créer. Cependant la préparation de l'Allemagne n'empêcha point que ses industries métallurgiques et autres ne fussent prises au dépourvu par la guerre. Tout le monde, aussi bien les gouvernants que les autres, avaient compté sur une lutte de quelques semaines, de trois ou quatre mois et voilà que la guerre menaçait de durer des ans. Dès que les dirigeants en eurent conscience, ils firent organiser l'industrie allemande pour la production de guerre. La chose se fit rapidement, grâce à l'habitude de l'obéissance passive, à la mécanisation des individus. Et bientôt toutes les forces productives, intellectuelles aussi bien que manuelles, furent coordonnées pour obtenir des rendements maxima.

La France fut un peu plus lente, bien qu'elle eut rapidement une vue exacte de la situation. Mais il lui fallut tout créer, tout improviser : ses provinces les plus industrielles se trouvaient occupées par l'ennemi. Son admirable souplesse intellectuelle, sa grande imagination, sa puissance de travail apparurent à tous en ces tragiques circonstances. Et n'en furent étonnés que ceux qui ignorent la France ou qui ne la connaissent que par les journaux mondains ou par la fréquentation de la société cosmopolite, mondaine et parasite de Paris, la capitale dévoratrice des hommes. Et encore la bureaucratie centralisatrice et l'autocratie militaire qui dirigeaient le pays furent des forces bien plus inhibitrices qu'excitatrices de toutes les initiatives individuelles.

Toute tendance autocratique est par essence misonéiste.

Plus un gouvernement est centralisé et autoritaire, — telle l'autorité militaire qui les premiers mois de la guerre régissait la France et la régit encore partiellement— plus il est ennemi du nouveau et du changement. La loi naturelle du moindre effort explique ce caractère de l'autorité, dont une autre cause est l'abêtissement fatal de tout détenteur incontesté et incritiqué du pouvoir. Or l'amour du nouveau est une cause essentielle du progrès, qui résulte toujours d'un changement. Tout changement ne provoque pas un progrès, mais tout progrès est engendré par un changement. Et de cette vérité dérive cette leçon : L'homme doit être philonéiste et il faut toujours au *statu quo* préférer un changement, même au risque d'empirer les choses. Le perfectionnement des êtres et des choses n'est que la conséquence de multiples et incessantes expériences. Il faut donc vouloir faire ces expériences.

Si la France saisit rapidement, dans toute son amplitude, la situation créée par la guerre, la Grande-Bretagne ne la perçut pas. Et pourtant, chose curieuse, maints dirigeants de ce pays eurent, dès l'origine de la guerre, conscience qu'elle durerait des années.

La vie économique de la Grande-Bretagne était bien moins atteinte à cause de ses conditions d'insularité, qui l'avaient aussi tenue à l'abri d'une invasion de son territoire. Aussi fut-elle plus lente à organiser son industrie pour les buts de guerre. Près d'une année s'écoula avant qu'elle ne le fît.

Toutes les branches des connaissances humaines sont affectées par cette guerre : métallurgie, physique, chimie, mécanique, électricité, optique, photographie, constructions maritimes et aériennes, thérapeutique, sérothérapie, diététique, microbiologie, art chirurgical et bien d'autres encore jouent un rôle important dans ces tragiques événements mondiaux. Toutes les énergies humaines se tendirent pour accroître les moyens de lutte et de résistance et de réparation des pertes.

La gêne pour se procurer certaines matières premières, ou même leur suppression complète, selon que les pays producteurs et consommateurs étaient libres ou non d'exporter et d'importer ont obligé ou de rechercher des substituts de ces produits, ou de tenter de les trouver chez soi ou en d'autres pays. Et ainsi d'anciennes mines abandondonnées furent réexploitées ; et ainsi s'ouvrirent des mines qu'en des temps meilleurs on aurait laissé closes à cause des difficultés d'exploitation.

La nécessité de fabriquer vite, de remplacer la machinerie qu'on ne pouvait plus se procurer et la main-d'œuvre qui manquait, etc agirent aussi pour provoquer chez les scientistes et les inventeurs une tension d'esprit créatrice de nouveautés. En même temps les collectivités sentirent le besoin d'organiser les efforts individuels, afin d'avoir une meilleure mise au jour des inventions de l'esprit humain.

Tant que la paix ne règnera pas, il sera impossible de connaître les progrès réalisés dans toutes les branches des connaissances humaines, car chaque belligérant conserve jalousement le secret sur l'œuvre de ses scientistes. Chez les neutres le désir de tirer profit de l'invention engendre le même effet. Aussi, il ne me paraît pas douteux que, la paix venue, on ne constate que les mêmes inventions auront été faites dans les diverses nations, maintenant compartiments étanches sans communication sur l'immense vaisseau de l'humanité. Cette absence de rapports entre le monde scientifique et technique international ralentit la production de l'esprit humain qui ne peut bénéficier ici de ce qui est inventé ailleurs.

A tout bien considérer, on peut dire cependant que la guerre, en hyperexcitant les esprits et énergies de tous, a promu le progrès scientifique et industriel. D'un mal il résulte souvent du bien, car toute médaille a un avers et un revers. Mais pour une juste appréciation, il importe de noter au compte du débit de la guerre d'abord que cette hyperexcitation des intelligences et des énergies produit un épuisement physique et psychique, qui va parfois jusqu'à atteindre le déséquilibre et jusqu'à tomber dans la pathologie. Il faut noter ensuite que la guerre agit là simplement en tant que catastrophe. Il est probable, on peut même dire qu'il est certain que l'humanité pourrait s'organiser de façon à avoir en temps de paix une production et une utilisation aussi grandes des inventions de l'homme.

Autant qu'on peut en juger d'après ce qui est connu, il ne semble pas qu'il y ait eu de grandes inventions, rien de réellement neuf. Il paraît y avoir eu surtout des améliorations, des perfectionnements et des agrandissements d'appareils et de machines existantes. Rien de vraiment nouveau n'est encore apparu dans cette guerre. Cette absence notable de grandes inventions ne doit pas surprendre. Elle est due d'une part à ce que plus le progrès humain croît, plus se restreint le champs des découvertes réellement nouvelles ; et d'autre part à la division du travail et à la spécialisation du travailleur qui sont les tristes règles de ces sociétés contemporaines. Le travailleur manuel et intellectuel est transformé en une machine faisant sans cesse la même série de mouvements pour produire la même série d'effets. L'industrie et la science, sous l'influence consciente et inconsciente de la science allemande et du désir du rendement maximum immédiat, — effet de la base capitaliste de la Société humaine — ont subi une véritable militarisation dont les conséquences sont désastreuses pour l'esprit humain. Les intelligences humaines ont été littéralement réduites à la condition d'éléments mécaniques ; elles sont devenues de simples organes d'un mécanisme plus ou moins grand, et monté pour une fin déterminée.

L'horizon du travailleur a été diminué, sa liberté intellectuelle et manuelle restreinte. Or l'invention vraiment nouvelle ne peut être accomplie que par des êtres humains libres, aux larges horizons, doués d'une imagination que n'enchaîne pas l'habitude invétérée d'un même labeur toujours identique à lui-même. L'œuvre d'invention ne peut se faire que par des humains aptes aux travaux les plus variés, possédant les connaissances les plus diverses et un esprit critique toujours en activité et en éveil. En un mot l'invention est toujours le produit d'un cerveau amoureux du changement et en révolte contre ce qui est. Tout cela revient à dire que le cerveau de l'inventeur est juste le contraire des cerveaux produits par la spécialisation et la division du travail. Celles-ci créent des maçons et non des architectes. Nous trouvons là une nouvelle nuisance de l'esprit d'autorité, de l'esprit militariste sur les êtres humains et nous voyons une nouvelle forme de la nocivité des restrictions de la liberté.

Il y a là une importante leçon que nous donne la guerre : la condamnation absolue du système Taylor que certains voudraient voir se généraliser dans l'industrie. L'homme est un animal vivant d'une vie propre et non une machine mue par une volonté extérieure à elle-même. Toute tendance, tout effort pour obtenir la mécanisation de l'homme sont de monstrueuses sottises qui naissent dans le cerveau plus ou moins atrophié de spécialistes, ignorant de psychologie et de science de l'éducation.

Peut-être aussi devons-nous voir l'absence de grandes inventions dans l'ignorance entretenue volontairement dans le public par les gouvernements au sujet des besoins créés par la guerre. Certes, ces besoins sont plus ou moins connus dans les cercles restreints des spécialistes et selon leurs spécialités ; mais ils sont ignorés du public en général, qui est le réel réservoir producteur de l'invention humaine. Nous constatons là encore une nuisance de l'ignorance imposée à la masse par la politique des gouvernements tout heureux d'échapper ainsi et à la critique et au labeur qu'elle impose. L'enrégimentement des hommes en des compartiments étanches est mortel pour les facultés créatrices de l'humanité. Il est mortel pour le développement de tous les individus. C'est parce que cet enrégimentement est très développé dans notre société contemporaine où tout est bureaucratisé, centralisé qu'on ne vit nulle part sortir une individualité durant cette crise mondiale.

Le milieu catastrophique est on ne peut plus favorable à la révélation des individualités fortes et géniales. Rappelez-vous l'essaim de grands hommes de guerre, de grands savants, de grands orateurs, de grands hommes d'Etat qui apparurent par exemple pendant la crise de la grande Révolution Française, au moment où les Français luttaient à l'intérieur et à l'extérieur pour la liberté ! Le milieu contemporain est de même nature et cependant il ne donne pas la même récolte. La cause de cette différence est l'existence de cadres sociaux si forts que les hommes sont maintenus dans le régiment national à une place déterminée, bonne ou mauvaise, on ne s'en inquiète point. Impossibilité de sortir de ce cadre pour agir et œuvrer librement. Et cela existe partout, dans les organismes indépendants de l'industrie, de la politique et du monde ouvrier aussi bien que dans ceux des gouvernements. Aussi quel gaspillage d'énergies, quelles pertes d'intelligences et de forces ! L'homme est vraiment fol de ne pas vouloir se souvenir que la liberté est le seul milieu social où l'individu s'épanouit pleinement en énergie et en intelligence, et où par suite l'agrégat d'individus qu'on appelle la collectivité présente le plus de puissance et de grandeur.

∴

Pour reconstituer la vie économique, il a fallu réorganiser le travail quasi complètement désorganisé par la mobilisation, sur le continent. La Grande-Bretagne, à cause de son insularité, échappa à cette désorganisation. En France, en Allemagne, le travail ne fut d'abord réellement repris que dans toutes les industries nécessaires à la guerre et à la vie des peuples. Il ne pouvait en être autrement, puisque tous les ouvriers étaient soldats. En France, les syndicats ouvriers ne purent jouer le rôle qu'ils auraient joué s'ils eussent compté un plus grand nombre de membres. Le pays tout entier en souffrit par l'inorganisation du travail dans les usines à munitions et à armes, par la prise des places d'ouvriers qualifiés par des hommes qui n'étaient même pas des ouvriers et qui cherchaient là à échapper au danger des tranchées. De ce chef, il y eut une perte de temps, une perte d'habileté, une perte d'énergie, ce qui se résolut au front en pertes d'hommes et de biens.

Le pays subit ainsi la conséquence de l'opposition des classes bourgeoises et de la veulerie de la classe ouvrière pour une organisation en syndicats. Nous constatons ainsi que les actes développent leurs conséquences longtemps même après qu'ils ont été agis. Nous voyons aussi combien l'humanité est solidaire malgré l'apparence des intérêts contraires des classes. La conséquence finale qui dérive de notre constatation est que l'existence des classes est nuisible à l'humanité.

La faiblesse des syndicats eut aussi comme résultat que les ouvriers ne tirèrent pas profit des conditions présentes comme le firent les capitalistes, grâce à la puissance de leurs unions. Les salaires ne s'améliorèrent presque point, sauf cependant en Grande-Bretagne. Là, la classe ouvrière appliqua à elle-même, à ses intérêts individuels le même esprit que montra partout la classe capitaliste, qui chercha à tirer parti des circonstances en s'enrichissant. La classe ouvrière britannique eut une claire-vue de son indispensabilité, de la raréfaction de la main-d'œuvre, de l'intensification obligatoire de la production et en conséquence elle exigea et obtint un accroissement de salaire. Il fut à la vérité modeste et il ne correspondit ni à l'enrichissement de certaines catégories d'industriels et de commerçants, ni à l'indispensabilité des travailleurs.

En France et en Allemagne, il n'en fut pas de même, encore que certains salaires furent cependant augmentés. Le manque de main-d'œuvre nationale, en Allemagne un peu, et davantage en France — au cours de la guerre cette situation se renversa — obligea à recourir aux ouvriers des pays neutres, auxquels des salaires supérieurs furent offerts, et alors il y eut raréfaction de main-d'œuvre dans ces pays neutres. Le manque de travailleurs hommes obligea aussi, chez tous les belligérants, à recourir au travail des femmes. Elles prirent la place des hommes dans les chemins de fer, dans les tramways, dans les manufactures d'armes et de munitions, etc. Partout l'égalisation des salaires entre les sexes fut demandée, mais comme dans la plupart des industries, les syndicats ouvriers étaient faibles et le patronat fort, les salaires féminins furent au-dessous de ceux des hommes. Quoiqu'il en soit, il s'est produit là un phénomène social important, car il tend à développer l'idée de l'égalité économique des sexes, ce qui aura pour conséquence certaine : l'égalité politique. Un des effets de cette guerre mondiale sera certainement de promouvoir le féminisme.

Une curieuse revie de modes passés du travail réapparut, surtout dans les pays envahis, et sous une forme atténuée dans les autres pays. Je veux parler du travail forcé.

Le militarisme allemand, très conséquent avec lui-même, appliqua au travail sa méthode d'intimidation et de menace. Il obligea, sous peine d'emprisonnement et même de mort, les ouvriers des deux sexes à travailler pour son usage à lui. D'abord le Gouvernement allemand pratiqua ce système avec une certaine timidité, car il ne l'appliqua que deci, delà, et à un petit nombre de gens. Mais la guerre durant, il eut besoin et d'intensifier le travail de production des munitions et de libérer des travailleurs allemands de ses usines de guerre ou de l'agriculture. Alors il mit en pratique la théorie que son Grand Etat-Major avait franchement exposée dans le *Kriegsbrauch in Landkriege*. Il contraignit au travail les mâles des pays qu'il avait conquis et occupait momentanément. Il employa la contrainte, officiellement, sans la moindre vergogne, bien que ce fût une violation des conventions de La Haye, dont il était un des auteurs et un des signataires, bien que, pour les Belges, ce fût une violation de promesses faites au Gouvernement hollandais et au cardinal Mercier. Peut-être un million d'hommes, tant Belges que Polonais et Français, furent ainsi déportés et transportés où besoin était, comme bétail. La plupart de ces esclaves — car c'est là un véritable rétablissement de l'esclavage — appartenaient à la classe ouvrière, et le reste, à la petite bourgeoisie. Sans doute, la guerre continuant encore, cet esclavage sera étendu au reste de la bourgeoisie, et peut-être à la noblesse. Les arrêtés et règlements du Gouvernement allemand, les manifestes de protestation des ouvriers belges, du cardinal Mercier, etc., que l'on put lire dans tous les journaux, montrent avec quelle impudence, avec quelle brutalité, avec quelle minutie et quelle méthode, cet esclavage fut réalisé par la caste militaire allemande. Elle usa aussi de ses deux millions de prisonniers pour des travaux divers. Et l'on vit ainsi les travaux des champs et même de la guerre pratiqués par les ennemis asservis. A un degré moindre, les autres nations belligérantes suivirent cet exemple pour l'emploi des prisonniers. Le travail, cependant, ne fut pas forcé. Les prisonniers, en France, ne sont employés que pour les travaux des champs, des mines, des routes et des carrières, loin des régions de bataille.

Et en voyant ces millions d'hommes travaillant pour leurs ennemis, on se remémore fatalement les travaux, dont la grandeur est attestée par des ruines encore gigantesques, exécutés par des hommes asservis de la même façon, il y a des milliers d'années, par les empereurs d'Assyrie, de Médie, de Perse, ou d'Egypte.

En vertu de sa conception de la discipline basée sur la crainte des châtiments, l'Allemagne réglementa le travail de ses nationaux au point qu'ils furent réellement asservis. Ils devaient rester dans les usines et les exploitations agricoles même contre leur volonté. Il y eut une militarisation spéciale de la classe ouvrière à laquelle échappa en partie la classe bourgeoise. Le même phénomène se passa en France, à un degré moindre, car ce ne fut que pour les usines productrices d'armes et de munitions et pour les ouvriers mobilisés comme soldats.

Malgré ces différences notables et sensibles, il n'en était pas moins ce fait extrêmement important : suppression de la liberté individuelle dans les contrats de travail ; tendances à l'asservissement d'une classe, au profit de la collectivité, administrée et commandée par une autre classe.

En Angleterre la puissance des Trade Unions empêcha la même chose de se produire. Il y eut des tentatives pour le faire ; même une loi, le Munitions Act, fut faite pour cela. Mais une loi ne vaut que lorsque tout le monde l'accepte et que les quelques opposants sont faibles. Une loi est chose inexistante lorsque des centaines de mille individus se refusent consciemment à y obéir. Les Trade unions conscientes de leur force et de leur droit de défendre leurs intérêts individuels et de classe — comme le faisaient les unions patronales — rendirent inoffensive la loi qui était un essai de destruction de leurs libertés. Ce fait montre l'intérêt énorme pour le prolétariat à s'unir en des associations professionnelles puissantes.

De tous ces phénomènes économiques que nous venons de passer en revue, un caractère général ressort : la diminution de la liberté, la tendance des dirigeants à recourir à la contrainte et à la crainte dès que c'est possible. Et de là résulte cette conséquence : l'obligation de l'union pour être fort et résister à tout essai de diminuer la liberté et pour annihiler les tentatives de recours à la crainte.

CHAPITRE IV

Dès l'ouverture de la guerre, avant même le commencement des hostilités, les militaires eurent la haute main sur les divers pays. Il y eut déclaration d'état de guerre, comme en Allemagne, ou d'état de siège comme en France. Dans les pays où le pouvoir parlementaire est fictif — c'était le cas de l'Allemagne, de l'Autriche-Hongrie, de la Russie — les souverains agirent autocratiquement. Dans les pays parlementarisés, les Parlements suspendirent les Constitutions et donnèrent les pouvoirs les plus étendus aux autorités militaires. Certains neutres se crurent aussi forcés par les circonstances d'agir de même, car la mobilisation s'imposa chez eux. C'est ainsi que la Suisse mobilise le 31 juillet, vingt-quatre heures avant la France. Partout, cette suspension des constitutions aboutit à une suppression d'une partie des libertés acquises par les peuples. Naturellement, elle fut plus ou moins grande, selon les pays. En Allemagne et en Russie la suppression des libertés fut excessive, l'Allemagne fut en réalité isolée du monde à partir du 27 ou 28 juillet 1914. Outre-frontière, rien ne transpira de ce qui s'y faisait. Rien n'y pénétra de ce qui était dit et pensé outre-frontière.

L'Allemagne, sous la fiction du parlementarisme, est en réalité une autocratie. Le pouvoir y est centralisé en la main de quelques hommes. Les autres obéissent. L'unité germanique a été atteinte sous l'hégémonie de la Prusse. Et elle a été imposée par la crainte aux individus et aux collectivités. Parmi les conséquences de cette unité et de cet esprit d'obéissance, nous devons noter la rapidité d'action et d'organisation, l'audace dans la décision et l'action. L'autoritarisme allemand provoque les événements et insoucieux des obstacles va droit au but qu'il s'est fixé... Mais ce but, il se l'est fixé avec son intelligence dévoyée et diminuée par l'absence de toute critique, par l'accoutumance d'être obéi passivement. Et alors, ce but, au lieu d'être la grandeur de l'Allemagne, devient la ruine de l'Allemagne. La prépotence des chefs, en détruisant leur propre esprit critique, les a rendus mégalomanes, absolument incapables de voir, juger et comprendre les réalités. La mentalité militaire, qui les a pénétrés jusqu'au plus profond de leur moelle, leur a mis des œillères sur les yeux. Ils ne peuvent percevoir qu'une partie des éléments en cause. Aussi, font-ils des erreurs grossières en leur politique étrangère et en la psychologie des peuples, surtout d'Occident. Ils passent chez les peuples étrangers sans les pénétrer et sans les comprendre. Leur mégalomanie a obnubilé leur compréhension. Ils s'imaginent que l'Inde, l'Afrique du Sud, l'Irlande vont se révolter contre l'Angleterre, que les Dominions vont s'en séparer. Ils croient que les révolutionnaires de France et de Russie vont déchaîner la révolution, par peur de la guerre et sans souci d'être asservis par l'Allemagne. Ils pensent que la Belgique sera trop heureuse de leur laisser le passage ; et ils ne voient rien de bas et d'insultant dans les propositions qu'ils font à la Grande-Bretagne pour obtenir la neutralité. Ils ne comprennent rien de tout cela, parce qu'ils sont habitués à obéir et à être obéis mécaniquement, et qu'ils ignorent réellement le sens du mot « dignité » appliqué aux individus et aux collectivités. Pour eux tout est subordonné au but immédiat et étroit. Rien ne compte en dehors... Aussi ils ont le plus profond mépris de la vie humaine. Les hommes sont des troupeaux, chair à tuer selon les intérêts des bergers. Il faut remonter loin dans les âges passés pour retrouver les mêmes conceptions. Elles étaient dans l'esprit des empereurs Mèdes, Perses et Assyriens, il y a quelques milliers d'années.

Comment l'âme allemande a-t-elle pu être tout entière envahie par cette intense mégalomanie générale ? Il a fallu près d'un siècle et demi de préparation, conduite par la Prusse et exécutée par l'école, l'université et la caserne. Mais c'est dans la seconde moitié du XIXe siècle que cette œuvre a pris toute son envergure et a abouti à une extraordinaire foi de l'Allemagne entière en la supériorité de la race germanique, grande, blonde et dolichocéphale. Or, en fait, la grande majorité des Allemands ne sont ni grands, ni blonds, ni dolichocéphales ! La race germanique est tout aussi inexistante que la race latine. C'est une idée romanesque, poétique, non une idée ou un fait scientifiques. Et chose digne d'être notée, ce ne sont même pas des Allemands qui ont eu l'idée de la supériorité de la race grande, dolichocéphale et blonde. C'est un Français, Gobineau, qui l'eut le premier. Ses grands défenseurs et propagateurs furent un Polonais, Treitschke et un Anglais, H.Stoughton Chamberlain ! Les Allemands ne créèrent point l'idée, ils la développèrent : conséquence de leur intelligence restreinte par leur esprit de discipline qui empêche toute création, toute invention et ne permet que des perfectionnements.

L'esprit critique étant supprimé en eux, ils ne virent point combien était antiscientifique de concevoir une race basée sur la linguistique. Une même langue n'a jamais indiqué l'unicité de race. Celle-ci ne peut être basée que sur des caractères anatomiques et physiologiques. Il n'y a pas de race germanique, et pourtant, l'Allemagne croit dur comme fer à son existence et à sa supériorité. Elle y croit au point de prétendre que les vrais grands hommes du monde entier sont des Germains. On a vu des écrivains, des professeurs d'université revendiquer comme Germains: Dante, Michel Angelo, Vinci, Murillo, Giotto, Velasquez, Voltaire, Diderot, Shakespeare, Bernard Shaw. J'en oublie certainement.

L'idée que les Allemands ont de la soi-disant race Germanique est en dehors de la science, c'est une idée religieuse. Elle ne repose point sur la raison : elle repose sur la foi. Elle est en même temps et une cause et un effet de la puissance de l'Etat, de la religion de l'Etat, dois-je dire, pour être plus précis. Le dieu adoré et obéi dans cette religion est l'Etat. Ce n'est pas une abstraction métaphysique, c'est une réalité concrétée en la personne de son grand-prêtre, le Kaiser, et de toute la hiérarchie de ses prêtres : les guerriers, les professeurs, les grands propriétaires et capitalistes.

La nation entière a, durant des ans, subi un dressage pour obtenir la fusion de tous les individus en un seul être collectif, l'*État*. Il ne faut ni discuter, ni raisonner, ni juger, il faut croire, avoir la foi. Pour entretenir cette foi aveugle, les dirigeants, les prêtres de cette religion, déforment, altèrent ou suppriment les faits. Tout est subordonné à la fin poursuivie : et l'on voit les statistiques maquillées, les travaux scientifiques étrangers volontairement négligés et passés sous silence. Le peuple doit être tenu dans l'ignorance de tout ce qui peut ébranler sa foi. Ce système de destruction de l'esprit critique est depuis des ans suivi méthodiquement, mais naturellement il a atteint son summum en cette guerre. Pendant des mois, le peuple allemand ignora la victoire française de la Marne, la réponse de la Belgique à l'ultimatum allemand du 2 août 1914! C'est avec une absolue bonne foi que la généralité des Allemands vit dans l'aveuglement. L'*Empire* allemand a tué l'*esprit* allemand, comme Nietzsche l'avait prédit. Pour la masse allemande, il n'y a qu'une vérité : la vérité officielle, dite par le Gouvernement allemand. Tout ce que peuvent dire les autres est entaché d'erreur par le simple fait que cela n'émane pas de l'autorité allemande.

C'est cette foi aveugle qui explique comment la censure allemande pousse la presse à publier les communiqués officiels ennemis. Elle sait que non seulement la masse n'y accordera aucune foi, mais encore que les comparant aux communiqués allemands, elle en constatera les différences et ainsi se pénétrera de plus en plus de leur mensonge et de la véracité des communiqués allemands.

C'est cette foi aveugle qui explique la stupéfaction manifestée par le Peuple Allemand à la connaissance de la note du président Wilson, après le coulage du *Sussex*, en avril 1916, surtout quand le Gouvernement impérial eut été obligé d'avouer, presque ouvertement, que sa négation primitive était un mensonge.

L'Etat est dieu et tout le monde se mue peu ou prou en un fonctionnaire. Au dieu tout doit être sacrifié. La grandeur du dieu justifie tous les moyens employés pour accroître sa puissance. Et alors nous voyons les dirigeants allemands violer leur signature avec une naïve candeur, par l'envahissement de pays dont la neutralité était garantie par eux, par l'emploi d'armes qu'ils s'étaient engagés à ne pas employer, par la déportation et la mise en esclavage des Belges qu'ils avaient promis à la Hollande de ne pas accomplir etc. Nécessité n'a point de loi, dit avec une brutale franchise le chancelier Bethmann-Hollweg, aux applaudissements du Reichstag. « Nos troupes, dit-il, ont occupé le Luxembourg et ont peut-être déjà foulé le territoire belge. C'est *contre le droit des nations... L'illégalité*, — je parle ouvertement, — l'*illégalité* que nous commettons ainsi, nous chercherons à la réparer dès que notre but militaire aura été atteint. » On ne peut avouer plus ouvertement que la fin justifie les moyens. C'est là, rappelons-le, une maxime religieuse, une maxime jésuite.

Dans cette religion de l'Etat, comme dans toute religion,

il y a un clergé et une hiérarchie dans ce clergé. Au haut sont les militaires, puis au-dessous la masse des prêtres, représentés surtout par les professeurs, les éducateurs de la jeunesse. Comme dans les grands empires asiatiques, nous voyons l'union intime des guerriers et des prêtres. Les uns ne vont point sans les autres ; mutuellement les uns sur les autres s'appuient. Le militarisme est le soutien de l'Allemagne impériale, l'antithèse de l'Allemagne des Gœthe et des Beethoven. Ecoutez parler les professeurs d'université, dans leur fameux manifeste : « Sans le militarisme allemand, la culture allemande aurait depuis longtemps disparu de la surface du globe... L'esprit qui règne dans l'armée est aussi celui qui règne dans le peuple allemand ».

Avec un tel état d'esprit militariste, le corps professoral allemand ne pouvait que s'efforcer de dresser la population pour être des bêtes de troupeau. Il tendait à supprimer toutes les individualités, à astreindre les caractères et les esprits à *un* type. Quel fut le résultat de cette besogne d'asservissement de l'âme humaine poursuivi méthodiquement pendant des décades ?

Nous en avons un témoignage dans la docilité avec laquelle des centaines de mille hommes sont allés à la tuerie, à Verdun, exactement comme des moutons vont à l'abattoir, sans la moindre utilité pour eux ou pour leur collectivité nationale. Nous en avons un témoignage dans la philosophie, la littérature et les arts de l'époque de l'hégémonie prussienne. Depuis un demi-siècle l'Allemagne n'a mis au jour aucun grand philosophe, aucun grand artiste, aucun grand littérateur. Depuis Wagner, le révolutionnaire, l'Allemagne n'a produit aucun grand musicien. En peinture, c'est la même chose, au point qu'elle fut obligée d'adopter et de faire siens deux peintres suisses, Bœcklin et Hodler, qui étaient en fait des produits de la démocratie helvétique.

La militarisation générale du peuple a tué les germes de grandeur qui pouvaient exister en les âmes germaniques.

Pour enfanter de fortes individualités qui osent aller hors des chemins battus et se révolter contre les idées et les formes admises, il faut une atmosphère de liberté. Elle manquait à l'Allemagne, tout comme elle manqua à la France à l'époque de Napoléon Ier. La grandeur impériale qui repose toujours sur la grandeur des armes exclut la grandeur des arts et des lettres.

En détruisant tout esprit critique et tout esprit de révolte, la militarisation du peuple allemand a engendré un véritable état pathologique : la mégalomanie. Cet état de folie collective, produit par l'esprit d'obéissance, obtenu par la crainte, est un phénomène sociologique d'un énorme intérêt. Les différences d'âge, de classe, de profession, de connaissances, de religion semblent ne jouer aucun rôle dans l'expansion de cette mégalomanie qui a frappé tout le monde.

« L'Allemagne est le médecin qui guérira le genre humain », dit l'un tandis qu'un autre, le secrétaire de l'Académie des sciences de Berlin, M. Hermann Diels, écrit : « L'Allemagne est sur cette terre le sanctuaire où s'est réfugié le principe de l'ordre et de la discipline ».

Le mégalomane entend toujours que le reste du monde croit à sa propre grandeur, et il se fâche si on a l'air d'en douter. Ainsi est l'Allemand. J'en veux pour preuve ces quelques lignes d'un juriste. M. Otto von Gierke : « Tous les peuples, de bon gré ou *contre leur volonté*, devront comprendre que la « Kultur » allemande est la meilleure, la plus substantielle, la plus robuste, qu'elle est l'élément le plus indispensable de la civilisation universelle ».

Jamais les faits ne peuvent modifier les convictions d'un mégalomane. De la meilleure foi du monde, il les interprète dans le sens de son délire ou bien il en nie l'existence. Tel est l'Allemand.

« Nous faisons la guerre, dit le prédicateur de la Cour, avec une conscience et une douceur dont l'histoire n'offre pas d'exemple jusqu'ici. » « La Kultur, la religion, lit-on en un manifeste, rendent le soldat *incapable* de commettre des atrocités, de se montrer cruel. Les affirmations de nos ennemis sont *incompatibles* avec l'état florissant de nos écoles ».

On voit à quel état mental pathologique sont parvenus les Allemands. La guerre actuelle a enlevé tous les voiles qui le cachaient aux yeux du monde. Il y a là une diminution réelle et malheureuse d'un peuple qui fut grand par son travail et son intelligence.

Ce qui a permis l'expansion générale de cette mégalomanie mortelle, c'est l'absence d'esprit politique dans la masse allemande. Le prince de Bülow a reconnu que l'Allemand n'est pas un peuple politique, mais il n'a pas recherché les causes purement éducatives et sociales d'un état de choses si préjudiciable au peuple germanique. L'absence d'esprit politique, dont témoignent tous les événements de cette guerre, est due simplement à la docilité du peuple allemand, à son habitude d'avoir la foi en des chefs et en son inaccoutumance de se conduire soi-même. Le peuple allemand est, au point de vue politique, à un stade de civilisation en retard de peut-être plus d'un demi-siècle sur les peuples de France, de Grande-Bretagne, de Belgique, de Suisse et de Scandinavie. Son évolution politique a été arrêtée net en 1870, par la victoire de la Prusse sur la France. Cette victoire a été en réalité une défaite bien plus grande pour toute l'Allemagne que pour la France. L'essor moral et politique de la France a continué, et a même été accru ; celui de l'Allemagne a été arrêté et seul son essor économique a continué son développement.

Considérez un instant comme les conséquences d'un acte apparaissent à longue échéance. Il a fallu près d'un demi-siècle pour qu'elles se développent en leur réelle ampleur. Avant, on n'en voyait qu'une face, la face brillante, l'apparence plutôt que la réalité. Seuls quelques hommes, génies éclairés par une merveilleuse clairvoyance, avaient perçu la vraie réalité. Ainsi Nietzsche écrivait en pleine guerre de 1870 : « Je considère la Prusse comme une puissance hautement dangereuse pour la culture... ». Et dans ses *Considérations inactuelles*, ce philosophe écrit ces lignes que je résume substantiellement : « Une grande victoire est un grand danger. Il est plus facile de la remporter que de faire en sorte qu'il n'en résulte pas une profonde défaite. Cette défaite, plus irréparable que toutes les déroutes militaires, ce serait l'extirpation de l'esprit allemand au bénéfice de l'Empire allemand... L'Empire allemand tuera l'esprit allemand. Cela coûte cher d'arriver à la puissance. La puissance abêtit ». Et ailleurs, revenant sur cette idée, Nietzsche écrivait : « *Deutschland, Deutschand über alles !* Je crains que cela n'ait été la fin de la philosophie allemande ».

Cela a été la fin momentanée et de la philosophie et de la littérature et de l'art allemands, qui ont été tués pour un temps par le dressage méthodique des hommes à l'obéissance passive, c'est-à-dire à l'habitude de ne plus penser, de ne plus réfléchir, de ne plus juger, de ne plus critiquer. L'Autorité a étouffé en l'âme allemande toute velléité d'individualisme. Sans individualisme, on peut avoir de grands et forts troupeaux d'hommes, mais on n'a ni art, ni science, ni philosophie, ni littérature, ni humanité réelle, jouissant pleinement de la vie.

L'Empire allemand a obnubilé l'esprit allemand, s'il est vrai, comme l'a dit Niebuhr, que la « vraie constitution de l'Allemand est l'anarchie ». L'Empire allemand n'a pas tué pour toujours cet esprit parce que l'éducation ne peut pas tuer la nature. Elle ne fait que l'obscurcir, l'ennuager pour un temps plus ou moins long, selon son degré de force et le degré de faiblesse des gens qui y sont soumis.

Durant tout le XIXe siècle, l'Allemagne a célébré et pratiqué « l'organisation » sans analyser ce qu'elle désignait sous ce nom. Elle n'a pas vu que l'organisation qu'elle réalisait était mécanique, *non vivante*. Son but était d'organiser le monde comme un mécanisme mis en mouvement par des chefs mécaniciens, tout comme une locomotive, un métier à tisser. Imprégnés jusqu'au plus profond de leur être par les concepts militaristes d'autorité et de contrainte, les dirigeants allemands ont vu dans l'humanité un mécanisme mort, telle la machinerie d'une usine métallurgique. Ils ont oublié qu'elle était un organisme collectif vivant, composé d'organismes individuels vivants.

Que ne se sont-ils rappelés cette pensée de leur grand Schiller : « L'organisation a condamné à ramper comme l'escargot ce qui devait voler comme l'aigle. L'organisation n'a pas encore produit un seul grand homme ; la liberté couve des colosses et des êtres extraordinaires ». Ils auraient alors vu leur erreur fondamentale. Et au lieu de cette organisation mécanique, ils eussent pratiqué une organisation vivante, fondée sur la liberté, imitant la nature vivante et non la machinerie morte. Les sciences naturelles et non les sciences mécaniques doivent servir de guide aux hommes dans l'organisation des sociétés humaines. Voilà un des grands enseignements de la guerre mondiale.

Des tragiques circonstances actuelles, il est probable que l'Allemagne sortira retrempée. Battue, elle se libérera de l'autorité de fer et de sang, et son esprit reprendra son naturel cours. Sa culture d'antan, celle qui était humaine et non pas germanique, celle de ses penseurs et de ses artistes des siècles passés renaîtra en les cerveaux de ses enfants, parce que cette culture-là est la véritable culture allemande, celle qui correspond à la nature de sa population, tandis que sa kultur actuelle est une difformité qui a recouvert comme d'un vernis la réelle nature du peuple. Elle s'est surajoutée à cette nature grâce à un habile dressage, imposé peu à peu par l'autorité des hobereaux prussiens, au moyen de la crainte et du mensonge.

Aussi, nous devons tirer d'un tel état de choses cette conclusion : l'autorité tend inévitablement à diminuer les individus et par suite les collectivités qui sont des agrégats d'individus. La liberté, qui est la force antagoniste de l'autorité, est le levain de la grandeur des individus et des collectivités.

Dans la manière dont la Russie se conduisit pendant la guerre, nous trouvons encore la preuve de la nuisance de l'autocratie. Dans la lutte gigantesque qu'elle avait à soutenir, elle avait besoin de l'effort de tous. Il ne pouvait être obtenu que par un accord de bonne foi, une union de tous les partis. Les révolutionnaires et socialistes russes le comprirent. Aussi l'on vit des exilés comme le prince Kropotkine, comme Bourtsev, comme Roubanovitch, comme Plekhanov se prononcer avec force en faveur des Alliés et appeler les Russes à l'union pour combattre le militarisme et le germanisme... Bourtsev, qui vivait à Paris, partit pour Petrograd dans le but de mettre au service de son pays son intelligence et ses connaissances... Il y trouva l'arrestation d'abord, la condamnation aux travaux forcés ensuite. En effet, la bureaucratie réactionnaire ne désarma point et sans souci des intérêts de la collectivité, elle continua son désordre et sa gabegie. D'ailleurs les factions continuèrent à lutter entre elles pour les bénéfices du pouvoir. Les éléments les plus autocratiques, composés pour beaucoup de noblesse d'origine teutonique, comme maints seigneurs Baltes, osèrent même être ouvertement progermains. Ils trouvèrent appui dans les cercles les plus élevés de la Cour, et aussi parmi les ministres. A plusieurs reprises, il y eut de véritables actes de traîtrises, tel celui du colonel Miassoyedof et de ses complices. Ils soutinrent avoir agi par patriotisme : le triomphe de l'Allemagne assurant la victoire de l'autocratie sur la démocratie des Alliés occidentaux.

D'un autre côté, le clergé orthodoxe, par son étroit esprit de prosélytisme et sa volonté d'user de violence pour amener les hérétiques à sa foi, agit sur les factions russophiles mais autocrates de tendance, afin qu'elles missent la force statale à son service. Et en la Galicie conquise, on vit les soldats russes contraindre les Ruthènes Uniates à se convertir à l'orthodoxie. Les persécutions fleurirent ! Qui persécute, sème la haine. Les Russes s'en aperçurent lorsque les tables ayant tourné, ils durent abandonner la Galicie et reculer. Ces persécutions, fruit de l'autoritarisme russe, firent plus de mal à la cause défendue par la Russie et ses Alliés occidentaux que plusieurs défaites militaires.

Bien que puissante, la bureaucratie russe n'est point si fortement organisée qu'elle ait pu supprimer tout effort discordant. En son sein, dans le Gouvernement, certains à tendances libérales s'efforçent à lutter contre l'autocratie mortifère. C'est ainsi qu'ils obtinrent des promesses publiques d'autonomie d'une Pologne intégrale, d'une égalisation politique des Juifs, etc. Mais tout cela, c'étaient de vaines promesses, souvent faites dans le but de tromper les Alliés d'Occident. Aucune liberté ne fut vraiment accordée. Les forces de regrès l'emportaient, l'emportent encore sur les forces de progrès. Le Gouvernement, soit par incompréhension, soit par intérêt autocratique, se refuse à user de l'énorme force morale qui serait résultée pour lui d'une amnistie complète politique et d'une politique vraiment libérale et démocratique. Cette politique est pourtant dans l'essence même du peuple russe. Ses mœurs, ses goûts sont essentiellement démocratiques, ainsi qu'on peut le constater à la lecture des romans réalistes de Tourguenev, de Tolstoï, de Dostoievski, de Gorki, etc.

La Douma fut impuissante, malgré son unanimité. Le Conseil de l'Empire aussi. Et pourtant des chefs des partis autocratiques le quittaient pour venir aux idées libérales : tel le baron de Rosen, un grand seigneur Balte. Les forces de réaction, un moment, fléchirent durant la grande retraite. Bourtsev et quelques rares autres furent libérés. On put croire que la Douma appuyée sur le peuple des villes et des campagnes, sur les zemtvos, allait réussir à sauver la Russie, du marais mortel où la bureaucratie l'enlise. Hélas, il n'en fut pas ainsi. Les forces de réaction se reprirent vite et continuèrent leur politique à la mode germanique. La mentalité militaire a tellement pénétré la caste bureaucratique, qu'il faudra, pour en débarrasser le pays, quelque cataclysme révolutionnaire.

Non seulement cette politique de contrainte et de violence autocratiques nuit au peuple russe, mais encore elle nuit à ses Alliés dans la lutte mondiale actuelle.

Ce sont les prétentions russes à des annexions sans fin de territoire — témoignages d'une véritable politique allemande — qui ont aliéné les sympathies au Nord des Suédois, au Sud-Ouest des Bulgares, des Roumains et des Grecs. Ce sont les exigences russes qui ont empêché les alliances de ces derniers de se réaliser dans les deux premières années de guerre, ce qui retarde la fin de cette auto-destruction de l'humanité. Des millions de morts et des milliards de francs dépensés sont la conséquence de cette politique étroite de l'autocratie russe. Le chemin des autocraties, qu'elles soient russes, allemandes ou autres, est semé de ruines et de morts !

Pour le monde entier, l'autocratie russe diminua la force morale des puissances occidentales, représentantes du principe de liberté en lutte contre le principe d'autorité symbolisé dans l'Allemagne. Il est probable que la guerre ne se terminera pas sans que les forces de progrès ne l'emportent en Russie sur les forces de regrès. La libéralisation de ce pays nous paraît une conséquence fatale de cette guerre. En ces agissements de la Russie et en leurs conséquences, nous constatons combien est grande la nuisance de l'autocratie, du principe du gouvernement des peuples par l'autorité basée sur la contrainte et sur la crainte.

A l'aurore de la guerre, en tous les pays, les dirigeants

firent appel à l'union de tous, à la trêve des partis. Partout, sauf en Russie, il y eut amnistie des crimes-délits politiques et de grève. Cependant la trêve des partis fut plutôt apparente que réelle, car partout, il y eut choc entre les tendances autoritaires et les tendances libérales.

En France, cet antagonisme apparut avec force. Le pays resta 5 mois sans parlement. A peine peut-on dire que la presse existait tant étaient nombreux et forts les liens dont la censure l'entourait. On eut le gouvernement d'un président et d'un ministère et des militaires, et sous leur couvert, les forces de réaction prirent vite une attitude combattive. L'Eglise catholique, s'appuyant sur les réactionnaires de toutes nuances, crut l'occasion bonne pour ressaisir sa prépondérance d'antan. Elle commença une propagande intense et sans tact. Elle se crut tout permis : violer les lois et les consciences. La politique était maladroite, car les forces avancées répondirent aussitôt aux forces arriérées. Les protestations, éparses d'abord, se groupèrent et s'accrurent. La démocratie résistait à l'emprise cléricale et réactionnaire. Ses leaders poussés par la masse popuailre prirent part à la résistance.

En réalité, l'union sacrée cessait de vivre, sans avoir beaucoup vécu... Elle ne fut plus qu'une formule qui pipa encore quelque temps la masse naïve. Le mouvement de résistance à la poussée réactionnaire vint de la foule et non des politiciens. C'est la foule qui infusa aux parlementaires le courage de résister aux tentatives gouvernementales de restreindre l'action du Parlement, à l'imitation du Gouvernement allemand.

La complexité des problèmes à résoudre, l'esprit routinier et abêti de l'autorité militaire substituée en partie à l'autorité civile, firent que le désordre et la gabegie purent librement s'étendre. Tandis que les uns mouraient dans les tranchées, d'autres s'enrichissaient !

Cependant, les puissances conservatrices ne purent

mettre la main sur l'organisme gouvernemental, car partout la résistance s'organisa. Poussés par les soldats, civils d'hier et de demain, les soldats citoyens, et par la foule non militarisée, les députés et autres politiciens réagirent et rappelèrent au Gouvernement que le Parlement était le réel et l'unique représentant de la volonté nationale. Les radicaux, puissamment aidés par les socialistes et les syndicalistes, obligèrent à la réunion des Chambres quelques mois après l'ouverture des hostilités, et depuis, elles siègent réellement en permanence, soutenues par l'opinion des masses populaires, malgré les campagnes plus ou moins franches, plus ou moins sournoises menées par les conservateurs et réactionnaires de toute nuance.

L'œuvre du Parlement depuis sa réunion a été une œuvre de contrôle, dont la grande utilité est apparue à tous les yeux non prévenus. Elle eut été encore bien plus importante, cette œuvre, s'il n'y avait point existé dans certains milieux gouvernementaux une opposition plus ou moins cachée, et des intrigues, par défiance de la démocratie, pour diminuer l'action des partis radicaux et socialistes. Cette besogne antidémocratique aura probablement des conséquences néfastes pour les partis de réaction, car un sourd mécontentement gagne la nation entière, plus peut-être les soldats citoyens que les autres. Il se produit une véritable fomentation, provoquée par les abus de pouvoir, les maladresses, les erreurs, les fautes des chefs militaires et civils, et des dirigeants catholiques. Il semble peu probable que cela n'aboutisse point à des affirmations plus ou moins violentes et générales contre le militarisme et en faveur de la liberté. La nation française est dans son ensemble profondément démocratisée. Elle a énormément progressé depuis un quart de siècle.

La manière dont elle a traversé la crise actuelle depuis plus d'un an montre que le peuple possède la maturité d'esprit, la volonté d'action et l'énergie nécessaires pour être son propre maître.

La résistance des masses et des leaders démocratiques à la militarisation de la France réveilla naturellement les luttes des partis politiques. C'était fatal, inéluctable. Et c'est un bien, car ces luttes obligent à la critique et empêchent de s'endormir dans le farniente du pouvoir. Un pays où il n'y aurait pas de partis politiques en lutte les uns contre les autres ou serait bientôt la proie d'une autocratie, ou disparaîtrait dans la mort. La critique est en effet l'élément par excellence de la vie et du progrès humain.

En Grande-Bretagne, le changement de vie que provoqua la guerre fut bien moindre qu'en Allemagne et qu'en France. Le processus fut différent, à cause de l'insularité de ce pays. Et ce n'est pas là une des moindres leçons de cette guerre qu'une nouvelle démonstration par les faits du très grand rôle que jouent les conditions géographiques dans la vie des peuples. La guerre rompit très peu la vie habituelle de la Grande-Bretagne surtout dans les premiers mois. Le commerce, l'industrie, la vie de travail et de plaisir y continuèrent à peu près comme avant. Ce ne fut qu'au bout de quelques mois que le fléau de la guerre se fit vraiment sentir sur le peuple anglais. Le Parlement avait bien, dès les premiers jours d'août, voté un acte de défense du Royaume, qui supprimait en fait *toutes* les libertés, — liberté de la presse, liberté de la parole, publicité de la justice, *habeas corpus*, etc., — mais il ne fut appliqué qu'avec une extrême prudence et d'une façon insensible. La vie fut d'autant moins modifiée qu'il n'y eut pas de mobilisation des hommes propres au service, puisqu'il n'y avait pas de service obligatoire.

Pour trouver une armée, le Royaume-Uni dut recourir au recrutement volontaire. A la vérité, il faut entendre cette expression dans ce sens qu'aucune coercition légale n'était employée pour pousser les hommes à s'enrôler. Mais diverses forces agirent sur les hommes pour provoquer les engagements. Les idées du devoir patriotique et de l'exemple à donner, le souci de l'opinion publique agirent fortement sur les déterminations des membres des classes aristocratiques et bourgeoises. Pour la classe prolétarienne, un des facteurs les plus influents fut certainement les conditions économiques. La solde et les allocations aux femmes et enfants étaient satisfaisantes. Puis parmi la classe patronale beaucoup pesèrent de toute leur puissance sur leurs ouvriers, sur leurs employés, leurs domestiques, pour les faire s'engager. Ils diminuèrent les salaires et parfois allèrent même jusqu'au renvoi. D'autre part, il en était d'autres qui s'opposaient à l'engagement de leurs employés, parce que cela troublait leurs affaires. Il importe que nous relevions ces phénomènes sociaux, car d'eux ressort ce grand enseignement : la liberté effective n'existe point quand il y a dépendance économique. Il faut l'égalité économique pour que règne la liberté réelle. Comme l'a dit La Boétie, il y a bientôt trois siècles : « Qui est pauvre est esclave ».

Cependant en ce système de volontarité, nous devons d'autre part constater un progrès sur le système de l'obligation légale, avec sanction pénale. C'est un progrès parce que la sanction pénale, c'est-à-dire la crainte, n'y existe pas ; parceque l'individu obligé de choisir agit sous sa propre responsabilité après avoir pesé plus ou moins les conséquences de ses actes. Pour tout dire, ce système de volontarité, d'action librement choisie élève l'homme au lieu de le réduire au rang d'une machine, d'un rouage mécanique. Le recrutement volontaire a donné à l'Empire britannique, tant en Europe que dans ses Dominions et tant pour la marine que pour l'armée de terre, plus de cinq millions d'hommes ! C'est un résultat qu'on ne saurait trop mettre en lumière, car il montre à quel degré de développement politique est arrivé cet Empire où tant d'hommes ont eu assez notion de leurs intérêts collectifs pour faire *volontairement* le sacrifice de leur vie dans l'intérêt de la liberté de tous.

Le principe de volontarité a pour conséquence la nécessité, pour les dirigeants, de convaincre la masse de l'utilité de telle ou telle action. On ne peut plus l'imposer, il faut persuader de la faire. Cela oblige à l'usage de la presse et des conférences et des réunions publiques ; c'est-à-dire que cela oblige à intensifier la vie politique. Et il s'en suit l'obligation d'un régime parlementaire réel, avec un parlement qui contrôle effectivement les actes du pouvoir ministériel. Au commencement de la guerre, quelque atteinte, sous le nom de trêve entre les partis, fut portée à ce strict régime parlementaire. La censure jugula partiellement la presse ; le contrôle du Parlement fut diminué sous prétexte que tout ne pouvait être dit. Il y eut tendance, comme partout, mais à un moindre degré, à un retour aux formes autocratiques de gouvernement. Des conditions régressives de l'environnement tendaient à provoquer une régression des modes gouvernementaux. C'est là un phénomène sociologique qui se représente toujours.

Cependant l'intense vie politique, qui imprègne toute la nation britannique, fit que la majorité de la nation s'opposa longtemps avec la plus grande énergie au service obligatoire, à des mesures de coercition que préconisaient quelques journaux et quelques associations. Ce ne fut point au commencement de la guerre que l'obligatoriété du service militaire fut réclamée, mais seulement quand le temps en s'écoulant eut permis à la guerre de faire sentir sa griffe sur les Iles Britanniques.

Tandis qu'en France, plus la guerre durait, plus la vie ordinaire tendait à se rétablir, plus en Angleterre la vie ordinaire tendait à se modifier. La puissance politique des éléments conservateurs semble alors croître. Comme en France et en Al emagne, ils tentèrent d'utiliser la guerre pour leurs buts individuels et de classe. Mais comme en France, ils ont rencontré la résistance des forces démocratiques et il semble qu'en France comme en Grande-Bretagne, ces forces démocratiques ont triomphé quoique ce soit sous des modes différents.

Les forces de réaction qui menaient la bataille en faveur du service obligatoire finirent par l'emporter en avril 1916. Mais leur victoire, sous le point de vue réactionnaire, était en fait absolument énervée par la longue résistance des démocrates. C'est une victoire sans lendemain. A la vérité, l'obligatoriété du service n'augmentait que très peu le nombre des soldats ; mais le principe était admis et alors, selon les besoins, il serait possible de reculer l'âge limite.

Le mouvement pour le service obligatoire, qui a fini par triompher, a été provoqué par les conservateurs plus, à la vérité, dans un but capitaliste que dans un but national. Les libéraux et les travaillistes, qui en étaient adversaires, le furent aussi plus dans un intérêt individuel et de classe que dans un intérêt national. Pourtant ces derniers, en soutenant le principe de la volontarité, soutenaient les principes de liberté et de démocratie que combattaient véritablement les éléments conservateurs.

Chose digne d'être notée, les deux partis, dans leurs controverses pour et contre, s'appuyaient surtout sur un fait unique : la jugulation de la grève des ouvriers des chemins de fer en France, en 1910. On se rappelle cette grève : la mobilisation militaire des ouvriers et employés la brisa. De là les conservateurs tirent cette conséquence : le service obligatoire nous permettra de dominer les Trade unions et d'arrêter les grèves si menaçantes. Quant aux radicaux et travaillistes, ils en tiraient une conséquence semblable : Nous ne voulons pas du service obligatoire pour ne pas être asservis par les capitalistes.

Lorsqu'on va au delà des apparences de la grève française de 1910, on voit l'effritement de la base sur laquelle s'appuient conservateurs, libéraux et travaillistes. En effet, la mobilisation illégale, absolument illégale des employés et ouvriers de chemin de fer, ne réussit que par suite de la faiblesse syndicale des ouvriers et employés. Si *tous* les cheminots avaient été syndiqués, au lieu d'un faible pourcentage, le décret illégal de mobilisation eut agi comme cautère sur jambe de bois. Nul n'y eut obéi, même s'il eut été légal d'ailleurs. Et on n'eut pas pu ni osé l'appliquer. On n'applique jamais une loi ou un règlement quand ceux qui l'enfreignent sont des dizaines ou des centaines de mille. En apparence la grève des cheminots français de 1910 échoua à cause du décret ministériel : en réalité, elle échoua à cause de la faiblesse syndicale.

Le service obligatoire en Grande-Bretagne n'affaiblira point le trade unionisme qui constitue une des pierres fondamentales sur lesquelles repose tout l'édifice démocratique britannique (1).

La puissance des éléments conservateurs semble croître pour diverses raisons. L'une d'elles est le manque d'esprit d'égalité qui existe en Grande-Bretagne. La différenciation sociale des classes y est bien plus prononcée qu'en France. En Grande-Bretagne, la classe noble se renouvelle par des apports fréquents de la bourgeoisie. Détentrice de la propriété foncière, fortement intéressée dans l'industrie et le commerce, elle joue un rôle politique assez grand, alors qu'en France, la même classe voit son rôle réduit, presque être négligeable. Ce phénomène social est dû au régime de propriété. La conséquence en est que la Grande-Bretagne manque d'une forte et solide classe paysanne, petite propriétaire attachée au sol et à l'âme démocratique, égalitaire. La France possède cette classe qui est l'immense réservoir où s'alimente la vie du monde ouvrier et du monde intellectuel,

(1) La vérité de cette déduction que je disais en décembre 1915 à mon auditoire de Birkbeck College a été prouvée en décembre 191, quand M. Lloyd George devint Premier Ministre. Il promit, en effet, aux travaillistes la réalisation de diverses de leurs demandes. Ce fait montre que le Ministre reconnaissait la puissance du Trade Unionisme, non diminuée par le service obligatoire.

qui sont les pierres fondamentales de la grandeur et de la force de la France.

Bien que l'esprit politique existe en tous les cerveaux des citoyens britanniques, on peut constater que les classes ouvrières ne s'intéressent pas beaucoup à la vie politique. Les conditions économiques et professionnelles semblent seules les préoccuper. Elles laissent la direction politique aux classes aristocratiques et bourgeoises qui fournissent la plus grande partie du personnel parlementaire. Il y a des causes diverses à ce fait sociologique : 1° Le régime de propriété, en poussant à l'émigration, fait que ce sont les éléments les plus imbus d'esprit de liberté, de critique, d'égalité, qui émigrent, d'où appauvrissement du pays même en hommes, les meilleurs et les plus énergiques ; 2° Le régime de grande liberté politique empêche le prolétariat de sentir avec acuité le besoin de s'intéresser de près à la vie politique ; il y a une certaine quantité de bourgeois et de nobles qui sont chargés de cela, c'est leur besogne ; 3° La faiblesse d'imagination et la lenteur de compréhension de la majorité du peuple anglais.

A quoi ce manque d'intellectualité est-il dû ? Selon moi, il est la résultante du genre d'éducation et d'instruction. Les jeux, les sports ont trop pris la place des études et des travaux intellectuels. Il s'en suit une paresse d'esprit qui, en vertu de la loi naturelle du moindre effort, s'entretient elle-même et tend à croître. L'Anglais, de la classe moyenne, n'attache pas à l'instruction, aux connaissances scientifiques ou littéraires, la même importance qu'on y attache sur le continent. Il faut garder une proportion entre les sports et les travaux intellectuels de façon à développer l'animal humain en toute son ampleur et sa beauté physique et intellectuelle. La France et la Grande-Bretagne l'ont souvent oublié, la première en négligeant les sports, la seconde en négligeant les études intellectuelles. Cette prédominance des sports a maintenu en l'âme britannique un certain esprit de brutalité dont on trouve des effets non seulement dans le prolétariat, mais encore dans les classes dites supérieures. Elles acceptent et trouvent bien, par exemple, l'éducation des grandes écoles, où l'on conserve pieusement le système des punitions corporelles.

Les coups, comme punitions, abaissent réellement la dignité de ceux qui les reçoivent et de ceux qui les donnent. Il y a là une diminution morale plus grande encore pour le maître que pour l'enfant. Ce maintien des châtiments corporels dans les écoles de l'aristocratie et de la bourgeoisie est un simple résidu des idées bibliques de l'œil pour œil et de dent pour dent. C'est une survie des conceptions barbares de l'antiquité. C'est aussi l'indice certain que les éducateurs croient que la crainte est la manière la meilleure pour éduquer et diriger les hommes. Et en cela, les éducateurs, qui recourent aux punitions corporelles et autres, appartiennent à la même catégorie psychologique que les militaires allemands écrivant la théorie du terrorisme dans *Kriegsbrauch in Landskriege*, et en réalisant la pratique dans l'assassinat légal de miss Cavell.

L'amour britannique pour les punitions est un phénomène sociologique très intéressant, car il montre que les morts d'il y a des milliers d'années, les morts de la petite et barbare Judée dirigent les hommes du xxe siècle. C'est une constatation plutôt douloureuse pour le penseur qui aime le progrès et elle doit être plus douloureuse encore pour le Chrétien qui vénère ces paroles du Christ : « *Ne condamnez point afin de ne pas être condamné. Que celui qui n'a pas péché lui jette la première pierre* ».

D'autres facteurs interviennent ainsi pour engendrer cette lenteur intellectuelle des citoyens britanniques. Peut-être le tabac, qui est un narcotique, doit-il être incriminé car on fume à l'excès dans le Royaume-Uni ? La femme anglaise est plus intellectuelle en général que l'homme anglais. Il doit y avoir aussi des causes anthropologiques, car il n'est pas douteux qu'on constate des différences notables de rapidité de compréhension et d'imagination entre l'Anglais, le Gallois, l'Ecossais et l'Irlandais.

Enfin, quoiqu'il en soit, la lenteur intellectuelle engendre la lenteur dans l'action et la faiblesse dans la prévision. Ce sont ces deux caractéristiques qui ont conduit à la politique « d'attendre et voir », qui fut le grand principe du Gouvernement britannique pendant cette guerre. L'insularité du pays a permis son application sans qu'il en résulta un danger mortel pour lui. La conséquence de cette politique est la prolongation de la guerre, car l'Empire britannique n'a point donné rapidement l'effort de toute sa puissance. Il ne l'avait même pas donné après deux ans de guerre. Il résulte de cette prolongation de la guerre un accroissement considérable des pertes en hommes et en argent pour tous les belligérants. Il est vrai que comme compensation la ruine de l'Allemagne est d'autant plus profonde et que de là il ressort des avantages pour l'industrie et le commerce britanniques. Une autre conséquence de la prolongation de la guerre est l'engendrement, chez toutes les nations en guerre, d'une véritable situation révolutionnaire par suite de l'appauvrissement et des souffrances. En effet, les antagonismes de classes s'exaspèrent, les intérêts se heurtent ; en même temps, l'état de violence au milieu duquel les hommes vivent retentit sur les mentalités et développe en elles un esprit de violence que le temps de paix tendait à abolir.

La politique « d'attendre et voir » a aussi pour causes les différences d'opinion, à propos de la guerre, qui existaient en Grande-Bretagne, surtout au commencement de cette crise mondiale. Le peuple français se leva comme un seul homme, ayant une même âme, quand il vit que le Gouvernement allemand lançait ses armées contre lui pour l'asservir. Le peuple belge agit de même. Mais en Grande-Bretagne, la situation fut autre. Comme l'a dit M. Lloyd

George, si le 31 juillet 1914, on eut fait dans le Royaume-Uni un referendum, pour savoir si ce pays devait entrer dans la guerre imminente, il y eut eu 95 0/0 de votes contre toute immixtion dans la lutte. De puissants financiers de la Cité disaient à ce ministre qu'ils espéraient ardemment que la Grande-Bretagne se tiendrait à l'écart du conflit continental ! La nation britannique ne se sentait pas atteinte. Sa position insulaire lui faisait croire qu'elle était en dehors de la lutte.

Il y avait là une réelle incompréhension de la véritable situation européenne. La guerre déchaînée par les grands capitalistes fonciers et industriels de l'Allemagne visait beaucoup plus l'Empire britannique que la France et la Russie. Les gouvernants allemands voulaient l'hégémonie mondiale et ils ne pouvaient y arriver qu'en détruisant la puissance britannique, son indépendance et ses mœurs de liberté.

Ils comptaient d'ailleurs arriver à cette hégémonie en deux étapes : 1° l'hégémonie européenne, obtenue par l'écrasement de la France et de la Russie en 1914 et grâce à la neutralité de la Grande-Bretagne ; 2° dix à vingt ans plus tard, l'hégémonie mondiale par l'écrasement de la Grande-Bretagne, grâce à l'aide des forces de toute l'Europe continentale asservie.

Une des raisons de l'incompréhension du peuple de Grande-Bretagne est historique : l'intangibilité de ce pays, dans le passé, grâce à son insularité, et comme conséquence, son triomphe sur les autres puissances continentales. On ne percevait pas que les conditions étaient changées à cause des progrès de la science, et que l'intangibilité était chose du passé. Le manque d'intellectualité de l'âme britannique explique cette incompréhension.

Heureusement pour l'avenir de l'humanité, l'Allemagne viola la petite Belgique, dont la neutralité était garantie par la signature du Gouvernement anglais. Et cela changea complètement le sentiment anti-guerrier de la population. La majorité, sans avoir conscience que c'était son intérêt, par pur sentiment de loyauté et de justice, se prononça pour la guerre, et en se faisant, elle scellait la défaite de l'Allemagne. Si la majorité de la nation sentait la nécessité de l'écrasement de la puissance allemande avec son esprit autocratique, il y eut une forte minorité qui pensait différemment parce qu'elle ne réalisait pas la situation. Sous l'influence du temps, cette minorité s'affaiblit, mais maintenant encore elle est assez importante par son nombre et sa valeur pour qu'on en tienne compte. Elle est surtout composée de démocrates, l'élément conservateur étant tout entier pro-guerrier.

Il faut attribuer l'attitude de cette minorité pour une bonne part aux idées chrétiennes. Ces personnes sont plus ou moins partisans de la non-résistance au mal par la violence et cela en amena quelques-unes à défendre l'idée de la paix à tout prix. C'était prêter le flanc aux attaques du parti conservateur qui n'y manqua point. Il parut ainsi croître en importance, en même temps que semblait diminuer la force du parti démocratique. Outre que ces différences d'opinion sur la guerre diminuaient la liberté d'action du Gouvernement britannique et en une certaine mesure expliquent sa politique « d'attendre et voir », elles révèlent dans toutes les classes de la population une étroitesse de conception résultante du manque d'intellectualité. Seules quelques individualités éparses perçurent que la guerre mondiale était bien plus qu'une lutte d'intérêts économiques. La force des choses l'avait transformée en une lutte entre deux principes politiques, entre deux morales : celle reposant sur la liberté et celle reposant sur l'autorité et la crainte.

La guerre, en durant, a fait sentir fortement ses griffes sur la population britannique. Elle a vu les inconvénients de sa politique d'atermoiements, « d'attendre et de voir ».

Tous comprirent alors qu'il s'agissait d'une lutte de vie ou de mort. Aussi la minorité alla en s'effritant.

Cependant, il se trouve que nonobstant les erreurs de conception de cette petite minorité démocratique, sa résistance aux prétentions de la classe capitaliste foncière et industrielle a joué et joue un rôle social éminemment utile. Elle maintient l'esprit et la politique de liberté. Je dirai presque qu'elle sauve la démocratie européenne de sombrer dans le militarisme et dans l'autocratisme chers aux classes capitalistes de tous les pays.

A ce point de vue, l'action des ouvriers et de leurs trade unions aura une heureuse et considérable influence de beaucoup supérieure aux petites nuisances momentanées qui ont pu en résulter. Il n'est point douteux qu'il y ait eu de ces nuisances, parce que les trade unions ont continué leur politique dans les mêmes conditions que s'il n'y eut pas de guerre.

Durant la paix, au travail intense des ouvriers, le patronat répondit en diminuant les salaires. La riposte ouvrière fut : la réduction de la production de chaque ouvrier. Peu à peu l'habitude de réduire la production se prit, car c'était le seul moyen pour les ouvriers de maintenir leurs salaires à un taux suffisant pour leur très modeste vie. Lorsque la guerre vint, l'intérêt collectif était une intensification de la production dans les munitions. Les ouvriers ne le comprirent point. Le pli de la production réduite était pris ; ils le continuèrent. Et ainsi les Alliés et la nation britanniques récoltèrent ce que la classe capitaliste avait semé. La collectivité subit les néfastes conséquences de la politique d'intérêt de classe suivie par le capitalisme.

La grève des mineurs de South Wales en 1915 illustre encore ce même phénomène, bien que ce soit d'une manière différente. Cette grève, contre laquelle tant de gens de toutes opinions politiques fulminèrent, est un des actes les plus utiles qu'une collectivité ouvrière ait jamais commis. Les mineurs défendirent leurs intérêts exactement comme le font chaque jour de cette guerre les capitalistes qui s'enrichissent. Mais de cette défense d'intérêts particuliers, un immense enseignement ressort : d'abord la force des prolétaires organisés en leur syndicats ; puis, ce qui est plus important encore, le rôle énorme joué par le travail manuel, même son indispensabilité. Combien alors apparaissait mesquin le rôle des propriétaires miniers, fonciers et autres ! Tout le monde qui réfléchit eut conscience que la collectivité britannique, que l'humanité entière pouvaient vivre sans ces propriétaires, tandis qu'elle ne pouvait pas vivre sans ces ouvriers. L'enseignement est un des plus grands que je sache.

La loi sur les munitions, qui a été faite pour obtenir une modification de la politique ouvrière, a en grande partie échoué. La grève des mineurs de South Wales et bien d'autres incidents l'ont montré. La non-application de cette loi *a été* la règle générale, dès que les infragants étaient en nombre. Une fois de plus, on put enregistrer ce fait : une loi n'a de valeur qu'à la condition que la majorité des gens auxquels elle s'applique l'acceptent bénévolement. Si ceux qui l'enfreignent sont forts et nombreux, on ne l'applique pas. Et il en ressort cette leçon : La puissance d'une loi repose non dans la sanction et la force gouvernementales, mais dans son acceptation volontaire et libre par la majorité de la collectivité.

L'inapplication partielle de la loi sur les munitions est aussi une illustration de cette morale de notre grand penseur, le bon fabuliste La Fontaine :

> Selon que vous serez puissant ou misérable,
> Les jugements de cour vous rendront blanc ou noir.

La loi sur les munitions ne pouvait avoir d'action heureuse sur les ouvriers, parce que c'était un acte unilatéral, au détriment d'une classe et sans aucune compensation. L'esprit politique de la classe ouvrière était trop développé pour s'y laisser prendre, même si de leurs leaders l'avaient sanctionnée. Pour que cette loi fut opérante, il eut fallu qu'elle fut bilatérale, c'est-à-dire qu'elle eut une contre-partie atteignant la classe capitaliste. Une nationalisation partielle des fortunes, des propriété minières et de transports eut enlevé toute possibilité logique aux ouvriers de résister à la loi sur les munitions. Ce ne fut pas le cas, parce que dans les conflits entre les classes capitalistes et prolétariennes, l'Etat est toujours en faveur de la classe capitaliste. Il ne cède que quand il voit qu'il ne peut faire autrement à cause de la force des ouvriers. Le sociologue constata ce phénomène une fois de plus, en les tragiques circonstances de la guerre mondiale où les destinées de la civilisation se jouent.

En fait, il s'agit toujours de conflits entre des forces, et c'est seulement la force qui décide. Aucune idée de justice ne préside aux solutions, aux compromis atteints.

Grâce à sa lenteur intellectuelle, le citoyen britannique est moins sujet que le Français, par exemple, à l'emprise de la piperie des mots. Ayant d'autre part un esprit politique plus développé par suite d'une pratique plus longue de la vie politique, l'ouvrier anglais, ou, pour être plus exact, l'ouvrier gallois et écossais se sont montrés aussi réalistes, aussi soucieux de leurs intérêts individuels et de classe que se montraient de leur côté tous les membres de la classe capitaliste. La conséquence en fut des conflits dont l'importance sociologique doit être notée, car il en résulta l'arrêt des forces autocratiques dans leur essai de profiter de la guerre La démocratie fut sauvée de la tentative de militarisation avec laquelle on voulait la tuer.

Si les partis démocratiques de Grande-Bretagne purent sauver la démocratie du naufrage, sans grande nuisance pour ses Alliés et la nation, c'est dû à la position insulaire de ce pays. Les démocrates français n'auraient pu le faire dans les mêmes conditions, à cause de l'envahissement du pays par l'ennemi. Vous voyez qu'à chaque instant, nous sommes amenés à constater le rôle énorme que les conditions géographiques jouent dans les phénomènes sociologiques. Ceci prouve encore que dans l'univers tout se tient, tout s'enchaîne. Dans le temps et dans l'espace, tout est indissolublement lié. Tout acte a des conséquences se développant à l'infini, longtemps même après que l'acte a été perpétré. Et dans cette chaîne sans fin de causes engendrant des effets, qui eux-mêmes sont des causes à leur tour, l'inexistence d'un chaînon suffit pour tout modifier, tout altérer. L'univers est un tout solidaire. Etres et choses sont inéluctablement déterminés parce qu'ils sont le produit nécessaire des multiples conditions préexistantes. Voilà encore une des leçons de la crise gigantesque et sanglante que l'humanité traverse.

CHAPITRE V

Avant même que les armées ne pénétrassent sur le territoire ennemi, tous les gouvernements censurèrent les correspondances télégraphiques ; en Allemagne même, toutes les correspondances furent arrêtées à la poste et retardées. Dès que les hostilités eurent commencé, la censure fut établie partout, censure postale, télégraphique (1) et téléphonique aussi bien que la censure de la presse.

Chez tous les belligérants donc, les libertés bien petites dont ils jouissaient devinrent encore plus petites.

Naturellement, il y eut encore, en cette censure, des différences selon les divers pays. Là, elle fut très stricte ; ici, elle fut très relâchée ; et ailleurs, tous les degrés intermédiaires purent être constatés. Tout d'abord, elle fut en France excessivement dure : les soldats — et il ne faut pas oublier que c'étaient tous les hommes de 20 à 46 ans — ne pouvaient écrire que des cartes postales ou des lettres ouvertes. En Allemagne, ce fut la même chose. Et lorsque la Bulgarie entra à son tour dans la Guerre Mondiale, elle prit des mesures identiques. Elle les exagéra même, sans doute par crainte de troubles et de révoltes intérieures, car *toutes*

(1) En temps de paix, la censure télégraphique existe partout, mais elle est discrètement appliquée, quoique parfois d'une façon stupide et nuisible.

les lettres devaient être remises ouvertes à la poste. Bientôt on constata partout que la censure de toutes les correspondances était un travail énorme, occupant un personnel si nombreux, qu'il était impossible de le faire sans arrêter complètement la vie des nations. Alors on eut recours au système du retardement des correspondances, de 24, 48 heures, ou même davantage. Et on ne censura plus que de temps en temps, prenant les lettres au hasard.

Le temps s'écoula et, sous la pression de l'opinion publique, du Parlement, de la presse, la censure postale tendit, en France, à s'atténuer. Les journaux des pays neutres purent entrer librement. Cependant, selon les circonstances de guerre, sur le front, la censure se faisait plus ou moins stricte et aussi, selon les censeurs, dans les divers districts postaux. En fait, après la première année de guerre, on n'ouvrit plus les lettres des Poilus qui d'ailleurs ne se privaient pas d'appeler un chat un chat et un Rollet un fripon.

On sait que tout détenteur de pouvoir est fatalement poussé à en abuser et à commettre des actes de prépotence. Nos censeurs ne s'en privèrent point. D'après la loi française, il ne devait y avoir qu'une censure militaire, c'est-à-dire relative aux opérations de guerre. Souvent cela fut oublié de nos censeurs qui coupèrent, caviardèrent, arrêtèrent les lettres à tort et à travers et illégalement. Ainsi, dans une lettre écrite d'Angleterre à un sous-officier français, le censeur coupa tout ce qui concernait la grève des mineurs de Galles ! L'inanité de cette mesure illégale saute aux yeux ; mais nous devons en même temps constater qu'elle est bien dans la nature de la censure. On n'a jamais vu et on ne verra jamais une censure intelligente.

Alors qu'en France plus le temps passait, moins la censure se faisait stricte, en Grande-Bretagne, le processus se fit en sens contraire. Tout d'abord, la censure postale fut, à l'entrée comme à la sortie du pays, quasi inexistante. Des Iles Britanniques chez leurs Alliés et *vice versa*, lettres et journaux passaient sans être visités. Ce qui allait chez les neutres ou ce qui en venait ne subissait le plus souvent aucune inspection. Mais peu à peu, la censure se fit sévère et, après un an de guerre, on put dire que presque toutes les correspondances des neutres étaient visitées et portaient la bande, maintenant célèbre dans le Royaume-Uni : « Opened by the censor ». Même les lettres émanant de France sont ouvertes de temps en temps.

Sur le front la censure anglaise fut et est toujours stricte. Les soldats et officiers ne devaient rien faire connaître de ce qu'ils voyaient. C'était une prétention ridicule, car on ne peut empêcher la lumière de percer les plus obscurs brouillards ! Toutes les lettres du front sont ouvertes. Des mots sont coupés, des phrases enlevées. Les censeurs allèrent même jusqu'à gratter sur les cartes postales illustrées les noms des villes dont des vues étaient représentées. Ils s'imaginaient ainsi empêcher de savoir où était l'auteur de la carte ! Seulement ils oubliaient, comme le singe de la fable, d'éclairer leur lanterne : ils laissaient le nom de l'église, du monument, du site représenté, et il était assez facile de trouver le nom de la ville ! Il y a dans la censure postale des choses qui relèvent de l'opérette bouffe. Ainsi, les correspondances imprimées (journaux, livres, etc.) sont interdites entre la Grande-Bretagne et les neutres d'Europe. Elles ne le sont pas entre la France et les neutres, ni entre la France et l'Angleterre. Les particuliers en France ne peuvent pas recevoir de journaux austro-allemands ; mais des particuliers en Angleterre le peuvent ! La censure anglaise ouvre toutes les correspondances d'Amérique, la censure française ne le fait pas. En vérité, je le répète, il est impossible à la censure d'être intelligente. C'est contraire à sa nature.

C'est en Allemagne que la censure fut la plus stricte, la plus méthodique, et on peut, je crois, dire qu'elle fut sensiblement au même étiage depuis août 1914. Peut-être aurait-elle tendance à être plus sévère qu'elle ne l'était au début, surtout en ce qui concerne la correspondance des neutres. Ainsi certaines lettres, en 1915, pour aller de Berlin à Genève, ont mis trois et quatre semaines ! En Alsace-Lorraine, la correspondance, tant pour l'intérieur de la région que pour le reste de l'Empire allemand, ne fut autorisée qu'à condition d'être ouverte. Cette censure stricte n'empêche pas la vérité d'être connue au dehors et au dedans de l'Allemagne. Nulle loi, nul règlement n'arrêtent la lumière. Elle finit toujours par filtrer. La censure, comme toutes les fonctions gouvernementales, est exercée par des hommes : il est loisible à ces hommes de nullifier les décisions de leurs chefs en ne censurant pas ou en censurant mal ce qui se passe sous leurs yeux. Et ainsi on peut voir des prisonniers allemands en France recevant des lettres où leur famille se plaint d'une grande misère, du manque de vivres, etc.

Quels que soient l'organisation et l'ordre allemands, il y a des trous dans la censure par où passent quelques rayons de lumière de la vérité. Pouvait-il alors en être autrement en Autriche-Hongrie où jamais ne brilla l'organisation ? Evidemment non, aussi la censure se montra-t-elle très irrégulière en ce pays. En Russie aussi, et là pourtant, toutes les lettres étaient ouvertes, celles adressées aux pays alliés comme les autres, plus que les autres même peut-être, car il importait à la bureaucratie russe de mettre la lumière sous le boisseau. Elle ne désirait nullement que les Alliés connaissent la façon autocratique dont elle usait vis-à-vis des Polonais, des Finlandais, des Juifs, des Lettons et des Ruthènes.

En Italie, la censure fut très sévère : toutes les lettres qui sortaient du pays furent censurées, même celles adressées aux pays alliés.

La censure postale et télégraphique ne se contentait pas d'atteindre tout ce qui émanait des belligérants pour les neutres ou des neutres pour les belligérants. En effet, les correspondances de neutres à neutres furent censurées. Tous les câbles télégraphiques transocéaniques se trouvèrent dans les mains des Alliés occidentaux et principalement des Anglais. Par suite, tous les télégrammes passèrent sous l'œil des censeurs, quelles que fussent leur origine et leur destination. Il en fut de même des correspondances postales. La Suisse, par exemple, ne reçoit plus rien d'Espagne, d'Amérique, de Roumanie, sans que ce ne soit visité par les censures française, italienne ou autrichienne. La même inspection censorale a lieu pour les correspondances postales adressées aux pays scandinaves, à la Hollande, en Espagne ou en venant. La Suisse a fait des remontrances officielles aux puissances belligérantes à propos de cette incursion sur sa souveraineté et elle a demandé aux autres neutres de se joindre à elle.

La nuisance de la censure et du retardement des correspondances est très sensible pour les relations commerciales et autres ; ce qui une fois de plus montre combien l'autorité est malfaisante. Cette guerre mondiale a réduit les libertés de tous, même de ceux qui n'appartiennent pas aux nations belligérantes. Mais heureusement l'axiome de physique mécanique, qui dit que toute action est suivie d'une réaction, est aussi vrai en sociologie. C'est pourquoi on constate partout que cette réduction des libertés a fait croître l'amour de la liberté. On en a vu et on en voit chaque jour le prix.

D'ailleurs la censure de la presse vient s'ajouter à la censure postale pour faire mieux percevoir le prix de la liberté. Elle varie dans son application selon les pays, belligérants ou non, car elle fut aussi établie chez les nations neutres d'Europe : Suisse, Hollande, Roumanie, etc.

En Allemagne, elle fut très stricte, bien qu'elle ne fût pas toujours préventive. Il est rare que les journaux paraissent avec des espaces laissés en blanc. L'autorité militaire exige en effet que les articles supprimés soient remplacés par d'autres. Dans des articles, des lignes, voir de simples mots, sont supprimés. Mais d'ailleurs la censure de la presse est facilitée en Allemagne par le fait que la presse, en sa grande majorité, est complètement dans les mains du gouvernement. Mais nous étudierons ce point ultérieurement. La censure est telle qu'au Reichstag, en octobre 1916, des députés de diverses nuances politiques se plaignirent. « La censure, dit l'un d'eux, est devenue chez nous l'instrument docile de la police politique. La presse n'est pas traitée comme un instrument de culture, mais comme une bête brute qu'on dresse avec le sucre et la cravache. » Assez souvent, l'autorité militaire interdit ou suspend la publication de journaux pendant un temps plus ou moins long. L'autorisation de réapparition n'est donnée qu'après promesse d'être « bien sage ». Aussi les publications clandestines fleurissent, feuilles volantes et brochures ; et malgré censure et police, elles se répandent partout. Aux actes de l'autorité, restreignant les libertés, répondent toujours les actes de ceux qui les aiment. En Allemagne, on peut en général acheter ou recevoir librement les journaux de France et de Grande-Bretagne. Il arrive parfois cependant que les numéros soient saisis à leur entrée dans le pays. Le Gouvernement allemand n'a laissé cette liberté que parce qu'il sait que le peuple allemand n'accorderait point foi aux dires des ennemis, à cause même de son accoutumance à admirer l'Etat, à obéir à ses ordres et à croire en ses dires.

En Grande-Bretagne, la presse ne présente pas non plus d'espaces blancs et, si l'on s'en tient à l'apparence des choses, on pourrait croire qu'il n'y a point de censure. N'étaient les questions à ce sujet dans les Communes et aux Lords, questions que commentent les journaux, le menu peuple des campagnes et des villes ignorerait l'existence de la censure. La démocratique Angleterre recourt au même procédé hypocrite que l'autocratique Allemagne. Chez cette dernière, la censure s'exerce sur tout : opérations militaires, vie politique et économique du pays, relations diplomatiques, nouvelles de l'étranger, tout est censuré. Dans le Royaume-Uni, la censure de la presse n'a pas atteint cette perfection, car la vie politique et économique du pays est en dehors de la censure. Mais pour tout le reste : politique étrangère, opérations militaires, nouvelles de l'étranger, la censure fonctionne régulièrement. Le public britannique est tenu dans l'ignorance d'importants articles parus dans des journaux neutres et de ce qui concerne la politique intérieure de la Russie. Les communiqués officiels des puissances ennemies furent, un moment, soigneusement épurés avant que leur impression fût permise. A les lire dans les gazettes, sans aucune indication de coupure, on pourrait croire que leur publication est intégrale. Mais il n'en est pas ainsi. Le proverbe : « Il ne faut pas se fier aux apparences », reste toujours vrai.

Les journaux publiés en Angleterre paraissent sans avoir d'espaces blancs, ai-je dit ; cependant il y a au moins deux exceptions : *L'Indépendance belge* et *La Belgique nouvelle*, paraissant en français à Londres. A diverses reprises, je vis dans ces journaux des espaces blancs au lieu des quelques lignes ou des articles que la censure avait supprimés. Je soupçonne aussi que quelques journaux anglais publient des articles sans les soumettre à la censure, car des hebdomadaires comme le *Labour Leader* ont donné sur la Russie des renseignements qu'on ne trouvait pas dans les grands quotidiens. Le Gouvernement recula sans doute devant l'application du *Defense of the Realm Act*, comme il avait reculé devant son application vis-à-vis de l'*Evening News*, qui publia une nouvelle, bien que la censure, le *Press Bureau*, en eut interdit la publication. De ces faits, tirons cet enseignement : L'homme n'a que les libertés qu'il prend. Jamais l'autorité ne se diminue volontairement en octroyant des libertés.

En Autriche-Hongrie, en France, en Italie, la presse

laisse en blanc les espaces où devaient paraître les articles ou fragments interdits. D'après le vote du Parlement français, la censure de la presse ne devait s'exercer que sur tout ce qui concernait les affaires militaires... Mais on sait que tout individu ou tout corps collectif qui possède un pouvoir tend à en abuser. C'est là une loi de nature. Aussi la censure a outrepassé chaque jour son pouvoir légal. Elle a interdit maints et maints articles purement politiques ; elle a supprimé deci, delà, des lignes, des mots qui étaient de simples critiques des gouvernants. Plus l'écrivain était indépendant, plus il était censuré et s'il n'obéissait pas à la censure, le journal voyait sa publication suspendue ou même supprimée. C'est ainsi que l'*Homme Libre* de M. Clémenceau dut disparaître, mais pour reparaître sous un titre qui était un symbole : l'*Homme Enchaîné*.

Chez tous les belligérants, l'autorité gouvernementale, soit militaire, soit civile, s'arrogea le droit de saisir les journaux et d'interdire leur publication. Cela fut assez fréquent en Allemagne et en France, rare en Grande-Bretagne. Un seul quotidien fut suspendu à Londres pendant quelques semaines. Les interdictions étaient le plus généralement temporaires. Le plus souvent, elles ne concernaient que des journaux de peu d'importance. Les filets des lois arrêtent les petits poissons, mais laissent passer les gros. La puissance est une force qui toujours s'impose. Le Gouvernement anglais n'osant point supprimer le *Labour Leader* et l'*U. D. C.*, l'organe de l' « Union of democratic Control », dont la politique de pacifisme nuisait à sa politique de guerre, en a interdit la sortie du Royaume-Uni : Il pensait ainsi localiser le venin, si venin il y a. Je doute fort, d'ailleurs, que ces procédés d'étouffement de l'opinion réussissent, car j'ai, depuis, vu en France des numéros du *Labour Leader*. A chaque invention de l'autorité pour restreindre l'expansion de la pensée correspond une invention des opposants pour manifester librement leurs pensées.

Chez les neutres d'Europe, la censure directe ou indirecte fut générale, dans le but de réfréner l'expression des opinions, afin de maintenir la neutralité de la presse. C'était réellement une mesure arbitraire de la part des gouvernements : la neutralité gouvernementale n'implique pas la neutralité des habitants et de la presse. Le droit de chacun d'apprécier et d'exprimer son sentiment ou son jugement n'a aucun rapport avec la neutralité d'un gouvernement. L'intimidation résultant de la politique terroriste de l'Allemagne poussa la plupart des gouvernements neutres d'Europe à abuser de leur pouvoir en traitant la presse comme un organe gouvernemental. Elle dut contenir ses sentiments pour les Alliés occidentaux parcequ'ils mécontentaient les gouvernements des Impériaux. La presse dut veiller à ce qu'il y eut une sorte de balance entre les articles pro-impériaux et pro-occidentaux. Je dis une sorte de balance et non pas une balance exacte, car, d'après ce qui m'a été écrit par le Dr Kristian Aars, membre de l'Académie des Sciences de Kristiania, il fallait, pour contenter le Gouvernement allemand, au moins 4 articles en sa faveur contre 3 pour les Alliés d'Occident.

En Suisse, la censure fut plus répressive que préventive. Il y eut des poursuites et des saisies que maints légistes suisses déclarèrent illégales, parce que anticonstitutionnelles. Les journaux Romans organisèrent une résistance énergique qui eut son écho au Conseil Fédéral. Les militaires qui exerçaient cette censure durent mettre une sourdine à leur césarite, c'est-à-dire à leur manie d'autorité.

Dans les pays neutres d'Europe, parlant la langue d'un des belligérants, un autre genre de censure fut organisé : la censure consulaire. Les journaux, qui désiraient être vendus dans le pays voisin belligérant, soumettaient quelques-uns de leurs articles au visa consulaire ! Et naturellement le grand public l'ignorait !

Partout la censure journalistique souleva des protestations. Partout les écrivains s'efforcèrent de la ridiculiser et de la détruire. Ainsi par exemple, en France, dans l'*Homme Enchaîné*, l'article de M. Clémenceau se réduisit un jour à la seule signature de l'auteur! mais tous les hommes politiques, les autres journalistes, les abonnés recevaient cet article sous enveloppe close, et quelques jours plus tard, le *Berliner Tagblatt* le donnait *in extenso*. En Angleterre, les censeurs coupèrent un jour des vers de Browning! Un autre jour, ils interdirent de publier la nouvelle de la destruction des usines à munitions d'Ochta, que tous les journaux de Petrograd avaient donnée! En août 1914, tous les journaux belges publiaient l'arrivée des troupes britanniques sur les sols français et belge, alors que cela était interdit à la presse anglaise! En septembre 1914, les journaux suisses signalaient le débarquement des troupes Hindoues à Marseille, nouvelle qui ne fut publiée à Londres que 15 jours plus tard. En France, la censure interdit la publication des communiqués ennemis. Mais cependant le Français peut les lire s'il achète des journaux suisses ou anglais!

Comme la censure s'exerçait dans des pays divers et dans des villes diverses, par des hommes différents — tot capita tot sententiae — on eut ce spectacle réjouissant de voir le même article autorisé à Paris, interdit à Carcassonne et coupé à Nantes; la même nouvelle venant de Rome, permise à Paris et supprimée à Londres, ou *vice versa*. D'ailleurs, si l'on voulait dresser le bilan des décisions absurdes de la censure dans tous les pays, si l'on voulait relever toutes les coupures irraisonnables qu'elle a exigées, il faudrait plusieurs volumes. La censure de la presse s'est partout montrée insensée. Et si l'on réfléchit tant soit peu, on verra qu'il ne pouvait en être autrement. Il fallait nécessairement, pour l'exercer, une armée d'employés. L'intelligence n'est malheureusement pas l'apanage de tous. Quand l'inintelligence se greffe sur un pouvoir illimité, sans appel, ce qui est le cas du pouvoir censoral, on arrive à des résultats monstrueusement stupides et ridiculement grotesques. En Grande-Bretagne, la censure de la presse et celle de la correspondance furent toujours dans les mains des civils. En France, la censure postale, qui ne s'exerce qu'aux dépens des correspondances de neutres et des soldats, est toujours restée l'apanage des militaires. Durant les premiers mois de la guerre, en France, et durant toute la guerre, en Allemagne, la censure de la presse fut exercée par des militaires. La mentalité spéciale du militaire professionnel accrut les actes de prépotence des censeurs. On peut en juger par cette réponse d'un général allemand, commandant de région, à quelqu'un qui se plaignait de la censure : « C'est nous qui sommes le Ministère, le Bundesrat, le Chancelier et le Reichstag ». (Cité au Reichstag, séance du 24 mai 1916, par M. Liesching.) C'est le sort commun à tous les organismes autocratiques de faire plus de bévues et de maladresses que de choses utiles. La possession du pouvoir conduit toujours inévitablement à la prépotence et à l'hypertrophie du moi.

La censure, en fait, est partout un organisme qui complète la diplomatie secrète, dont la guerre mondiale actuelle est un des hauts faits. Le but de la censure est en réalité — et nous ne devons pas l'oublier, car c'est une des leçons de cette guerre — d'entretenir la masse humaine de chaque pays dans l'ignorance de ce qui est. C'est un des modes de mentir aux peuples, qui, dans la conception des gouvernants, sont des troupeaux ayant besoin de bergers et de chiens. La nuisance de la censure, par l'ignorance même où elle oblige à maintenir le public, est plus grande que les quelques avantages militaires qui en peuvent résulter, si tant est qu'il en résulte.

Une des conséquences de la censure de la presse est d'accroître la responsabilité du gouvernement, car il en résulte qu'il endosse la responsabilité de tout ce qui est imprimé. Rien en effet ne peut paraître sans son autorisation. Et il s'ensuit que tout ce qui est imprimé dans les gazettes revêt un caractère officiel, ou tout au moins officieux ! Mais les plus graves des conséquences de la censure sont : l'entretien de l'atmosphère d'ignorance et l'accoutumance des peuples à se cacher à eux-mêmes la vérité, à s'illusionner. C'est à la censure de la presse en Angleterre qu'incombe en partie la responsabilité de la lenteur avec laquelle le peuple anglais a réalisé la guerre. Il était tenu et il est tenu dans l'ignorance des faits dont il ne connaît qu'une partie, celle favorable. L'ignorance est le pire défaut dans les démocraties, puisque pour se conduire soi-même, il faut juger et décider. Or, on ne peut juger et décider que si l'on connaît. L'ignorance entretient les illusions. C'est une profonde erreur psychologique que de croire que l'illusion maintient la force morale. C'est une erreur psychologique aussi grande que l'erreur physiologique qui fait donner de l'alcool pour donner des forces.

La censure est un narcotique cérébral tout comme l'alcool, la cocaïne ou la morphine. Elle déprime les volontés en entretenant les illusions, en accoutumant les hommes à avoir peur de la vérité. Elle est, comme la diplomatie secrète, en opposition avec les principes démocratiques des gouvernements d'Occident, et, à cause de cela même, elle ne peut que les conduire à faire des faux pas et des erreurs. L'établissement et le fonctionnement de la censure mettent en lumière un côté curieux de la mentalité des dirigeants. Cela prouve, en effet, que les dirigeants s'imaginent être les seuls détenteurs de la vérité et les seuls désignés, de toute éternité, pour la direction du peuple, exactement comme les parents s'imaginent être désignés, de toute éternité, pour la direction des enfants. Ces conceptions sont aussi fausses l'une que l'autre car elles se résument toutes deux en la conception du « dirigeant par droit divin ». Il est impossible alors de ne pas constater une contradiction absolue avec les modes démocratiques de gouvernement qui reposent sur la représentation et la délégation parlementaires, c'est-à-dire sur le système de mandataires devant la justification de tous leurs actes à leurs mandants.

Les dirigeants pensent réellement que le peuple est incapable de se diriger lui-même, incapable de comprendre les faits de la vie et de s'en assimiler l'enseignement, incapable de connaître quelle nourriture intellectuelle et morale il lui faut ; par suite, il faut des « êtres supérieurs » pour choisir et préparer cettte alimentation, à l'exclusion de toute autre ; et ce sont eux, dirigeants, qui sont ces « êtres supérieurs ». Aussi, on put voir la censure supprimer des pensées philosophiques émises des siècles ou des années avant la guerre, couper des déductions sociologiques ou morales, etc. Il est évident qu'un tel état de choses est le symptôme d'un état aigu de césarite, auquel parvient tout détenteur d'une autorité plus ou moins sans contrepoids. Si, en outre, on se remémore qu'avant la guerre, la censure n'existait pas dans les pays d'Occident, qu'après la guerre elle ne pourra pas y subsister, on est nécessairement amené à constater la stupidité d'un tel système qui fait qu'une publication d'idées philosophiques, sociologiques ou morales est bonne ou mauvaise selon l'époque de la publication.

La politique des détenteurs de l'autorité rappelle toujours la bêtise de l'autruche. Ils s'imaginent, en empêchant l'expression des idées ou des sentiments, supprimer ces idées ou ces sentiments. Soit ignorance, soit oubli, ils méconnaissent cette vérité : ce qui génère les idées et les sentiments, ce ne sont ni les idées des autres, ni leur expression, mais ce sont les actes lésant l'individu, lui nuisant plus ou moins. Le verbe ne fait que donner une forme concrète à des idées et à des sentiments épars dans les cervelles humaines. Il joue simplement le rôle de la parcelle de sel jetée en une solution sursaturée et la faisant prendre en une masse cristalline. Restreindre l'expression de la pensée peut aboutir à retarder un peu la concrétisation des idées et sentiments épars dans les masses ; jamais cela ne peut aboutir à empêcher leur production, résultante fatale des actes qui ont lésé les individus. Restreindre l'expression de la pensée aboutit toujours à développer, chez ceux qui sont atteints directement, l'idée de recourir à la violence pour manifester leurs sentiments. Chez la masse atteinte indirectement, cette restriction a pour résultat de laisser les idées et sentiments se développer chaotiquement, inorganiquement et démesurément. Il produit dans l'humanité le même phénomène qui se produit quand on entretient du feu sous une chaudière hermétiquement close. L'eau se vaporise et la pression va croissant jusqu'au moment où, plus forte que l'enveloppe métallique, elle la fait éclater. C'est ainsi qu'on a vu un intellectuel, avocat et professeur, le Dr Frédéric Adler, recourir au revolver et tuer le premier ministre d'Autriche. C'est ainsi... La censure, tant des correspondances que de la presse, est donc loin de remplir le but que se proposent les autorités gouvernementales. Celui qui a observé tant soit peu la psychologie humaine, peut même dire qu'elle va à l'encontre de ce but.

Une fois de plus, on constate la vérité de l'apophtegme de Kant que la détention du pouvoir enlève plus ou moins aux hommes la faculté de raisonnement. Et en vérité n'est-il pas triste qu'au xxe siècle on doive encore répéter ce que J. Milton disait au xviie siècle :

« La censure n'est pas seulement un outrage fait à la dignité humaine, c'est une invention complètement inutile qui n'atteint pas son but... Si l'on craint tant la contagion, il faut renoncer à toute critique... Non, non, Lords et Communes ! Il ne faut pas emprisonner les esprits ; les temps sont venus de parler et d'écrire librement sur toutes matières de public. Dussent les vents de toutes les doctrines souffler à la fois sur la terre, la vérité est en campagne, laissez-la lutter avec l'erreur. Qui a jamais vu que dans un combat libre et ouvert, la vérité fût vaincue? » (*Aeropagitica*).

*
* *

Un autre mode de la politique de mensonge dont fait partie la censure, c'est le système de susbidier les journaux. Il fut pratiqué par tous les belligérants, et surtout par l'Allemagne. Avec une admirable méthode, le Gouvernement allemand usa de tous les moyens pour arriver à ses fins, qu'il n'atteindra d'ailleurs pas. La presse allemande n'exprima plus l'opinion de partis politiques et d'individus divers, elle exprima les volontés et les aspirations gouvernementales. Non seulement les nouvelles, mais des articles de fonds même furent fournis par une agence gouvernementale aux journaux les plus divers, jusque dans les plus petites villes. Il faut façonner l'opinion publique et il n'est aucune autre meilleure manière que de ne laisser arriver à sa connaissance que des nouvelles, des commentaires et des appréciations sélectionnés. Cette œuvre d'obscurcissement des âmes allemandes est menée méthodiquement ; une circulaire officielle et confidentielle, que le *Vorwaerts* publia en octobre 1915, l'a prouvé. Cette œuvre fut aussi poursuivie à l'étranger et dans les pays momentanément occupés par droit de conquête comme la Belgique, la Pologne et le nord-est de la France. Des journaux se créèrent, d'autres furent achetés ou aidés, des écrivains, des journalistes furent subsidiés par les Impériaux, et chez les Scandinaves, et en Hollande, et aux Etats-Unis, et en Grèce, et en Espagne, etc.

Le même système fut d'ailleurs suivi par les autres belligérants, mais avec moins d'ampleur et moins de méthode :

et il en résulta partout du discrédit et de la méfiance vis-à-vis des journaux. Vers la fin de 1915, la bureaucratie française a créé une organisation dite de propagande. Elle l'a établie sur les mêmes lignes que celles employées par l'Allemagne, mais naturellement avec un ordre bien moins précis : les hommes employés n'étaient pas comme les Allemands dressés à l'admiration de l'Etat et à l'obéissance passive. En Angleterre, la propagande est moins le produit d'une action gouvernementale que celui d'actions d'individus et d'associations libres : aussi elle est plus souple, plus variée et, par conséquent, plus influente.

La sélection des nouvelles, le retard dans la publication des télégrammes, les commentaires payés, l'absence d'une critique indépendante, tout cela a agi partout pour enlever toute confiance dans la presse, qui a vu ainsi diminuer sa puissance de direction de l'opinion publique. Nous constatons là une importante conséquence des modes autocratiques de gouvernement. Elle eut été encore plus grande, cette conséquence, si les masses populaires avaient partout su le réel état des choses de la presse. Cependant, beaucoup parmi elles avaient l'intuition de la réalité, à en juger par les conversations et les correspondances. D'ailleurs, il suffisait de lire un journal pour lire tous les autres, car tous se ressemblaient étrangement : effet de la censure sur les nouvelles et les commentaires.

Les intellectuels connurent vite le réel état des choses, et alors, pour échapper partiellement du moins, à la censure gouvernementale de la presse, et exprimer un petit peu plus librement leurs opinions, ils recoururent aux brochures. C'était l'unique moyen de satisfaire leur besoin d'exprimer leur pensée. En quelques pays, les brochures n'étaient pas préventivement censurées, elles pouvaient être poursuivies si elles étaient ou paraissaient être une infraction aux lois de défense. C'est ainsi qu'on vit des juges condamner des brochures à Londres, tandis que ces mêmes brochures circulaient librement à Manchester ou à Glasgow? La défense du pays a des mystères que l'on ne saurait percer. Mais une constatation s'impose : la nuisance de l'autorité qui permet l'existence de tels faits illogiques et irrationnels.

D'ailleurs, la censure des revues, des brochures et des livres dans les pays où elle existait, était moins sévère que celle des journaux. Celui qui pouvait dépenser 3 fr. 50 pour un livre avait le droit de lire ce que ne pouvait pas connaître le lecteur d'une brochure à 0 fr. 25. Celui-ci avait pourtant le droit de prendre connaissance de choses qu'il était interdit de connaître au vulgaire lecteur des feuilles populaires à 0 fr. 05. La connaissance doit être proportionnelle à la richesse, telle est la politique des gouvernements, justifiant ainsi une fois de plus cette idée : le riche jouit toujours de plus de liberté que le pauvre. C'est ainsi, par exemple, qu'une notice à propos de la guerre parut intégralement dans l'*Intermédiaire des chercheurs et des curieux*, et fut émondée d'une phrase dans l'*Humanité*. En Allemagne, les opposants, tant ultra-réactionnaires qu'extrêmes socialistes, recoururent non seulement aux brochures mais encore aux feuilles volantes, à des imprimés qui circulaient clandestinement de la main à la main, comme lettres, au milieu d'autres imprimés, etc., malgré la police et les autorités de toute espèce.

Le nombre des brochures et même des livres qui virent partout le jour en cette période de crise mondiale est tel, qu'il faut remonter à l'époque de la révolution anglaise et à celle de la révolution française pour en trouver l'équivalent. Les grandes crises sociales engendrent toujours un besoin d'exprimer sa pensée et ses idées, et quand la presse est restreinte en nombre, ou non libre, on recourt nécessairement à la brochure. Indépendamment des époques et indépendamment des nations, les mêmes causes produisent des effets identiques.

Cette intensité dans la publication de brochures pour-

exprimer sa pensée presque librement montre quelle force a au cœur de l'homme l'amour de la liberté. L'habitude qu'il avait de jouir de cette liberté lui avait fait oublier peu à peu cet amour. L'accoutumance de la possession d'une chose émousse l'idée et le sentiment de la valeur de cette chose. Pour en sentir tout le prix, il faut en être privé. C'est pourquoi un des enseignements de cette guerre c'est l'appréciation de la valeur de la liberté, une extension de l'amour de la liberté.

*
* *

L'atmosphère d'ignorance créée par la politique de mensonges effectifs ou de mensonges par omission, que pratiquent tous les gouvernements, a une influence démoralisante sur les individus. Les procédés gouvernementaux actuels sont loin d'être une école de moralité. Ils en sont d'autant plus loin qu'aux communiqués mensongers, qu'à la censure, se joint, chez chaque belligérant et chez tous les neutres, un développement extraordinaire de l'espionnage et du contre-espionnage. C'est un assaut de ruse et d'audace dans l'achat des consciences. Où il y a des acheteurs, on trouve toujours des vendeurs, même s'il s'agit de trahir la confiance d'amis et de connaissances. L'âme de Judas est toujours vivante : c'est faire œuvre diabolique que de la tenter.

La guerre oblige les gouvernements à ourdir cette tentation. Aussi voyons-nous là une autre face de l'école du crime qu'est la guerre. Mais sa face sanglante, nous la retrouvons dans la violence de la répression des soi-disant espionnages. A Bruxelles, à Liège, à Londres, à Prague, à Agram etc., sur les fronts de Russie et de France, aux Dardanelles, etc., on fusille des hommes et des femmes qui, pour l'amour de leur patrie ou l'amour du gain, ont espionné. On fusille même sans qu'il y ait espionnage, pour l'aide fraternelle et humaine donnée aux ennemis ou à ses compatriotes et co-alliés ! La mort, toujours la mort : voilà le code militaire, qui ne repose que sur le terrorisme. Seulement, il faut constater que ce terrorisme ne terrorise point. L'amour de la patrie, du gain ou de l'humanité est plus fort que la crainte : et l'espionnage continue, et l'aide fraternelle continue.

De ces faits, une conséquence dérive : l'inutilité des châtiments, qui jamais ne prévinrent un crime ou un acte quelconque. On espère toujours échapper aux pénalités. Ce n'est point par la crainte et la terreur qu'il faut éduquer les hommes, c'est par l'amour. L'homme qui veut être un conducteur d'hommes et un éducateur devrait toujours avoir à la pensée ces maximes de Jésus : « Aime ton prochain comme toi-même. Ne juge pas afin de n'être pas jugé ; ne condamne pas afin de ne pas être condamné ».

L'humanité, au xxe siècle, n'est pas encore arrivée à comprendre la sagesse de ces paroles. Aussi, on condamne toujours. La guerre a même accru le nombre des délits. L'expression de certaines opinions est devenue délictueuse. Par l'ordre de l'autorité, défense d'exprimer une opinion autre que celle qui a reçu l'estampille gouvernementale. On revient aux coutumes contre lesquelles nos arrière-grands-pères s'insurgèrent en nos pays d'occident. Mais, chose à noter, le délit n'existait que si l'auteur était du menu peuple. La même opinion exprimée par un professeur d'université, un avocat, un homme politique, un journaliste, n'était pas délictueuse, tandis qu'elle l'était si c'était un cafetier, un voyageur de commerce, un ouvrier ou un petit employé qui l'exprimait. Et cela se passe en France comme dans les Iles Britanniques. Toujours la morale de notre bon fabuliste dans sa fable : *Les Animaux malades de la Peste.*

Quant à l'Allemagne, la liberté d'y penser, d'y parler et d'y écrire était encore plus restreinte. Maints socialistes,

Alsaciens et Danois, l'apprirent à leurs dépens. Tous ces procédés gouvernementaux : censure, achat de journaux et de consciences, suppression de la liberté d'opinion, ont des conséquences psychologiques et sociales que le sociologue doit noter.

Tandis que les tentations et les offres abaissent les caractères, l'absence des éléments de jugement, par suite de la censure, diminue l'intelligence. La suppression de la critique conduit les dirigeants à la prépotence, à l'infatuation et, par suite, obnubile leur entendement. Ils voient la réussite de leurs tentations et il en résulte chez eux un mépris de l'humanité. Aussi, chez tous, dirigeants et dirigés, il y a diminution de la dignité et de la moralité humaines. Tous ces procédés de gouvernement sont en opposition absolue avec les principes démocratiques. Leur emploi aurait donc pour conséquence de diminuer les forces démocratiques et d'accroître les forces autocratiques si, d'autre part, il n'engendrait pas une réaction ; c'est-à-dire s'il ne provoquait pas, dans les meilleurs éléments humains, un esprit de révolte contre ces systèmes de gouvernement qui enseignent l'immoralité.

La guerre a fait revivre des modes antérieurs de gouvernement. Ils tendaient à disparaître sous l'influence du progrès humain, de la liberté toujours grandissante. En créant des conditions analogues à celles des temps barbares, la guerre a fait reparaître ces manières anciennes de gouverner les hommes. Ce n'est point qu'elles fussent réellement nécessaires, mais elles furent *crues* nécessaires. Le misonéisme, les coutumes traditionnelles, la paresse d'esprit, le désir du moindre effort, firent reprendre ces anciens procédés de gouvernement au lieu de continuer les méthodes du temps de paix, ou de recourir à des méthodes nouvelles.

La facilité avec laquelle tous les peuples subirent ces restrictions de liberté, montre combien il est aisé de gouverner les hommes. De grands mots, de la condescendance et des gestes d'amitié de la part des chefs, et les hommes se font tuer volontiers. Ils sont satisfaits de leurs bergers qui n'ont pas su les préserver du cataclysme actuel. Les hommes oublient trop volontiers que, comme l'a dit Kant, « la possession de la puissance corrompt inévitablement le jugement de la raison ».

*
* *

L'abêtissement des dirigeants se ferait encore plus sentir s'il n'y avait toujours une minorité qui se révolte et résiste avec plus ou moins de force et de succès aux volontés des gouvernements. Ceux-ci sont obligés d'en tenir compte, plus ou moins selon les circonstances.

Dans les événements de cette guerre, on peut saisir cet important phénomène sociologique de l'action des minorités, que ce fussent des minorités populaires ou des minorités gouvernementales.

Il est certain que la majorité du peuple germano-austro-hongrois, tout comme la grande majorité des peuples de France, de Belgique, du Royaume-Uni, de Russie, de Serbie, ne voulait point la guerre. Si on eut fait en juillet 1914 un referendum populaire, masculin et féminin, dans l'Europe entière, sur la question de guerre ou de paix, une majorité écrasante, dépassant partout 80 0/0 et atteignant même 95 et 97 0/0, eut été contre la guerre. Et cependant, la guerre eut lieu : une minorité allemande de capitalistes fonciers et industriels, détenteurs de la puissance gouvernementale, déchaîna ce fléau sur le monde. Usant de toutes les forces que lui donnait la possession du gouvernement, elle trompa les masses populaires, les maintint dans l'ignorance et les poussa à la tuerie et à la boucherie. Et en ce faisant, cette petite minorité de dirigeants obligea les peuples de France, d'Angleterre, de Belgique, de Serbie, à faire à leur tour la guerre pour défendre leurs libertés menacées. Ils ne pouvaient faire autrement.

L'intervention de l'Italie dans la guerre a montré sous une autre face l'action des minorités dans la détermination du cours des événements. Il n'est pas douteux non plus qu'au moins 95 0/0 de la population italienne désirait le maintien de la paix. Les peuples n'aiment — et c'est fort naturel — ni donner, ni recevoir la mort. Ils aiment les travaux de la paix, qui aident à la vie des hommes. Cette volonté du peuple italien pour conserver la paix a agi longtemps pour restreindre aux pures frontières italiennes le théâtre de leur guerre. Elle succomba cependant sous l'effort d'une volonté plus forte, parce que plus agissante, d'une minorité d'intellectuels. Des professeurs, des artistes, des gens de lettres, des avocats, des journalistes, crurent avec raison, pensons-nous, qu'il y avait intérêt pour la nation italienne et pour la civilisation à ce que l'Italie se joignît aux Alliés occidentaux. Et alors ce fut une ardente propagande, très fortement aidée par trois Belges, qui montrèrent le sort de leur pays sous le talon des Impériaux, violateurs de leur signature. A tout bien considérer, il semble que si la neutralité belge n'avait pas été violée, les intellectuels italiens n'eussent pas été soulevés par un même sentiment de défense du Droit, de la Justice et de la Liberté. A nouveau, nous trouvons là une conséquence de l'acte de l'Allemagne, conséquence logique et sur laquelle l'Allemagne ne comptait pas. La minorité intellectuelle italienne ne se borna point à une propagande passive, elle alla jusqu'aux manifestations dans la rue, entraînant les étudiants et la jeunesse toujours prompte aux enthousiasmes. Le Gouvernement royal céda parce qu'il sentit son trône vaciller. Et l'Italie entra en guerre du côté voulu par une minorité du peuple, consciente des intérêts de l'humanité.

Jetons un regard de l'autre côté de l'Adriatique, dans la presqu'île des Balkans. Là, l'évolution politique est en retard, la civilisation, qui fait que les peuples veulent se gouverner eux-mêmes, n'a pas pénétré les masses ignorantes, quelle que soit leur mentalité démocratique. Aussi la minorité gouvernementale, voire un seul homme, le Roi, arrête l'essor du peuple, comme en Grèce, ou lance la nation dans une direction contraire à ses intérêts, comme en Bulgarie. Les mille moyens que les détenteurs du pouvoir possèdent pour tromper les peuples, pour acheter les consciences, pour entretenir l'atmosphère d'obscurité, sont employés sans scrupule par la minorité gouvernementale pour arriver à ses fins. Et la minorité d'opposition, même conduite par un grand homme d'Etat comme Venizelos, est obligée de supporter la volonté royale. Elle la supporte parce que son opposition est purement passive, non agissante comme le fut l'opposition italienne.

On voit là, en des exemples vivants, quelle grande erreur est la théorie tolstoïenne et quakeriste de la non-résistance au mal par la violence. De même qu'en mécanique une action détermine une réaction nécessaire et précise, de même dans la vie, une action de violence oblige souvent à la réaction de violence. Il est malheureusement impossible qu'il en soit autrement si l'on ne veut pas supporter la violence et se soumettre aux volontés de ceux qui en usent. La révolte devient le premier des devoirs, indiqué par le self-respect que chacun doit avoir de sa propre dignité. La résistance au mal sous une forme passive est certainement un mode de révolte ayant sa valeur. Mais, en fin de compte, ceux qui la pratiquent sont toujours, ou obligés d'obéir ou forcés de laisser le mal s'épandre. Ce mode de révolte n'aurait de valeur effective que s'il était pratiqué par la majorité des hommes.

***

La différence entre les événements qui se passèrent en Italie, en Bulgarie, en Grèce, en Roumanie, à propos de l'entrée de ces pays dans la guerre mondiale, montre que l'action des classes gouvernantes est toujours une action de violence, subie par les classes gouvernées. Elle montre aussi que le seul moyen pour les dirigés de se libérer du gouvernement qu'ils trouvent malfaisant est d'user à leur tour de violence, afin de montrer leur force. La leçon est peut-être triste, mais elle est véridique. En somme, la direction de la conduite des peuples appartient aux individus et aux collectivités qui *osent* et ne craignent pas de transformer en actes leurs volontés et leurs aspirations. La parole de Danton : « De l'audace, toujours de l'audace et encore de l'audace ! » est toujours vraie.

Si l'on envisage à ce point de vue les événements qui depuis des mois ensanglantent le monde, on voit très clairement que l'obéissance des peuples est la ruine et la destruction des peuples. Faisons un instant l'hypothèse que le peuple allemand se soit refusé d'obéir à ses chefs en juillet 1914. La guerre n'aurait pas eu lieu. L'humanité n'aurait pas perdu, en janvier 1917, plus de 8 millions de tués et eu plus de 5 millions d'infirmes ! Les centaines de milliards de francs des choses détruites, englouties ou évanouies en fumée n'auraient pas été perdus. Sans doute la révolte du peuple eut amené des tentatives de répression. Mais quelque sanglantes que ces tentatives eussent pu être, elles n'auraient pas coûté au peuple allemand plus d'un million et demi de morts et plus d'un million d'infirmes qu'il a aujourd'hui, du fait de la guerre. Le peuple allemand n'aurait pas eu à supporter la misère qu'il supporte depuis des mois, souffrant dans son alimentation et dans sa vêture. Sa révolte eut été pour lui-même et pour le monde entier une gigantesque économie de vies humaines et de biens. En obéissant en juillet 1914, il allait montrer une fois de plus au monde la vérité de cette morale de La Fontaine :

Hélas, on voit que de tous temps,
Les petits ont pâti des sottises des grands.

On voit donc combien grande aurait été l'utilité de cette révolte, comme elle aurait été bonne pour l'humanité. Et de là dérive cette conclusion : cultivons en nous et chez autrui l'esprit de révolte, sous ses modalités les plus diverses. Souvenons-nous de cette parole qu'affectionnait Benjamin Franklin : « Rebellion to tyrants is obedience to God ».

*
* *

Le grand obstacle à l'idée de révolte et à la révolte — qui sont le sel de la terre — c'est la puissance statale. Jamais, croyons-nous, cette puissance de l'Etat n'apparut aussi lumineusement que dans cette guerre de l'autocratie contre la démocratie. Toutes les restrictions des libertés, toutes les censures, toutes les saisies des chemins de fer et des navires, toutes les militarisations des mâles, tout enfin montra comme les pouvoirs de l'Etat dominent tout dans la nation. La domination fut si forte que, de longs mois durant, les nations libres comme l'Empire britannique, la France, subirent quasi sans murmurer les désordres, la gabegie, les fautes — le prix en était des morts et des ruines — que l'Etat entassait sans se lasser. Il fallut l'incessante action de petites minorités démocratiques, et l'accroissement des fautes et des erreurs pour que les forces nationales populaires de contrôle reprissent un peu de vigueur en face des pouvoirs de l'Etat.

De ces événements, nous devons tirer cette morale : Gardons-nous d'un Etat fort et puissant. Diminuons le plus possible cette puissance qui, inéluctablement, conduit aux abus. Que toujours nous nous rappelions cette parole que Jésus disait à ses disciples : « N'appelez personne votre maître ». Encore une fois, la morale de notre bon fabuliste La Fontaine : « Notre ennemi, c'est notre maître », prouve sa vérité.

La vérité de cette morale est encore prouvée par l'influence bienfaisante de la liberté. Maints faits l'ont montré au cours de cette crise mondiale. Ainsi, durant les quelques 24 heures qui précédèrent la déclaration de guerre de l'Allemagne à la France, certains ministres français, oubliant qu'ils étaient des serviteurs de la nation et s'imaginant être des autocrates, voulaient faire arrêter quelques milliers de socialistes et de syndicalistes pour empêcher, disaient-ils, le sabotage de la mobilisation. Heureusement un homme s'y opposa avec tant d'énergie que le Ministère abandonna cette idée, dont l'exécution, en divisant la France en deux, en provoquant des émeutes et des troubles, eut inévitablement amené la défaite. La liberté dont jouirent les éléments avancés de l'opinion française leur permit de se manifester librement. Et cette manifestation, le monde entier la connaît : la levée unanime, sans la moindre opposition, pour la défense de leurs libertés menacées par l'Allemagne militariste.

Une autre preuve de l'influence bienfaisante de la liberté se rencontre dans la loyauté des Dominions. Tous se levèrent pour venir en aide à la Grande-Bretagne, parce que tous sont autonomes, sont leurs propres maîtres. Voyons ce qui se passe dans le Sud-Afrique. Les Boers, qui hier étaient en lutte contre l'Angleterre, protestent de leur loyauté. à l'exception d'une petite minorité. La liberté les a liés à l'Empire plus fortement que tous les liens que la contrainte eut pu créer. Et les Boers loyalistes réduisent la révolte des quelques Boers naïfs, trompés par les fallacieuses promesses germaniques.

Voyons, d'autre part, la conduite de l'Irlande ! d'abord : elle ne se lève pas comme un seul homme pour aider l'Empire dont elle fait partie. Elle a une attitude hésitante : les uns sont pour, les autres contre. Le ciment de la liberté manquait pour joindre tous les Irlandais en un corps unique, prêt à défendre ses libertés. L'Angleterre leur en avait laissé si peu de liberté, durant les siècles passés et ils n'avaient pas encore pu jouir du Home Rule, à peine voté et exécutoire d'ailleurs seulement après la guerre.

Puis, en avril 1916, à Pâques, une révolte éclate à Dublin et en quelques rares autres endroits. Ce fut un véritable enfantillage à cause du petit nombre des Sinn Feiners et des Larkinistes révoltés, du grand nombre des troupes gouvernementales, du loyalisme de la très grande majorité des nationalistes Home Rulers. Ce fut même, en partie, une pure bouffonnerie, une révolte d'opéra-comique, avec des incidents romanesques et romantiques. Naturellement, l'autorité gouvernementale civile voulut montrer sa force et elle donna libre main à l'autorité militaire. Celle-ci fit non moins naturellement fonctionner les cours martiales, qui distribuèrent libéralement la peine de mort et des travaux forcés. On se fut cru sous le régime des hobereaux et des militaires prussiens, tant il est vrai que l'autorité donne toujours les mêmes fruits : abêtissement de ceux qui la possèdent, violences et nuisances.

Dans quelque dix ans, les Irlandais fusillés, Pearse, Plunkett, Mc Donagh, J. Connolly, et autres, auront leurs statues à Dublin. Dès maintenant, ils ont leurs portraits dans toutes les maisons d'Irlande et un peu plus de haine et de mécontentement sépare l'Irlande de l'Angleterre !

Il semble, d'après les faits publiés dans le *New Statesman*, que la rébellion fut provoquée par des menées souterraines de conservateurs protestants et de militaires anglais. Ils voulaient une saignée pour donner une leçon aux Catholiques nationalistes irlandais, aux ouvriers syndicalistes (Larkinistes) et aux intellectuels républicains (Sinn Feiners). Ils l'ont eue, cette saignée, pas aussi forte qu'ils l'auraient voulue, bien qu'il y eut des fusillades sans jugement. Il ressort des dépositions faites à la Commission d'enquête instituée par le Gouvernement britannique, que l'opposition au recrutement et au service obligatoire fut une cause importante de l'accroissement des Sinn Feiners parmi les paysans et les jeunes prêtres. Il y a là un curieux rapprochement avec le mouvement Vendéen, lors de la grande Révolution Française.

La répression de cette révolte enfantine montre des haines de classe et de religion, bien plus que des haines nationales.

Pour l'observateur impartial et scrutateur, le véritable auteur responsable de cette pseudo-rébellion est sir Edward Carson qui, avant la guerre, avait préparé ouvertement une révolte dans l'Ulster pour résister au Home Rule. Il recevait des chargements d'armes de Hambourg. Les nationalistes Home Rulers, les Sinn Feiners républicains et séparatistes, les Larkinistes syndicalistes suivirent l'exemple donné par sir Edward Carson. Le gouvernement laissant faire lés Carsonites, fut obligé de laisser faire les autres. Le résultat est la fusillade, la mort de quelques centaines d'hommes et femmes, la destruction de biens. Dans sa répression, le Gouvernement anglais a été beaucoup moins habile que le général Botha dans sa répression de la réelle rébellion du South Africa. L'apaisement ne suit jamais les répressions sanglantes. Le feu couve sous la cendre. La crainte n'agit jamais longtemps sur les hommes.

Il semble que les procédés sommaires et autocratiques des militaires anglais ont révolté non seulement les Irlandais, mais encore toute la masse libérale anglaise et gênent fort les conservateurs et les Carsonites. La répression violente (les fusillades après l'écrasement de la rébellion) a soulevé les sentiments des Américains et spécialement des Irlando-

Américains. Cela provoqua des résultats défavorables aux Alliés, ce que comprit aussitôt le Gouvernement anglais qui arrêta les militaires, soutenus par le clergé anglican, tel que l'évêque de Dublin qui réclamait la plus grande sévérité. La césarite envahit toujours l'âme des détenteurs du pouvoir, au point qu'ils ne perçoivent pas l'illogisme profond de leurs actes. Ainsi les dirigeants britanniques ne perçurent pas l'absurdité de leur conduite : écrasement de la petite nationalité irlandaise, alors qu'ils clamaient être en guerre pour défendre les petites nationalités ; abandon du pouvoir aux autorités militaires, alors qu'ils clamaient être en guerre pour détruire le militarisme allemand !

L'arrêt de la répression sanglante vint trop tard, d'autant qu'encore en août 1916, le Gouvernement britannique faisait pendre sir Roger Casement, coupable seulement d'avoir eu une notion du patriotisme irlandais différente de celle de sir Edward Carson, qui, lui, devint Ministre. Tout cela a enfoncé profondément des sentiments de haine dans les âmes irlandaises. Aussi, dans le Royaume-Uni, tout le monde sait, dit et écrit qu'il y a maintenant en Irlande plus de rebelles qu'il n'y en avait en avril 1916. Il y en a presque autant que d'Irlandais. Cette situation, fruit de la politique autoritaire, a des conséquences déplorables pour les Alliés occidentaux. Ainsi, le Gouvernement britannique n'établit pas le service obligatoire en Irlande, ce qui prive les Alliés de trois à 400.000 bons soldats, parce qu'il craint un soulèvement général, analogue à celui de la Vendée en 1793, et pour les mêmes causes, soulèvement, d'ailleurs, qui aurait des répercussions graves en Australie, au Canada, aux Etats-Unis. Le Gouvernement britannique est prisonnier de ceux qu'il prive de libertés ! Le maître est l'esclave de ses esclaves. Notons cette conséquence éternelle de la politique autoritaire.

Voyons l'Inde ! Quasi aucune révolte contre l'Angleterre, bien qu'il y ait un mouvement nationaliste hindou. Ses leaders connaissent et l'Allemagne avec sa discipline passive, et l'Angleterre avec ses libertés. A celle-là, ils préfèrent celle-ci. Ils aiment mieux garder un maître passable que de le changer en un pire. Et puis ils espèrent que la loyauté de l'Inde ouvrira les yeux à l'Angleterre et qu'après la guerre, une ère d'autonomie s'ouvrira pour l'Inde. C'est d'ailleurs ce qu'un intérêt bien entendu conseille, car une des leçons de ce conflit mondial enseigne : qu'on ne cimente bien les peuples entre eux que par l'indépendance de chacun. La liberté accordée au vaincu, au conquis est une semence d'amour, tandis que la coercition est une semence de désaffection, d'antagonisme et de haine. La récolte de la haine est mauvaise. L'amour seul donne une récolte bienfaisante et la grande semeuse d'amour, c'est la liberté.

***

L'examen des événements montre une identité d'action de la part des partis conservateurs dans tous les pays belligérants et neutres. Il y a là un phénomène sociologique très intéressant. Partout, en Europe, les partis politiques à tendances autoritaires et anti-démocratiques cherchèrent à utiliser la période de guerre pour accroître leurs forces et diminuer celles des partis à idées avancées, à tendances libérales et démocratiques. Le phénomène s'observe en France, en Angleterre, en Belgique, en Allemagne, en Suisse, en Suède, en Hollande.

Partout les éléments conservateurs, à tendances autocratiques, ne perdirent pas un instant de vue leurs intérêts de classe et leurs intérêts individuels. Ils songèrent aussitôt à profiter des circonstances créées par la guerre pour affaiblir leurs adversaires politiques, pour saisir le pouvoir là où ils ne l'avaient pas, pour fortifier leur pouvoir là où ils l'avaient. Avec une certaine habileté, ils s'efforcèrent d'exploiter les éléments d'idéalisme qui sont dans les mentalités des classes ouvrière et petite bourgeoise. Ils utilisèrent pour leurs visées personnelles les meilleurs côtés de la nature humaine.

L'atmosphère de militarisme qui règnait favorisait la poussée de ces tendances autocratiques, antilibertaires. Il y a toujours une union intime entre le militarisme, le conservatisme et le réactionnarisme. Les états d'esprit que ces systèmes sociaux créent se rapprochent considérablement les uns des autres. Le fait n'a rien d'étonnant puisque le fondement de tous ces systèmes est unique. *Tous reposent sur l'emploi de la crainte pour conduire les hommes.*

Les conservateurs, dans leur ensemble, car naturellement il y a des exceptions, forment une classe sociale déjà vieille. Je veux dire qu'ils possèdent depuis des siècles la conscience de leur classe, tandis que la masse populaire et petite bourgeoise commence seulement à acquérir cette conscience de classe. Elle constitue une classe encore en sa jeunesse. C'est un privilège de la vieillesse de ne songer qu'à ses intérêts matériels, et un privilège de la jeunesse de songer bien plus à ses idéals. Aussi les conservateurs sont-ils des réalistes étroits, sans larges vues, songeant, au moment présent, à leurs intérêts matériels mesquins et petits. Les partis à idées avancées sont des idéalistes, songeant à l'avenir, à leurs intérêts intellectuels et moraux

Ces différents concepts de vie expliquent l'attitude différente des conservateurs et des partis à idées avancées dans la guerre mondiale actuelle. L'esprit de sacrifice pour la collectivité, ou esprit de socialité, a été en réalité plus développé chez la masse à idées avancées, à idées démocratiques, que chez les conservateurs. Ceux-ci ont toujours vu leurs intérêts d'abord et avant tout. Leur enrichissement dans les fournitures de guerre et dans les armements, leur tentative de restreindre partout les libertés et d'accroître la militarisation des pays, leur propagande religieuse intensive, leur souci de discréditer les organes démocratiques tels que les parlements, leur mépris de l'autorité et des lois qui leur étaient opposées (rappelez-vous les agissements des conservateurs allemands à propos de la guerre sous-marine, des conservateurs anglais à propos du service obligatoire, des conservateurs français à propos de la propagande religieuse), tout montre que leurs intérêts individuels et de classe priment les intérêts collectifs nationaux.

L'exercice du pouvoir conduit peu à peu à la prépotence et d'autant plus vite et plus ouvertement que le pouvoir n'est contre-balancé par aucune autre force sociale. La guerre a donné partout la suprématie aux modes militaires de gouvernement et a supprimé plus ou moins les libertés qui contre-balancent l'exercice du pouvoir. Aussi, partout, les conservateurs se laissèrent aller à leur fringale d'autorité. Les conservateurs occidentaux, tout en étant les plus chauvins anti-allemands parmi les Alliés, poussaient sans cesse à l'emploi des procédés germaniques de gouvernement, c'est-à-dire à l'autocratisme militaire. Le contraste est curieux et a pour origine ce fait : par nature mentale, les conservateurs, de quelque pays que ce soit, ont des affinités très grandes avec le Gouvernement allemand essentiellement militariste et conservateur : mais par intérêt matériel, les conservateurs occidentaux sont ennemis des conservateurs allemands. C'est en réalité une lutte d'intérêt dans une même classe, entre clans différents. Partout les conservateurs dépassèrent les limites qu'un peu de compréhension de la psychologie populaire aurait dû leur montrer. Et partout l'action étroitement égoïste des conservateurs a soulevé dans les âmes populaires une opposition plus ou moins cachée, dont l'éclatement se produira sans doute après la fin des hostilités entre nations. Les conservateurs et réactionnaires commirent partout des erreurs psychologiques comme le Gouvernement allemand. Celui-ci méconnut la psychologie des peuples d'Occident ; ceux-là la psychologie des masses démocratiques.

L'unification internationale de la conduite des partis conservateurs est une preuve flagrante de l'existence d'une mentalité de classe et de caste, indépendamment de la mentalité nationale. Voilà un des enseignements que nous devons tirer de la guerre actuelle.

* * *

Une curieuse constatation est faite lorsqu'on analyse le développement de cette guerre. En effet, on a pu voir les forces militaires allemandes s'acharner pendant des mois, sans souci de leur usure, à l'écrasement de leur ennemi oriental, la Russie, dont les principes autocratiques de Gouvernement s'accordent bien avec les principes du Gouvernement allemand. En ce faisant, l'Allemagne s'usait sans user la France et la Grande-Bretagne, ses réels ennemis politiques et économiques ! On a ainsi assisté à une sorte d'auto-destruction des puissances autocratiques ! Le principe d'autocratie est miné et détruit par ses défenseurs mêmes ! C'est une conséquence de l'inintelligence politique de l'esprit militariste qui abêtit réellement les individus en les privant d'esprit critique.

En laissant du répit aux ennemis de l'ouest, pour aller protéger les propriétés des junkers de la Prusse orientale, en août et septembre 1914, l'Allemagne autocratique était à elle-même son pire ennemi. Les intérêts apparents et momentanés de la caste dirigeante la poussaient à oublier ses intérêts réels et permanents. Ces derniers exigeaient qu'à tout prix l'ennemi occidental fût écrasé, car alors l'ennemi oriental serait aisément amené à conclure la paix. Mais il faut aussi observer que les dirigeants allemands étaient obligés d'agir comme ils le firent, non pas seulement à cause de la nécessité de protéger les biens des Junkers, mais parce qu'ils devaient justifier vis-à-vis de la masse prolétarienne et petite bourgeoise ce qu'ils avaient dit et redit pour rendre la guerre populaire, à savoir, qu'elle leur était imposée par la barbarie russe, en proie à une frénésie de conquête. L'Allemagne autocratique s'était faite la prisonnière de son prolétariat. Souvent les armes dont on use sont à deux tranchants. Ainsi, cette guerre, entreprise pour le soutien et le développement des principes autocratiques, va aboutir à développer les principes et les forces démocratiques.

Dans leur ensemble, en effet, les conséquences sociales et politiques de la guerre, dès maintenant, sont une diminution de l'esprit de réaction, de l'esprit autocratique, et un accroissement des forces et de l'âme démocratiques. Le développement de la guerre ne fera qu'accentuer ces deux phénomènes sociaux. Les triomphes des démocraties sur les autocraties est certain, parce qu'elles possèdent la force morale en plus. Les démocraties sont l'avenir ; les autocraties sont le passé. Celles qui subsistent encore sont des survivances d'âges d'autrefois, essayant de se soutenir au moyen de survivances comme le militarisme et la guerre.

De cet examen objectif des conditions politiques et sociales créées par la guerre, il ressort que l'autorité est une semence de mort, et la liberté, un levain de vie.

CHAPITRE VI

L'humanité a toujours cherché à accroître l'amplitude des groupes qui s'unissaient et se fédéraient entre eux. Il y a comme un besoin d'universalité dans l'espèce humaine. C'est de ce besoin que sont nés les efforts d'union entre sectes philosophiques et religieuses, entre groupes professionnels, entre classes, sans souci des frontières changeantes des patries et indépendamment des soi-disant races. Ces unions cherchent à embrasser tout le globe terrestre selon des affinités et des intérêts particuliers de secte, de profession, de classe. Il s'est formé ainsi ce qu'on a appelé des Internationales. La guerre, naturellement, les a profondément troublées.

La Chrétienté, si on l'envisage au point de vue de la doctrine que le christianisme professe, est une véritable internationale. Dans le monde entier, indépendamment de toute frontière d'état, la religion du Christ est la même, sinon dans ses détails variables selon les sectes, du moins dans ses lignes générales.

La guerre a montré la Chrétienté fort divisée sur la manière dont elle devait considérer la lutte sanglante entre les hommes. On assista aux mêmes divisions, aux mêmes contradictions auxquelles on avait assisté dans les premiers siècles de l'Eglise Chrétienne. Tous les chapitres du fameux livre, *Le droit de la guerre et de la paix*, où Grotius, au

XVIIe siècle, exposait les avis contradictoires des Apôtres et des Pères de l'Eglise sur la guerre et le devoir des Chrétiens, redevenaient d'une étonnante actualité. Il est inévitable que la guerre fasse toujours revivre les choses du passé. Elle est elle-même une survivance des mœurs barbares et nécessairement elle a un cortège de choses et d'idées des époques barbares.

La Bible était interprétée diversement à ces époques ; elle le fut diversement à notre époque, selon les sectes. Les uns soutinrent que le devoir du chrétien était de défendre sa patrie même en tuant ; les autres soutinrent que son devoir était de ne pas résister au mal par la violence. Les uns soutinrent que le devoir des chrétiens était de pardonner ; les autres qu'il était de châtier sans merci. Et des paroles d'une violence inouïe sortirent des bouches des ministres luthériens, catholiques, calvinistes et autres, tant allemands qu'anglais, etc. Des textes à l'appui furent cités par les docteurs pour soutenir leurs thèses contradictoires. Et cela prouvait une fois de plus la vanité d'un enseignement basé sur des écrits anciens, qui, au cours des ans, ont été interpolés, traduits et retraduits, donc altérés, modifiés, pleins de contradictions. A la vérité, l'opinion de ces docteurs ès-religion eut peu de retentissement hors des diverses sectes et peu d'influence sociale, même dans les Iles Britanniques, où l'idéal du christianisme anti-guerrier a pénétré une certaine minorité.

Cependant, dans tous les pays belligérants, on vit les clergés officiels, luthériens, anglicans, orthodoxes, entonner les chants agréables à Dieu et l'invoquer en des prières pour le succès de leurs armes. Parmi ces belligérants, il y a une exception, la France, car la France irreligieuse n'a point d'Eglise officielle. Mais les catholiques de France se livrèrent aux mêmes invocations pour que leur Dieu les favorisât et leur donnât la victoire. Chaque clergé chrétien nationalisait Dieu, le faisait sien, oubliant l'universalité du

Dieu chrétien et retournant inconsciemment aux conceptions religieuses du polythéisme.

Les liens qui unissent entre eux les humains qui professent une même religion furent, en fait, inexistants. Et l'on vit le catholique combattre contre le catholique, le luthérien contre le luthérien, le calviniste contre le calviniste, l'orthodoxe contre l'orthodoxe. Doctrinalement, ils étaient frères et, les uns et les autres, ils s'entre-tuèrent. Voilà ce que firent les fidèles, les ouailles, prouvant ainsi que ces liens religieux sont seulement des apparences qui s'évanouissent au contact des réalités. Les prêtres, les pasteurs de ces troupeaux n'eurent point une attitude autre que celle de leurs troupeaux. Ce phénomène sociologique est surtout visible dans l'Eglise catholique.

L'Eglise catholique est une Internationale, non seulement parce qu'elle appartient à la Chrétienté, mais encore en tant qu'institution très hiérarchisée et s'étendant, comme son nom de catholique l'indique, sur l'univers entier, indépendamment de toute classe, caste ou nation. A la tête de la hiérarchie ecclésiastique est un seul chef, le Pape. Lui et tous les prêtres, à des degrés divers, ordonnent et régissent la vie et la pensée des millions de fidèles épars sur la terre entière. Les fidèles, s'ils sont de vrais, de bons catholiques, doivent obéir. Voilà théoriquement ce qui doit être : je dis théoriquement, car en réalité, les fidèles, et même les pasteurs de ces troupeaux n'ont ni unité de vie, ni unité de conception. La guerre actuelle a montré cette vérité dans toute sa nudité.

Dans chaque nation, les catholiques, clercs et laïcs, obéirent au pouvoir temporel. Ils furent partout soldats, et partout ils s'entre-tuèrent, conformément aux ordres des chefs civils et militaires. Les catholiques belges et français pouvaient arguer fort justement qu'ils défendaient leur sol envahi, leurs biens et leurs libertés menacées. Les catholiques allemands et hongrois n'avaient pas même argument, car ils étaient agresseurs. Leurs chefs, du moins, savaient qu'ils étaient tels, car peut-être la masse ignorante, trompée par les affirmations des dirigeants, croyait qu'elle ne faisait que défendre ses mœurs et son indépendance menacées par l'autocratie russe.

En France, le clergé tint à expliquer son patriotisme. Il le fit en un volume, *La guerre allemande et le catholicisme*, publié sous la direction du Directeur de l'Institut Catholique et sous le patronage des Cardinaux-Archevêques de Paris et de Reims. Le haut clergé, tout comme le bas clergé, tout comme les simples fidèles, sont donc, en France, nettement anti-germains. En Belgique, le clergé régulier et séculier fut même persécuté. Nombre de ses membres, prêtres, moines, nonnes, furent fusillés ou massacrés. Les sentiments anti-germains et patriotes des catholiques belges se montrèrent en pleine lumière dans l'attitude fière du cardinal Mercier, Archevêque de Malines, et des autres évêques belges.

La même attitude, mais naturellement en sens opposé, nous la trouvons dans le clergé et chez les laïcs catholiques des pays allemands, qui affirmèrent avec non moins de netteté leur patriotisme germanique. Mais en ce faisant, ils laissèrent percevoir la cause réelle de leur attitude. Ce n'était point l'idéal moral religieux qui les guidait, ce n'était point la volonté de conserver leur indépendance nationale, que nul ne menaçait, c'était simplement le souci des intérêts politiques et matériels. Ils identifiaient les intérêts de l'Eglise catholique avec ceux de l'Empire allemand, parce que, comme le professeur Karl Muth l'écrivit dans *Hochland*, « les puissances les plus saines et *les plus conservatrices du monde* sont : la Papauté et l'Etat prussien ».

Pour ces laïcs et ces prêtres de l'Allemagne, le danger, c'était le constitutionnalisme de l'Europe occidentale, avec son idéal de liberté. Et ce danger, le professeur Martin Spahn le concrétisait dans la France qui « a ouvert si largement la porte au rationalisme pur ». La guerre, pour ces catholiques, devenait chose sainte, car elle a pour but la libération du monde des idées des puissances révolutionnaires. La démocratie et le rationalisme, voilà les ennemis.

Le catholicisme cesse d'être simplement une doctrine et un enseignement religieux, pour être surtout une institution politique, une puissance gouvernementale hiérarchisée, reposant sur l'obéissance à une autorité indiscutable. Les catholiques allemands, par ce franc aveu, étaient dans la tradition de l'Eglise plus que les clergés et laïcs catholiques français et belges, chez lesquels le sentiment national l'emportait sur l'idéal religieux. Cela est si vrai qu'on vit un moine bénédictin, de naissance française, dom Germain Morin, ne pas craindre de parler du « dégoût » qu'avait soulevé en lui la lecture du livre du recteur de l'Institut Catholique de Paris, « pamphlet qui exploitait la religion contre les Allemands qui ont donné et donnent encore tous les jours des preuves d'un dévouement admirable à la cause religieuse ».

Par nationalisme, les catholiques français, belges et anglais se battaient contre les catholiques allemands, envahisseurs de leur pays. Par nationalisme, les catholiques irlandais se divisèrent en deux fractions contraires. L'une, la plus nombreuse, soutint que le devoir des Irlandais était de lutter contre l'Allemagne, pour défendre la civilisation et la liberté du monde, mises en péril par le désir germanique d'hégémonie. L'autre fraction, une minorité, mais comptant dans son sein des personnalités comme l'évêque de Limerick, se plaçant sur un terrain étroitement national, déclare que la victoire ou la défaite de l'un quelconque des belligérants était indifférente à l'Irlande. Toute cette argumentation de cette minorité aurait manqué de base si l'Angleterre avait donné à l'Irlande l'autonomie gouvernementale qu'elle réclame depuis si longtemps. Le Home Rule Act existe bien depuis 1914 dans le « Statute Book », mais maints Irlandais répètent avec l'évêque de Limerick : « Tout Irlandais intelligent dira que ce n'est qu'un simulacre de Home Rule, qui jamais ne sera mis en pratique ». Et il en résultait que, pour ces Irlandais, la guerre n'était point leur, elle était simplement la guerre de l'Angleterre, la guerre de la France, et ils n'avaient rien à faire avec cette guerre. Ce fut au point que l'autorité militaire anglaise voulait, en novembre 1915, arrêter cet évêque.

Un nationalisme étroit et mesquin cachait aux yeux de ces Irlandais catholiques ce fait réel : la guerre mondiale dépasse les intérêts individuels de quelques nations pour atteindre aux intérêts généraux de l'humanité. Nous devons voir en ces concepts étroits un effet de la politique malfaisante autocratique de l'Angleterre vis-à-vis de l'Irlande. L'absence de liberté diminue l'intelligence humaine et l'empêche de voir en leur ampleur les phénomènes sociologiques. Toujours la malfaisance de l'autorité et, par opposition, la bienfaisance de la liberté.

Dans cette minorité de catholiques irlandais menant le combat contre la participation des Irlandais dans la guerre, quelques-uns même disaient « que la victoire des Allemands signifiait la victoire de l'Eglise Catholique ». C'était endosser l'opinion des catholiques allemands, et considérer l'Eglise plus comme une institution politique que comme un corps d'enseignement moral et religieux. Chez ces catholiques irlandais, ce n'était pas tant le nationalisme irlandais qui parlait que la haine de la France athée et représentée comme persécutrice de l'Eglise. L'idéal catholique et clérical — je ne dis pas chrétien — s'opposait, chez ceux-là, à l'idéal rationaliste, égalitaire et libertaire, symbolisé en la France. En somme, ce n'était pas, à proprement parler, un idéal religieux qui menait ces hommes, c'était un idéal politique.

Nous trouvons un même état d'esprit chez la majorité des catholiques des pays neutres. Que ce soit en Hollande, en

Espagne, en Suisse Alemanique, aux Etats-Unis ou même en Italie — avant son entrée en guerre — nous voyons toujours la majorité des catholiques faire plus ou moins des vœux pour la victoire des Impériaux. Ils ont tous une tendance pro-germanique parce que, parmi les autres belligérants il y a la France, et que la France est libre-penseuse, rationaliste, décatholicisée, parce que les belligérants occidentaux représentent la démocratie, la liberté, qui sont des principes absolument opposés à ceux d'autorité, de hiérarchie, qui sont les pierres angulaires sur lesquelles reposent les bases de l'Eglise catholique, et qui sont représentés par les Impériaux.

L'attitude des clergés et des fidèles catholiques est donc pleine de contradiction, variant selon qu'ils appartiennent à des belligérants ou à des neutres, selon l'état politique et de liberté de ces belligérants.

Donc, aucune unité de vue chez les clercs et les laïcs. Ils se refusaient à donner leur approbation et à obéir aux paroles de l'évêque de Périgueux, qui disait : « Dans notre foi, notre obéissance et notre amour, nous confondons le Pape avec Jésus-Christ ». D'ailleurs, le chef de l'Eglise catholique ne pouvait imposer une unité de vue aux catholiques, parce qu'il ne se plaçait pas au point de vue doctrinal et moral, et parce que, en proie à la lutte d'intérêts contraires de l'Eglise-Institution politique et de l'Eglise-Enseignement, il ne sut quel parti prendre. Un mystique et un homme du peuple comme Pie X eut décidé sans doute en faveur de la doctrine morale. Un Pape politique et un aristocrate comme Benoît XV hésita, n'osant s'affirmer ni en faveur des intérêts matériels, ni en faveur de la doctrine morale. Comme docteur de l'Eglise, il eût dû condamner les crimes patents, indéniables, des Impériaux, tuant, massacrant, violant des femmes, des enfants, des prêtres, des nonnes belges. Il s'en garda, de même qu'il ne protesta pas devant les destructions des cathédrales, les sacrilèges de ses églises. Il estimait « qu'il était inutile d'engager l'autorité pontificale dans le litige des belligérants ». Etait-ce par souci d'impartialité ? Evidemment non, car impartialité ne signifie pas absence de jugement. Ils s'abstenait de juger parce qu'il savait que l'arme dont il disposait, à savoir, l'excommunication, était une arme désuète, sans aucune portée, à laquelle nul n'obéirait. Il espérait, en s'abstenant de condamner, que le monde ne verrait pas que l'Eglise catholique n'est, comme puissance morale, qu'une apparence, qu'une simple façade, parce que la religion n'est plus, si tant est qu'elle ait été dans le passé, un facteur déterminant des actes des hommes. Elle est simplement, pour la majorité humaine, un ensemble de rites, de formes cultuelles, pratiqués plus ou moins mécaniquement par les fidèles.

Si, comme chef de l'Eglise doctrinale, le Pape avait dû condamner les violateurs des traités et les ordonnateurs des crimes de Louvain et d'ailleurs, comme chef de l'Eglise politique, le Pape devait être de tendance pro-Germaine. L'Allemagne et l'Autriche symbolisaient en effet le principe d'autorité, dont le Pape doit être le gardien scrupuleux. Par sa nature d'institution politique, l'Eglise catholique est obligée de soutenir les autocraties et de combattre les démocraties, dont l'aboutissant, en fin d'analyse, tend sans cesse vers la disparition de l'autorité. En tant que corps politique, les Eglises, quelles qu'elles soient, ont toujours été les alliées fidèles du militarisme. Au cours des âges, on constate toujours l'alliance du prêtre et du guerrier. S'appuyant l'un sur l'autre, ils vivent en parasites, du travail des producteurs. Il est donc logique qu'à l'aube du xxe siècle, nous voyions encore cette même alliance, car prêtres et guerriers sont tous deux les soutiens du principe d'autorité, les démolisseurs du principe de liberté.

Dans cette guerre mondiale, les intérêts économiques, politiques, moraux et intellectuels, s'entremêlent en un immense heurt, au point qu'il est difficile, voire, impossible de déterminer auxquels de ces intérêts obéit surtout la majorité des hommes. Toutefois, il semble que si la guerre fut déclarée dans des buts économiques, il y eut, au cours des temps, des modifications telles qu'il est probable que maintenant la majorité des combattants combat pour des buts moraux et intellectuels.

Ce n'est pas pour ces buts-là que l'Eglise catholique et son chef paraissent avoir agi. Les intérêts politico-économiques semblent avoir été leurs guides. Et la conséquence est que l'Eglise catholique est apparue plus comme un organisme politique que comme un organisme religieux et moral. Le rétablissement d'une sorte de pouvoir temporel hante toujours la papauté : seule la victoire des Impériaux pourrait le rétablir. On comprend donc comment le souci des intérêts économico-politiques a conduit l'Eglise et le Pape à un pro-germanisme plus ou moins apparent, qui a, naturellement, choqué beaucoup les sentiments des Français, des Italiens et encore plus des Belges. Sous aucun prétexte, l'Italie ne peut admettre le rétablissement du pouvoir temporel, auquel le Pape fit une discrète allusion dans une allocution consistoriale. Le résultat en est une diminution de l'autorité papale et de l'Eglise même, tant parmi les laïcs que parmi les clercs.

De même que nous voyons le Pape avoir des sympathies pro-germaines, de même nous voyons le Kaiser et ses hobereaux avoir des sympathies pro-papales. Leur alliance est la conséquence inévitable de la base commune de leur puissance : l'autorité, la hiérarchie, la crainte.

La politique de l'Allemagne présente beaucoup d'affinités avec celle de la Société de Jésus. Leur devise est la même : la fin justifie les moyens. Leur base est la même : l'obéissance passive, *perinde ac cadaver*. Maints événements l'ont prouvé au cours de cette guerre mondiale. A en juger par l'attitude des Jésuites en Espagne et aux Etats-Unis, il semblerait que l'Internationale Noire, la Société de Jésus, soit partout un solide soutien du pro-germanisme. Aux Etats-Unis, un écrivain a observé ce fait, à tout le moins curieux : les bateaux de la Compagnie Générale Transatlantique sont les seuls qui aient échappé à toute attaque des sous-marins et la plus grande partie des actions de cette compagnie appartiendrait à la Société de Jésus. Quoi qu'il en soit, de ce fait, il est certain que l'Eglise catholique, représentée ou par le Pape, ou par la Société de Jésus, est de tendance pro-germaine, et est, peut-on dire, l'alliée du Kaiserisme.

Cette alliance dans le but d'obtenir une paix agréable au junkerisme teutonique est vaine, parce que la puissance papale n'existe qu'en façade. C'est une simple apparence. D'ailleurs, la France, démocratique et sans religion officielle, ne peut admettre l'intervention du chef d'une Eglise-Institution politique autocratique. Ce serait, en effet, un désaveu de toute sa politique républicaine et démocratique. La chose est d'autant moins possible que l'attitude pro-germanique du Pape a mécontenté les catholiques de France et des autres pays belligérants d'Occident. La fraternité entre les catholiques belges et allemands, par exemple, mettra bien du temps à se rétablir, à en juger par la lettre collective des évêques belges à l'épiscopat allemand.

Un des enseignements de cette guerre est donc de faire apparaître en pleine lumière le grand déclin des puissances autocratiques comme celles de l'Eglise catholique et du Kaiserisme.

Comme la Chrétienté, le judaïsme est une Internationale, puisque la religion juive compte des adeptes épars dans le monde entier. D'aucuns ont même soutenu que le lien religieux qui unissait les Juifs était tel, qu'ils constituaient une nation, éparse au milieu des nations, tout en gardant strictement sa nationalité judaïque. La guerre actuelle a montré l'erreur absolue de cette manière de voir. On vit en effet les Juifs combattre les uns contre les autres, car il y en avait dans les diverses armées : Française, Anglaise, Russe, Allemande, Autrichienne, Hongroise. Cette division des Juifs selon les nationalités belligérantes, et leur lutte les uns contre les autres, ruinent absolument la base de l'antisémitisme. C'est une conséquence curieuse de cette guerre, d'autant plus curieuse que ceux qui l'ont déchaînée, les hobereaux et les militaires professionnels prussiens, sont d'acharnés antisémites ! Il est à noter combien les conséquences de cette guerre sont quasi toutes en opposition absolue avec les buts poursuivis par ceux qui l'ont provoquée.

Partout, les Juifs soldats étaient immergés dans la masse des autres soldats ; il y eut une exception : une légion israélite dans l'armée anglaise d'Orient. Mais s'il en fut ainsi, ce fut réellement parce que ces Juifs, appartenant à des nationalités orientales qui étaient ou neutres ou alliées des Impériaux, ne pouvaient combattre ceux-ci qu'en formant un corps spécial pour se joindre à l'armée anglaise. Cette exception n'infirme en rien la ruine de la doctrine antisémite, par le fait même de la répartition des Juifs parmi les divers combattants ennemis.

Alors que les Juifs occidentaux de France, d'Alsace, de Belgique, etc., étaient tous contre les Allemands, on vit les Juifs orientaux de Pologne, de Galicie, etc., être en majorité pro-germains.

L'autocratie russe en était la cause, tout comme elle était la cause du pro-germanisme de maints Juifs scandinaves. Le souvenir des persécutions et des pogroms exécutés par la bureaucratie russe empêchait ces Juifs de se souvenir que la France était la première nation européenne qui avait libéré les Juifs, et qu'en Occident, ils étaient politiquement les égaux de tous les autres. Sans cesse, les faits nous ramènent à constater la nuisance de l'autorité.

En tant que corps religieux, le judaïsme apparut donc divisé selon les diverses nationalités dont les Juifs font partie. C'était exactement comme pour l'Eglise catholique. En tant que doctrine, le judaïsme apparut au cours de cette guerre, comme une puissance très affaiblie. Le peuple élu de Dieu, selon l'Ecriture Juive, s'entre-tuait pour les Gentils, pour les mécréants ! Si la foi religieuse eut été forte et l'eut emporté sur les intérêts et les idéaux nationaux et politiques, il est évident que les Juifs s'y fussent refusés. Nous devons donc enregistrer là une grande diminution de la foi religieuse juive.

Le même phénomène se constate pour le Mahométanisme. Les Musulmans des armées anglaise, française et russe se battent contre les musulmans des armées turque et bulgare, et cela, pour le plus grand bénéfice des infidèles. Si la foi religieuse avait été forte, nous ne verrions pas ces actes que condamne l'enseignement religieux. La guerre sainte mulsumane fut proclamée en vain. Il y eut quelques essais de soulèvement à l'ouest de l'Egypte et au Maroc. Mais ce furent de petits mouvements sans importance. Nul soulèvement sérieux ne se produisit chez les Mahométans d'Algérie, de la Tunisie, de l'Egypte, de l'Inde, du Caucase.

Bien plus, les Mahométans arabes se soulevèrent contre les Mahométans turcs.

La foi mahométane est aussi affaiblie que la foi judaïque et la foi chrétienne.

* * *

La guerre a donc permis partout la constatation d'une diminution considérable de la foi religieuse et de la puissance des diverses Eglises. Ce fait était déjà connu de l'observateur : la guerre l'a rendu apparent à tous ceux qui ne se refusent point à voir. En vain on objectera le phénomène sociologique que les catholiques français ont appelé une renaissance religieuse, phénomène qui s'est présenté chez tous les belligérants.

Dans les premières semaines de la guerre, on observa en France, en Grande-Bretagne, en Allemagne, en Russie, que le public se pressait plus nombreux dans les temples et les églises. Il semblait y avoir un enthousiasme religieux général. En réalité, il en était ainsi parce que les clergés et leurs réels fidèles, croyant l'occasion bonne pour réveiller la foi, se livrèrent dans tous les pays belligérants à une intense propagande. Tandis que dans les pays catholiques, les soldats pliaient sous le faix des médailles et des scapulaires qu'on leur distribuait généreusement, dans les pays protestants, c'était sous le poids des Bibles, non moins généreusement distribuées.

En Allemagne, par exemple, les libraires ne purent d'abord satisfaire à toutes les demandes. Mais bientôt tout changea, et ils se virent assaillis de lettres de soldats qui les priaient de reprendre à moitié prix leurs Bibles. Ils préféraient, les mécréants, de l'argent aux Bibles! Les hôpitaux, les ambulances devinrent des lieux de prédilection pour la distribution des amulettes sacrées. En France, des millions de médailles et scapulaires furent distribués. Les soldats, blessés ou non, les prenaient religieusement. Les cérémonies cultuelles furent aussi plus suivies par les soldats. Tel qui, civil, n'assistait pas à la messe, une fois revêtu de l'uniforme, y assistait avec ponctualité. Il me fut conté — et j'ai tout lieu de croire que c'est vrai — que des Juifs communièrent, que des Musulmans se firent baptiser à plusieurs reprises. Cette assiduité au culte catholique, ces acceptations de médailles saintes, tout cela sont des faits indéniables, qui ont été interprétés d'une manière erronée par les croyants et les clergés. En ces faits, il ne fallait point voir une reviviscence de la foi, mais simplement une adaptation des hommes à leur environnement dans le but d'améliorer leurs conditions matérielles immédiates: c'était du mimétisme psychique.

Rapidement, le soldat français observa que maints chefs militaires, maintes dames infirmières étaient des catholiques militants, soit qu'ils crussent réellement, soit qu'ils feignissent de croire, par intérêt de caste et de classe. Il observa non moins rapidement que les soldats qui pratiquaient, bénéficiaient d'avantages divers, que des décrets et règlements ministériels avantageaient — plus ou moins légalement — les prêtres-soldats, etc. Et alors, le soldat français, indifférent à la religion, se dit qu'il y avait tout bénéfice à se rendre propices les distributeurs de la manne quotidienne. Echapper à une corvée, à un poste désagréable, recevoir des cigarettes, du chocolat et autres douceurs, tout cela valait bien une messe, ou une médaille de Notre-Dame de Lourdes, ou un scapulaire du Sacré-Cœur de Jésus. C'était en réalité le même état d'esprit que celui présenté par Sully disant à Henri IV : « Sire, Sire, la couronne vaut bien une messe ». Bref, un intérêt purement matériel conduisit la masse des soldats à paraître religieux.

C'était surtout vis-à-vis des blessés et des malades, dans les hôpitaux, que cette pression religieuse se faisait sentir, parce que la plupart des infirmières appartenaient à la classe riche. Elles seules avaient les loisirs et les moyens de remplir ces fonctions gratuitement. Les femmes de la classe ouvrière et de la petite bourgeoisie devaient souvent s'occuper de gagner le pain, en remplaçant le mari ou le père mobilisé.

De même que les soldats suivaient les rites cultuels par intérêt matériel, de même le firent les civils de la classe pauvre. La guerre accrut l'entr'aide entre nationaux. Partout, les églises accrurent leurs charités. Et, par un sentiment très naturel, les clergés et les fidèles mirent leurs charités au service de leur religion. Les bienfaits des riches s'épandirent surtout sur ceux d'entre les pauvres qui faisaient montre de sentiments religieux. Il y avait, en somme, achat de consciences. Et par suite, l'influence de ces chrétiens, au lieu de tendre à élever la moralité humaine, tendait à l'abaisser. On voit là combien, dans les faits humains, est grand le rôle joué par les conditions économiques. Et on voit aussi comme la disparition des différences économiques entre les hommes, comme l'égalité économique modifierait les phénomènes sociaux en accroissant le degré de la moralité humaine.

La prolongation de la guerre a fait que l'effort d'entr'aide par les Eglises et les individus diminua d'intensité. On se fatigue d'être charitable, si cela oblige à une diminution notable du type de sa manière de vivre. Et alors on assista à un mouvement de reflux religieux. Les églises cessèrent d'être aussi fréquentées. Les hommes revenaient insensiblement à leur attitude d'indifférence religieuse d'avant la guerre. Le réveil religieux, clamé partout, n'était qu'une apparence.

*
* *

Une autre cause de ce pseudo-réveil religieux fut, chez maints individus, les événements mêmes de la guerre. La crainte de la mort ou des souffrances pour soi ou les siens, qui planait sans cesse sur tous, provoqua un retour aux croyances de l'enfance, aux superstitions des peuples enfants. L'inhabitude de cette crainte, en temps de paix, accrut l'intensité de cette crainte. Mais la guerre se prolongea, et l'homme s'accoutuma aux douleurs et à la mort en pleine santé. L'assuétude produisit alors la disparition de la crainte. Et cette disparition entraîna celle des pratiques religieuses. L'indifférence religieuse l'emporta à nouveau.

Le pseudo-réveil religieux par crainte de la mort s'était produit naturellement avec plus d'intensité chez les gens imprégnés d'esprit militariste, habitués à l'obéissance passive, sous l'influence de la crainte. La peur des puissances temporelles entraîne toujours la peur des puissances supraterrestres et réciproquement : aussi, le réveil religieux auquel on assista ne fut point le réveil d'une foi déiste et philosophique, mais le réveil de superstitions analogues à celles qu'on rencontre chez les peuples sauvages, c'est-à-dire chez les peuples enfants.

Ce que l'individu cherchait, c'était de connaître son destin et celui des siens. Aussi, jamais les modernes pythies, les somnambules extra-lucides ne firent recettes plus grandes. Ce que l'individu cherchait, c'était la protection contre la mort. Aussi, les incantations, les prières, les fumées de l'encens, les cierges allumés, les promesses d'ex-votos montaient vers les cieux pour implorer les saints, la Vierge, Dieu le Père et Dieu le Fils ! Aussi, des millions de médailles, de scapulaires bénis et autres gris-gris de toute espèce ornèrent les poitrines et les bras des combattants. Il fallait échapper à la mort. Et ces amulettes sacrées sauvaient de l'horrible camarde ! Les gris-gris étaient variés, tout comme le furent ceux de nos ancêtres préhistoriques. Ainsi, dans la poche d'un soldat allemand mort, on a trouvé la lettre suivante :

« Au nom du Père, du Fils et du Saint-Esprit ! Amen !

« A celui qui portera cette lettre sur lui, il n'arrivera « rien, ni par le feu, ni par l'épée, ni par toutes autres « armes, visibles et invisibles. Aussi vrai que le Christ est « mort et qu'il est monté au ciel, aussi vrai que la terre a « tremblé, celui qui porte cette lettre ne peut être atteint de « la balle ni du sabre, ni être blessé en son corps. Sa chair « et ses entrailles seront intactes. Amen ! Que celui qui ne « croit pas cela suspende cette lettre au cou d'un chien et « qu'il tire dessus. Il verra si c'est vrai !

« Je prie Notre-Seigneur Jésus-Christ qu'aucune balle ne « puisse m'atteindre. Elle peut être de plomb, d'or ou

« d'argent, mais Dieu dans le Ciel m'en préservera. Au nom « du Père, du Fils et du Saint-Esprit ! Amen !

« Cette lettre, envoyée du Ciel, fut trouvée en 1721 en « Hollande. Elle était écrite en lettres d'or et se balançait « au-dessus de moi. Quiconque voulait la saisir était « réprouvé jusqu'à ce que, en 1791, quelqu'un eut l'idée de « la copier et de la communiquer au monde. »

Et ici, dit le *Temps* (n° du 13 juillet 1915), la lettre recommande l'observance du Décalogue, moyennant quoi Dieu accordera « santé, bonheur et paix. Amen ! »

« Quiconque ne croit pas à cette lettre sera abandonné « de moi et n'aura ni bonheur, ni bénédiction, ni secours. « Celui qui a cette lettre et ne la publiera pas est maudit de « moi et de la Sainte Eglise. Il doit faire copier cette lettre « à l'un et à l'autre et, s'il a autant de péchés qu'il y a de « grains de sable dans la mer et de feuilles sur les arbres, « ses péchés lui seront pardonnés ! Au nom du Père, du « Fils et du Saint-Esprit. Amen !

« Je vous le dis en vérité que Jésus-Christ a écrit cette « lettre. Respecte mon commandement que je t'ai envoyé « par l'ange Michel. Dieu le Père est ton espoir. Dieu le « Fils est ton aide.

« Qu'aucune balle ne puisse m'attraper, qu'elle soit d'or, « d'argent, de verre, d'acier, de zinc ou de plomb. Dieu « dans le Ciel me rendra invulnérable contre toutes les « balles de l'ennemi. Au nom du Père, du Fils et du Saint-« Esprit. Amen ! »

Chez les Français, les « Sacré-Cœur de Jésus », les invocations à sainte Geneviève, les médailles de Notre-Dame de Lourdes ; chez les Russes, toute la série des Icones bénies remplacent la lettre céleste de cet Allemand. Ce sont là d'identiques amulettes, symptômes d'identiques superstitions animiques et polythéiques.

D'autres symptômes de la réapparition de ce polythéisme se voient dans les soi-disant miracles des anges, de sainte Geneviève et de la Vierge, lors des batailles de Mons et de la Marne. Des anges apparurent et protégèrent l'armée anglaise en retraite ! Les armées françaises furent victorieuses sur la Marne, non pas à cause de leur volonté, leur courage et l'habileté des chefs, mais parce que Dieu et ses Saints les conduisaient et combattaient avec elles ! Nombreux furent ceux qui, parmi le clergé catholique français, soutinrent la réalité de ce miracle et l'affirmèrent en des oraisons et des sermons. Le fléau de la guerre n'était-il point tombé sur la France pour la punir de ses péchés ? Des militaires professionnels, des officiers généraux n'hésitèrent pas à afficher plus ou moins ces mêmes croyances, même en d'officiels ordres du jour ! Toujours l'alliance du guerrier et du prêtre ; toujours la foi du guerrier que l'éducation et le dressage professionnels accoutument à obéir, à craindre, à ne pas raisonner et à croire.

L'Allemagne étant de tous les belligérants le pays le plus méthodiquement militarisé, le plus profondément imprégné d'esprit militaire, il était logique que l'Allemagne se distinguât le plus dans cette reviviscence des superstitions des peuples de la pré-histoire. Ainsi vîmes-nous réapparaître une modalité de l'ancien culte des arbres, dans les immenses statues en bois du maréchal von Hindenburg et de l'amiral von Tirpitz où leurs adorateurs devaient enfoncer des clous de fer.

Toutes ces coutumes animiques et polythéiques surgissaient des couches profondes où les ans peu à peu les avaient englouties. Elles en émergeaient à la surface, vestiges des croyances d'antan, dernières lueurs d'un feu qui s'éteint. Elles réapparaissaient sous l'influence de conditions ambiantes analogues à celles qui existaient lorsque ces superstitions florissaient aux âges de la sauvagerie et de la barbarie. Il n'y a point là du tout une revie de la foi religieuse.

Bien loin que la foi religieuse reprenne vigueur et force en cette guerre mondiale, on peut constater qu'elle a au contraire diminué. On peut, sans conteste, affirmer que ce déclin ira en s'accentuant, selon une courbe parallèle à l'affaiblissement de l'esprit militariste et guerrier. Les courbes de la foi religieuse et de l'esprit militariste se suivent toujours en un parallélisme rigoureux. Au cours des siècles, le guerrier accompagne toujours le prêtre et le prêtre accompagne toujours le guerrier. Leur enseignement est le même en essence, car la base en est identique : la crainte, l'obéissance. De même que cette guerre engendre une diminution de l'esprit militaire, de même elle engendre une diminution de la foi religieuse.

*
* *

De même que l'influence de la guerre se fait profondément sentir sur les Internationales religieuses, de même elle agit sur les Internationales des Sciences, des Lettres et des Arts.

L'essence même de la science est d'être internationale, ou même, pour être plus précis, d'être cosmopolite. Les diverses sciences sont en effet identiques à elles-mêmes, quelle que soit la nationalité du scientiste. La chimie, enseignée dans les laboratoires d'Iéna, ne se différencie pas de la chimie enseignée à Paris. La physiologie est à Bonn la même physiologie qu'à Oxford, Il n'y a pas une mécanique japonaise et une mécanique hongroise ; une électricité autrichienne et une électricité italienne. Il n'y a pas une sociologie belge et une sociologie polonaise. Il y a une physiologie, une mécanique, une sociologie indépendamment de toutes nationalités. Une science nationale est une absurdité, un non-sens. Par nature et par essence, les sciences sont cosmopolites.

Par leur nature même, les lettres et les arts, eux, sont

nationaux. La peinture, la sculpture, l'architecture, la musique, le théâtre, le roman, la poésie ne sont que l'expression, sous des formes diverses, des manières de sentir. On comprend donc que ces arts et ces lettres soient influencés par les diverses manières de sentir, dont certains facteurs déterminants sont les coutumes, la langue, les modes de vie des peuples.

La pensée n'a pas de patrie, mais l'expression de la pensée varie selon les patries. Du fait de ce nationalisme de l'expression et du cosmopolitisme de la pensée, il résulte un internationalisme des lettres, des arts et des sciences. Cet internationalisme dérive du fait de l'intercommunication, de l'interpénétration, sans souci des frontières, des manifestations littéraires et artistiques, des connaissances scientifiques. Il y a une influence mutuelle de toutes ces manifestations les unes sur les autres. Il en est des littératures et des arts comme il en est des soi-disant races : il n'y en a pas de pure, sans apport étranger. Ce phénomène sociologique a enfanté, dans les cérébralités des artistes, des littérateurs et des scientistes, une multitude de coutumes et d'idées, de sentiments communs. Il en est résulté l'existence de sortes d'Internationales de ceux qui cultivent les sciences, les lettres et les arts.

La guerre actuelle a violemment rompu ces Internationales. Les liens qui unissaient tous ces hommes et toutes ces femmes se sont trouvés brisés. Et le spectateur a assisté à une rapide et étonnante floraison de sentiments haineux. Dans tous les pays, chacun de ceux qui tenaient une plume, un pinceau ou un crayon, tint à honneur de chanter la beauté de la destruction et de l'extermination. Un Maurice Barrès, un Frédéric Masson et un Jean Richepin trouvèrent dans les Hauptmann et autres Richard Dehmel, des émules dignes d'eux. L'imbécillité et le bas chauvinisme des uns équivalaient la douloureuse mégalomanie des autres. En vérité, c'était pitoyable de voir et d'entendre ainsi déraisonner des hommes, qui réclamaient à grands cris l'extermination, l'asservissement de millions d'êtres. En ce concours de chauvinisme aigu, d'où tout esprit critique manquait, les Allemands eurent la palme. La mégalomanie, dont nous avons montré des preuves, s'étala en toute candeur à un degré tel qu'on en douterait si les preuves n'étaient là, signées d'un Ostwald ou d'un Sombart.

Si grande était la fièvre de tous, qu'on vit des artistes, des poètes applaudir à la destruction de la cathédrale de Reims, de la bibliothèque de Louvain, du beffroi d'Arras, des halles d'Ypres et autres joyaux de l'Art ! Et parce que des artistes des pays neutres comme le grand poète suisse, Spittler, comme le musicien Jaques-Dalcroze, flagellaient ces destructions de monuments, patrimoine artistique de l'humanité, ils étaient excommuniés et vilipendés par leurs pairs allemands. On eut dit qu'un vent de folie avait passé sur le monde ! Ne voyait-on pas les savants des divers pays se dénier entre eux toute valeur scientifique. Les Académies rayaient leurs membres étrangers, comme si le fait d'appartenir à la nation ennemie supprimait toute la valeur scientifique du savant. Sur les rives de la Seine, de la Tamise, du Rhin, du Danube ou de la Sprée, le sens de la dignité, du respect qu'on se doit entre penseurs, s'était lamentablement effondré.

Et quand un Romain Rolland essayait d'endiguer cette vague de haine insane, quand un Bernard Shaw s'efforçait, par quelques vérités crues, de calmer ces emportements excessifs, ils étaient couverts d'opprobre par tous les belligérants ! La semence de haine était jetée au vent, de tous côtés, à profusion ! Germera-t-elle ? L'avenir seul en témoignera, mais nous en doutons, car ce sont là simples efflorescences de cerveaux surexcité, surmenés, intoxiqués par l'atmosphère qui les environne. Quand l'atmosphère sera changée, ces efflorescences s'évanouiront comme la brume s'évanouit devant les vents d'équinoxe.

Toutes ces imprécations, tous ces appels au meurtre et à la vengeance, tous ces souhaits d'asservir, tous ces désirs d'hégémonie, c'est de la littérature. Ce n'est point la vie. Et la littérature, quoi qu'on en ait dit, a peu d'influence sur la vie. Quand le cours normal de la vie reprendra son cours et que la gigantesque saignée subie par l'humanité aura calmé sa fièvre, les littérateurs, les artistes, les scientistes reprendront leurs relations internationales. Ils échangeront, comme ils le faisaient avant, leurs pensées et leurs connaissances. Ils subiront comme avant les influences réciproques de leurs diverses manières de sentir. Et quelques années plus tard, quand ils reverront les insanités qu'ils ont écrites dans leur période délirante de la guerre, ils seront tout étonnés et se demanderont si c'est bien eux qui les ont écrites.

Les Internationales des Sciences, des Arts et des Lettres ne sont donc pas détruites ; on ne détruit pas les résultantes fatales des modes de vie de l'humanité, à moins de détruire cette vie même. Ces Internationales ne sont pas détruites ; elles subissent simplement une éclipse, pendant le temps que l'humanité est en proie à la fièvre de guerre et à la fièvre de haine.

* * *

Nous devons en dire autant de l'Internationale féministe. Il existait avant cette guerre mondiale des rapports entre les groupes nationaux de femmes, dont les buts sociaux et politiques étaient les mêmes. C'est ainsi qu'il y avait une alliance internationale pour le suffrage des femmes, un conseil international des femmes. La guerre n'a pas brisé l'existence de ces organismes, mais elle les a profondément atteints. Un fossé s'est creusé entre les femmes selon le groupe de belligérants auquel elles appartenaient. Et en vain les femmes des pays neutres s'efforcèrent de le combler.

La haine sépara en groupes ennemis les épouses, les mères, les sœurs et les amantes des combattants. Françaises et Allemandes rivalisèrent, fulminant avec la plus extrême violence les unes contre les autres, préconisant la rupture complète de toutes relations, célébrant la vengeance et conseillant l'implacabilité à l'heure de la paix. Les femmes anglaises furent en proie à des sentiments moins violents, parce que l'insularité de leur pays leur permit d'échapper aux souffrances de l'envahissement et, même en partie, aux douleurs de la perte des êtres aimés. Il n'en était pas de même des femmes d'Allemagne et de France, qui, au trentième mois de la guerre, comptaient plus de 3 millions de morts et près de 2 millions d'infirmes ! Pas une femme qui n'eût perdu un des siens. Aussi, s'explique-t-on cette haine qui imprégnait ces dernières et leur cachait le véritable esprit des féministes anglaises et neutres. Celles-ci s'efforcèrent en vain de diminuer les passions et de rafraîchir, par un vent de froide raison, les esprits échauffés par la guerre avec son inévitable cortège de morts, de ruines et de souffrances.

Seule la paix ramènera les âmes féminines à la froide raison, parce qu'alors elles seront soustraites à l'atmosphère fiévreuse de l'époque de tuerie et elles subiront les influences des conditions économiques et politiques, qui tendront à devenir identiques dans les divers pays. L'Internationale féministe, blessée gravement par la guerre, recouvrera alors sa pleine santé. Pleine de force et de vigueur, elle reprendra à nouveau sa marche pour l'obtention de l'égalité politique et économique des sexes.

La guerre mondiale, par une foule de ses incidents, aidera puissamment à l'obtention de cette égalité. Cette guerre a, en effet, créé des conditions économiques et sociales qui ont rendu grandement visible l'importance du rôle de la femme dans notre société contemporaine.

La diminution de la main-d'œuvre masculine a partout

obligé à recourir au travail féminin. Je ne parle point seulement du travail qui était communément regardé comme appartenant aux femmes, comme par exemple le soin des blessés et des malades, mais du travail considéré comme l'unique apanage des hommes. Je ne citerai que la fabrication des munitions et le travail des champs. En France, par exemple, malgré le départ des hommes mobilisés, il y eut à peine la première année un millier d'hectares qui cessèrent d'être cultivés. Tout cet énorme travail de la terre, du labourage, de l'ensemencement, du hersage, de la récolte, etc., fut uniquement l'œuvre des femmes, des hommes au-dessus de 48 ans et des enfants. On voit par ce seul exemple combien la femme fut appelée, au cours de cette guerre, à faire montre de son intelligence, de sa force physique et de son endurance. Sa force morale se montra de même à la hauteur de la situation. L'habituel cliché de la faiblesse de la femme fut réduit en poussière par la simple considération des événements. Chez toutes les nations belligérantes, la femme soutint le courage et entretint la ténacité des hommes. La femme serbe, la femme belge notamment furent les admirables gardiennes du feu sacré de la liberté, de l'indépendance nationale.

La femme remplaça l'homme dans son travail de paix, dans son œuvre de production, de sorte que l'homme put s'adonner à son œuvre de destruction, à la guerre. C'était là une sorte de retour aux âges de sauvagerie et de barbarie, quand l'industrie de la production vitale reposait sur la femme. On le voit, la guerre oblige toujours à la réapparition de survivances des époques barbares, parce qu'elle est, elle-même, une de ces survivances.

Partout, la femme aida et remplaça les hommes, et l'on peut dire avec justesse que les hommes ne surent pas utiliser toute l'énergie, toute la bonne volonté et toute l'intelligence féminines. Les lenteurs bureaucratiques et gouvernementales, les préjugés ont maintes fois annihilé ou inhibé les efforts individuels, librement unis. Non seulement la femme se montra l'égale de l'homme en faisant des travaux de force, mais encore elle montra un courage analogue et égal au sien. Quelques-unes d'entre elles combattirent et affrontèrent la mort dans les tranchées : on en a cité en Russie, en Autriche-Hongrie, en Serbie, en France. Combien furent tuées alors qu'elles accomplissaient la fraternelle mission de soigner les blessés et de réconforter les défaillants ! Combien même furent jugées, condamnées à mort et fusillées comme leurs complices masculins parce qu'elles avaient espionné par amour pour leur pays, ou du gain, ou parce qu'elles avaient, comme miss Cavell, accompli un acte de fraternité.

L'égalité sociale de la femme et de l'homme a été démontrée aux yeux de tous par cette terrible guerre. Hommes et femmes sont égaux devant les tribunaux et la loi militaires. Hommes et femmes sont égaux devant la mort que la guerre sème à profusion. Il n'y a pas, pour la femme, de privilège de sexe. Les faits l'ont montré. Le Sous-Secrétaire d'État des Affaires étrangères d'Allemagne, M. Zimmermann, l'a hautement déclaré. Cette égalité sexuelle est un des résultats que la guerre a définitivement acquis. Nul maintenant ne peut honnêtement le dénier.

Même, à tout bien considérer, pourrait-on dire que le tribut payé à la guerre par la féminité est plus grand que celui qui lui est payé par la masculinité. Si les hommes subirent la mort sur les champs de bataille et dans les tranchées, les femmes des pays envahis subirent, par milliers, les viols des soldats envahisseurs, ennemis, alliés ou nationaux. Et, de longues années durant, elles souffriront les douleurs de cette violation de leur être ! Combien de milliers de femmes aussi furent amenées, par des motifs de sentimentalité et d'altruisme, à donner leur corps à des soldats, pour leur donner une joie, ultime peut-être, car ils allaient affronter la mort. Combien, parmi elles, leur vie entière, subiront les conséquences de cet acte de charité! Les faits prouvent l'accroissement des natalités illégitimes, aussi bien que l'expansion de la syphilis. En vérité, le cortège de la guerre est toujours un cortège de deuils, qui atteint les non-combattants aussi bien que les combattants.

De cette guerre universelle, tirons donc encore cet enseignement : la violence n'est, pour la femme, que génitrice de douleur. Et il s'ensuit que l'intérêt de la femme est de faire la guerre à la guerre ; de combattre le militarisme, le principal soutien de la guerre et symbole de la violence dans le monde.

CHAPITRE VII

La guerre actuelle eut naturellement une action sur l'Internationale ouvrière et socialiste. Cette Internationale ne fut assez puissante ni pour empêcher la guerre, ni pour empêcher ses membres d'aller s'entre-tuer. Où avait failli une vieille Internationale comme le Christianisme, comme le Catholicisme, il ne fallait pas s'étonner de voir faillir une jeune Internationale comme l'Internationale ouvrière, qui compte à peine un demi-siècle d'existence. La faiblesse de l'Internationale catholique était due à sa vieillesse, celle de l'Internationale socialiste à sa jeunesse. La première est dans sa période de déclin, la seconde dans sa période de croissance.

Tout d'abord, la guerre surprit profondément les divers partis socialistes. A Berlin comme à Paris, à Bruxelles comme à Londres, tous croyaient à la paix. Nul parmi les socialistes ne pensait qu'un groupe de dirigeants capitalistes fonciers, industriels et commerçants serait assez puissant et assez inintelligent pour déchaîner la guerre. Pour tous les socialistes, les intérêts matériels et moraux de l'humanité entière se dressaient comme un mur infrangible contre la guerre. Aussi la déclaration de la guerre les surprit tous.

La masse sociale démocrate germanique fut certainement trompée par son gouvernement et aussi par quelques-uns de ses chefs pénétrés d'esprit militariste et impérialiste. Ces quatre millions de socialistes allemands manquèrent d'esprit critique à cause de leur accoutumance à l'obéissance passive. L'idée de discipline a remplacé en eux tout autre idéal. La discipline est devenue pour eux un but au lieu de rester, ce qu'elle doit être, un simple moyen.

Il y a vingt ans, dans mon volume sur *Le socialisme et le Congrès de Londres*, j'écrivais : « Le Comité directeur « est le véritable maître de la Sociale-Démocratie alle« mande ; c'est un organisme d'ailleurs parfaitement adapté « au milieu allemand autocratisé et militarisé... Le parti « très réformiste, à tendances simplement radicales, est « très autoritaire et très soucieux de son hégémonie sur le « socialisme mondial... Le Comité directeur est obéi le plus « souvent comme un général l'est par ses soldats ».

Telle était la situation de la Sociale Démocratie allemande en 1896, telle elle fut encore en juillet 1914 lorsque la guerre mondiale fut déclanchée par le groupe des Junkers et des magnats de l'industrie. La masse obéit bovinement sans avoir la moindre notion des mensonges du gouvernement et de beaucoup de leurs leaders qui, eux, entraient consciemment dans la voie où les dirigeants capitalistes les menaient. Ils se prétendaient marxistes, c'est-à-dire adeptes de la lutte de classe et ils agissaient en soutiens des classes capitalistes dans la guerre qui commençait.

Cette attitude des chefs qui savaient, était réellement anti-socialiste. Elle était d'ailleurs la conséquence fatale de l'esprit centralisateur, étatiste qui imprégnait toute la Sociale Démocratie, de la racine au sommet. L'arbre de l'autorité porte toujours des fruits mauvais.

*
* *

En France et en Belgique, les socialistes se trouvèrent devant une situation identique bien que différente de celle devant laquelle étaient les socialistes allemands. Ils étaient, en effet, en présence de l'envahissement de leur pays et de la volonté de l'Etat allemand de violenter leurs sentiments, leurs mœurs et de diminuer plus ou moins leurs libertés, leur autonomie. Les socialistes français, jusqu'au dernier moment, luttèrent avec une grande énergie pour empêcher la guerre, ce que firent d'ailleurs les socialistes allemands. Seulement ceux-ci étaient sans action sur leur gouvernement qui n'était qu'en apparence un gouvernement parlementaire. Leur opposition était et ne pouvait être qu'une opposition académique, tant qu'elle restait sur le plan parlementaire. Pour qu'il en eut été autrement, il eut fallu que l'opposition, passant du milieu parlementaire dans les masses ouvrières, se manifestât par la grève générale et les luttes ouvrières. On sait que toujours les leaders du Parti Social-démocrate s'étaient opposés à une propagande dans ce sens, parce que cette propagande eut présenté des dangers pour leur tranquillité et leur puissance, tant de la part des gouvernants que de la part des masses ouvrières, qui auraient cessé d'être passivement obéissantes.

L'action du prolétariat allemand pour la paix était donc vouée à un échec, tandis que celle du prolétariat français pouvait être et fut effective, grâce à ce fait que le développement politique de la France est en avance de près d'un demi-siècle sur celui de l'Allemagne. Dans les angoissantes heures des dernières journées de juillet 1914, les socialistes français influèrent sur le Gouvernement français au point que : 1° sur toute la frontière Est, les troupes françaises laissèrent devant elles une marge de 8 à 10 kilomètres afin d'éviter des incidents ; 2° le Gouvernement français s'engagea à ne pas déclarer le premier la guerre à l'Allemagne.

Cependant l'armée allemande envahit les sols français et belge avant toute action de guerre de la part des Français et naturellement des Belges neutres. Il y avait alors pour les socialistes de France et de Belgique trois attitudes possibles : ou défendre leurs libertés en défendant leur sol ou se refuser passivement à être soldats, ou tenter une révolution pour empêcher ou plutôt pour arrêter la guerre. Les deux dernières attitudes ne pouvaient avoir qu'un résultat, puisque les social-démocrates allemands marchaient en soldats disciplinés ; et ce résultat c'était d'assurer le triomphe de l'Allemagne autocratique. Il eut été absolument certain, car l'armée française eut été plus ou moins désorganisée et tout à fait incapable de résister à 'énorme poussée allemande. Le Gouvernement français eut été vite forcé de faire la paix ; et l'Allemagne eut pu se retourner contre la Russie. En quelques batailles elle l'eut défaite. Quelques mois, trois ou quatre ou plus, et la guerre finissait par la victoire générale de l'Allemagne assurant son hégémomie sur le continent et préparant sa lutte contre la Grande-Bretagne pour quelques années plus tard. Une foule de morts et de ruines eussent été ainsi évitées, mais par contre la liberté eut disparu de l'Europe continentale.

Pour les socialistes français et belges, les Wallons principalement, le socialisme implique la liberté. Ils ne veulent pas d'un socialisme centralisateur et statal. Dans le développement de leur socialisme, l'influence de l'anarchisme de Proudhon, de Bakounine, d'Elisée Reclus, de Kropotkine et d'autres encore a agi pour déterminer chez eux une tendance antiétatique, antiautoritaire, qui s'accroissait du fait qu'elle correspondait à leur mentalité naturelle. Aussi, les socialistes français et belges eurent tous ou l'instinct ou la conscience que leur intérêt d'hommes libres était de se dresser pour défendre leur autonomie, leurs sentiments, leurs mœurs menacés. Et ils le firent unanimement, de l'extrême droite réformiste à l'extrême gauche anarchiste.

Cette conduite des socialistes français sauva, on peut

l'affirmer, la civilisation de sombrer dans le pangermanisme. Et alors, le sociologue arrive à cette conclusion qui, pour le vulgaire, semble étrange et paradoxale : la liberté, dans le monde européen, a été sauvée par l'esprit inculqué dans le prolétariat franco-belge par la propagande des anarchistes, de ceux que la bourgeoisie dirigeante poursuivit et condamna comme des criminels au cours de la seconde moitié du XIXe siècle !

Ce n'est pas là une des leçons les moins curieuses de la guerre mondiale. Admirez comme les conséquences des pensées et des actes humains se répercutent au loin et en de multiples directions. Et alors vous voyez combien est œuvre vaine et sotte de condamner les manifestations de l'esprit de révolte, ce sel de la terre.

*
* *

En Grande-Bretagne, les socialistes se trouvèrent devant une situation différente. Leur liberté n'était point menacée par un envahisseur. A la vérité, c'était plutôt une apparence qu'une réalité, car la liberté des citoyens britanniques était aussi menacée que celle des citoyens français. Une petite minorité socialiste anglaise le comprit et fut dès août 1914 partisan ardent de la participation de l'Empire britannique à la guerre. Mais la majorité était évidemment contre. D'ailleurs les socialistes de Grande-Bretagne sont très peu nombreux ; leur rôle politique direct est peu important. Leur influence ne se fait sentir qu'indirectement par les Trades Unions, très nombreuses et puissantes, plus puissantes que ne le sont les syndicats en France et en Allemagne.

Le Labour Party au Parlement britannique, suivit les partis bourgeois au moment de la déclaration de la guerre, sans avoir une influence effective sur la conduite du Gouvernement. Cantonné dans ses luttes pour l'amélioration matérielle du prolétariat, sans intérêt dans la politique étrangère, le Labour Party se montra tout d'abord purement insulaire, malgré sa participation aux groupements professionnels internationaux. Ses leaders n'eurent point la souplesse et la vivacité intellectuelles assez grandes pour saisir immédiatement la situation nouvelle que créait l'action de guerre des dirigeants germaniques.

D'autre part, chez une minorité de socialistes britanniques, l'esprit évangélique avait jeté de profondes racines. Pour eux, la non-résistance au mal par la violence est un principe infrangible. Leur devoir était donc de s'opposer à ce que la Grande-Bretagne participât à la guerre. Pour d'autres, soutenir cette participation, c'était violer les principes socialistes, car c'était pousser à la tuerie entre frères socialistes. Leur devoir était donc de s'y opposer. Ces socialistes ne comprirent pas que le socialisme dont ils étaient partisans différait beaucoup en réalité du socialisme soutenu par la majorité sociale démocratique de l'Allemagne. Ces socialistes, en effet, veulent réaliser un monde socialiste non centralisé où chaque individu jouisse de sa pleine liberté. Les Allemands sont, eux, partisans d'un système statal, centralisé, où l'individu est une machine obéissante.

Ces socialistes britanniques ne s'apercevaient pas que la doctrine Tolstoienne de la non-résistance au mal par la violence conduit à l'acceptation du mal, à la soumission à ceux qui le commettent. Cette doctrine entretient le mal. Dans cette guerre, par exemple, le grand-duché de Luxembourg, à cause de sa faiblesse, ne résista pas à l'envahisseur allemand. S'il a échappé à la tuerie de ses citoyens, il n'a pas échappé à la suppression de la liberté de pensée, d'écrire et de réunion ; il n'a pas échappé aux ruines commerciales et industrielles et ses habitants ont dû faire ce qu'ils ne voulaient pas faire. Voilà un fait qui montre à quelles conséquences conduit la doctrine Tolstoienne de la non-résistance au mal par la force.

Les socialistes britanniques ne virent point qu'en s'opposant à la participation de la Grande-Bretagne à la guerre, ils faisaient le jeu des gouvernants capitalistes allemands : ils les aidaient en les laissant écraser les démocraties française et belge, en ne secourant pas les frères socialistes français et belges attaqués. Ils ne comprirent pas que la victoire des Impériaux c'était un recul du socialisme, inévitablement, parce que cette victoire signifiait une conquête territoriale, une germanisation des peuples, et, par suite, une révolte permanente de ces peuples, ce qui entraînait pour l'avenir la substitution de la lutte pour la nationalité à la lutte de classe.

Il y eut là chez ces socialistes une incompréhension réelle de l'intérêt socialiste, qui coïncidait avec leur intérêt national anglais. La chose est curieuse mais très rationnelle car le socialisme va de pair avec la démocratie, et l'intérêt de la Grande-Bretagne est d'être démocratique. Cette incompréhension des leaders socialistes britanniques est due, pensons-nous, à l'insularité et au manque d'intellectualité de la plupart : leur intelligence manque de souplesse, de vivacité, d'ampleur. Ils ne voient pas toutes les faces d'une question et quand on les leur montre, il leur faut du temps pour les saisir. Trop de sports, pas assez de travail intellectuel.

*
* *

Le socialisme russe se divisa aussi, mais en grande majorité il se prononça énergiquement pour la participation à la guerre, contre les Puissances centrales. L'anarchiste Kropotkine, les socialistes révolutionnaires Bourtzev et Roubanovitch, le social démocrate Plechanov et tant d'autres encore en sont les témoins. Ils estimèrent avec raison que le soutien le plus puissant de l'autocratie russe était l'Empire germanique. La destruction de celui-ci était un coup mortel porté à l'autocratie russe. La défaite des puissances centrales était, dans leur opinion, le prélude de la défaite de la bureaucratie russe, si imprégnée d'esprit et de méthode germaniques, de cette bureaucratie qui asservit tous les peuples de l'Empire russe.

Partout, chez les neutres, les socialistes se montrèrent opposés à toute participation à la guerre. En Italie, ils se divisèrent, mais la majorité était, sans conteste, pour le maintien de la neutralité italienne.

En Suède, quelques socialistes de marque comme le professeur Gustav Steffen, auraient même voulu que les Suédois se joignissent aux Impériaux. Il ne s'agissait que d'une petite minorité d'intellectuels, car le gros des forces socialistes était nettement, sous la conduite de Hjalmar Branting, en faveur des Alliés, tout en voulant que la Suède restât hors de la lutte. En Danemark, en Hollande, en Norvège, les socialistes entendaient rester strictement neutres. Leur attitude avait même parfois une tendance légèrement pro-germanique. Ils ne voyaient pas les choses dans leur réalité. Pour eux, en effet, les socialistes français et allemands avaient tenu une conduite identique, puisque tous soutenaient leurs gouvernements bourgeois. Ils ne saisissaient pas la différence profonde qui existait entre les motifs de cette conduite identique : l'envahissement du sol français par l'armée allemande, dans une guerre offensive provoquée par l'Allemagne. Ils se refusaient à voir que le cataclysme mondial avait été déclanché par une caste de la classe capitaliste allemande et ils s'obstinaient à ne voir en cette guerre que l'effet fatal de la politique suivie depuis des ans par la classe capitaliste de *tous* les pays. Certes la guerre était un produit de cette politique absurde, mais il n'en était pas moins vrai que le déclanchement avait eu lieu par la volonté des dirigeants allemands. De ce qu'une mine est préparée, il ne s'ensuit pas qu'elle éclate certainement.

*
* *

L'attitude générale des socialistes neutres est due à diverses causes : le prestige que possédait la social-démocratie allemande ; le désir naturel de se tenir, soi et son pays, à l'écart de tout conflit ; la non-compréhension qu'il y avait, au point de vue socialiste et démocratique, intérêt à soutenir les puissances occidentales. Très grand était le prestige de la sociale-démocratie allemande. Ses bataillons serrés de 4 millions d'électeurs, sa richesse, ses journaux impressionnaient le socialisme mondial qui ne voyait pas que c'était un colosse aux pieds d'argile. Il lui manquait la flamme intérieure de la tradition révolutionnaire, de l'esprit de révolte et de liberté. La discipline y était devenue le but et non le moyen. La crainte de la répression gouvernementale les jugulait.

Le rôle du socialisme allemand était prépondérant. Il entraînait après lui dans les congrès, toutes les nationalités de l'Orient et du Nord européen. La défaite de la France en 1870 retentissait même dans le socialisme international et empêchait de voir la force réelle, très grande du socialisme français.

La Confédération générale du travail et le Parti socialiste français sont tout imprégnés de la doctrine révolutionnaire de Blanqui et de l'anarchisme de Proudhon et de Bakounine. Le monde ouvrier et petit bourgeois, qui forme la structure solide du socialisme français, a subi avec force, d'une façon souvent indirecte, l'influence de la propagande anarchiste des penseurs qui, de 1885 à 1898, gravitaient autour de *La Révolte* et ensuite des *Temps Nouveaux*, ces deux journaux dont l'âme fut Elisée Reclus, Pierre Kropotkine et Jean Grave.

Aussi, en réalité, le Français socialiste ne conçoit pas le

socialisme sans liberté. C'est ce qui fait que dans des congrès internationaux il fut toujours l'adversaire des social-démocrates allemands. Il continua même à être leur adversaire, dans ces congrès, après que les syndicats français n'y prissent plus part, à la suite du Congrès International de Londres en 1896. La Sociale-Démocratie germanique, « composée de soldats bien disciplinés, véritables automates, ne concevant pas la liberté ni pour eux ni pour autrui », comme je l'écrivais dès cette époque-là, avait, par crainte de l'esprit libertaire des syndicats, obtenu le vote d'un règlement draconien qui excluait en fait les syndicats des congrès internationaux socialistes.

Donc, dans les réunions internationales socialistes, la première place était toujours tenue par les social-démocrates allemands et cela faisait illusion sur leur socialisme et sur leur puissance. Leur attitude au commencement de la guerre a fait évanouir cette illusion, pas cependant pour les neutres. Ceux-ci n'ont, en effet, pas compris que l'écrasement de la France c'était l'hégémonie allemande sur le continent ; puis, quelques années plus tard, l'hégémonie dans le monde. La conséquence en était la disparition des nations et de la démocratie, et par suite l'intensification des luttes pour la nationalité et pour la démocratie, au détriment de la lutte pour le socialisme. La conséquence de l'hégémonie allemande était un socialisme d'Etat, rappelant en quelque degré le socialisme des Incas, le socialisme des Jésuites au Paraguay : une classe supérieure gouvernant une masse humaine à qui seraient donnés *panem* et *circenses*, à condition qu'elle travaillât pour ses maîtres. L'hégémonie allemande ferait du prolétariat européen une bande d'hommes bien embonpoint, comme le chien du fabuliste, mais avec le collier au cou. Voilà ce que n'ont pas compris la plupart des socialistes neutres, voilà ce que comprirent, ce que sentirent très bien tous les socialistes français et belges.

*
* *

La longue durée de la guerre devait nécessairement amener des modifications chez les socialistes belligérants. Les événements ne répondaient pas, en effet, aux aspirations et aux sentiments du prolétariat continental. La vague d'enthousiasme qui avait emporté les social-démocrates allemands aussi bien que les socialistes français, peu à peu, au cours de ces années de guerre, se perdit dans les victoires inutiles, dans la boue et les misères des tranchées, dans le sang et les douleurs des millions de morts et d'infirmes.

Au début, le prolétariat allemand avait couru aux armes sous la croyance qu'il défendait son sol contre l'autocratie russe, et qu'il allait libérer les Polonais et les Finlandais du joug moscovite. Mais bientôt les faits se chargèrent non de dissiper ces illusions très tenaces, mais au moins de projeter dessus une lumière qui en diminua l'intensité. Quelques leaders social-démocrates comprirent que les dirigeants allemands les avaient trompés et qu'en conséquence ils marchaient sur une mauvaise voie. Liebknecht d'abord, suivi de Rühle, puis Haase, Kautsky et Bernstein ensuite, commencèrent à élever des protestations et à tâcher d'éclaircir quelque peu l'atmosphère obscure de mensonge et d'ignorance au milieu de laquelle tout le peuple était plongé. D'ailleurs, ces leaders de l'opposition naissante ne faisaient qu'exprimer les nouveaux sentiments qui, d'une façon plus ou moins vague et confuse, imprégnaient la masse ouvrière allemande.

Et alors, peu à peu, se forma parmi le groupe des députés social-démocrates au Reichstag, une minorité qui alla sans cesse en croissant. Alors qu'en août 1914, dans le sein du groupe, 14 membres se prononçaient contre les crédits de guerre, sans que cela fût d'ailleurs publié, on vit cette minorité atteindre 17, puis 32, puis 36, et cela publiquement. En décembre 1915, 20 membres osèrent rompre avec la discipline du parti et voter en séance du Reichstag contre les crédits.

La force des circonstances a fatalement provoqué des changements. En mars 1916, le 24, une scission est survenue dans le groupe parlementaire social-démocrate. Elle eut lieu à la suite d'un discours de M. Hugo Haase, prononcé au Reichstag sans l'autorisation du groupe. Dix-huit membres ont formé la *Sozialdemokratische Arbeitsgemeinschaft*. Ils se sont ainsi libérés de la majorité et peuvent, par conséquent, exprimer librement leur opinion. Ils ont rompu les liens de discipline qui les enserraient comme en une prison.

Il importe de distinguer entre les éléments dirigeants du parti et la masse de ce parti. Il faut aussi noter que dans la population, parmi les jeunes, surtout les jeunes intellectuels, il y a un élément actif et intelligent de penseurs, d'artistes et de littérateurs anarchistes, antimilitaristes, grands admirateurs des démocrates français.

La majorité des dirigeants social-démocrates est partagée entre des éléments divers. Une partie nettement impérialiste n'a rien qui les différencie d'avec les pangermanistes libéraux ou conservateurs, en ce qui concerne leur politique étrangère. Une autre fraction soutient le gouvernement avec l'espérance d'obtenir un accroissement de la politique et des lois démocratiques. Enfin une troisième fraction soutient la politique gouvernementale dans l'espoir que le gouvernement soutiendra, après la guerre, les intérêts économiques des syndicats. MM. David, Scheidemann, Legien sont les têtes de ces fractions qui forment à peu près les deux tiers des députés social-démocrates au Reichstag.

La minorité des dirigeants est partagée en deux subdivisions très inégales en nombre. La plus extrême, avec l'esprit nettement révolutionnaire, a pour têtes de ligne MM. Karl

Liebknecht et Rühle. L'autre compte 18 membres, bien moins violente, a pour leaders MM. Hugo Haase, Karl Kautsky, Edouard Bernstein ; c'est cette fraction qui forme le groupe Union sociale démocrate du Travail. De plus, entre la majorité et la minorité, il y a une quinzaine de députés qui, tout en restant de l'ancien groupement parlementaire, ont des tendances très fortes vers la minorité. Pour être complet, je dois ajouter qu'il y a encore un petit groupe dont le principal leader est Julian Borchardt. Il est de tendances très révolutionnaires, plus encore que le groupe *srartacus* (Liebknecht).

Telle est la situation parmi les dirigeants de la Sociale Démocratie allemande.

Le Parti Social-démocratique est donc en réalité profondément divisé et son unité ne se maintient que par la force de l'habitude. En fait, un fossé profond partage les deux grandes fractions et plus les événements se développeront en leur cours logique et fatal, plus ce fossé se creusera. L'oligarchie dirigeante est ainsi coupée en deux tronçons parce que la masse du parti l'est aussi. Même la majorité de cette masse est réellement du côté de la minorité parlementaire. Les députés qui s'opposèrent en décembre 1915 au crédit de guerre représentent plus d'électeurs que ceux qui les votèrent. Le prolétariat allemand, par assuétude de l'obéissance passive, par son instinct pacifique et son éducation servile, obéit encore aux gouvernants de l'Empire et aux dirigeants de son parti. Mais déjà on peut voir poindre l'aube d'un temps nouveau. Des signes de révolte çà et là surgissent, manifestations isolées, prodromes de changements d'attitude. Certains de ces social-démocrates osent maintenant déclarer que la victoire des Alliés occidentaux libérera l'Allemagne : la source des maux du monde est le militarisme triomphant des hobereaux prussiens.

Il se peut que les conditions économiques, engendrées par la guerre, provoquent à la longue une rupture de l'obéissance bovine du prolétariat allemand. La faim, la misère ne sont pas toujours mauvaises conseillères. S'ensuivra-t-il, avant que la paix se soit réalisée, une révolution? Il serait audacieux de le prétendre, autant que de le nier. Mais une chose est d'ores et déjà certaine pour le sociologue : C'est que les conditions politiques, économiques et sociales sont éminemment révolutionnaires.

Ainsi, il se pourrait fort bien qu'un des motifs de la mobilisation de toute la population civile mâle, entre 18 et 60 ans, pour organiser l'industrie de guerre, soit l'apparition de symptômes de révolte parmi le peuple. Les dirigeants allemands sont, par nature mentale, portés à croire en la panacée de l'enrégimentement. Ils croient que tous ces adultes, ainsi groupés en bataillons de travailleurs, sous l'œil de chefs, verront se calmer leur ardeur de révolte et seront mués en des masses moutonnières. Je pense que l'effet sera autre. Ces mélanges agglomérés d'ouvriers, de petits et moyens bourgeois seront des milieux parfaits de culture de l'esprit de révolte. Et peut-être, le groupement aidant, joint à l'ambiance de misère et de famine, des actes suivront.

De même que l'unanimité du socialisme allemand est rompue, de même l'est l'unanimité du socialisme français. Il n'y a pas de scission dans le Parti Socialiste de France, mais une minorité très forte s'est formée, qui proteste contre la politique suivie par la majorité des dirigeants du Parti. Est-ce même une minorité, si l'on envisage la masse ouvrière? Une chose est certaine, c'est que si tout le parti, d'un commun accord, désire l'écrasement du militarisme mondial et veut l'établissement d'une paix durable, il y a mésentente sur les moyens pour y arriver. Une partie, infime quant à son nombre, souhaite la paix immédiate. Elle voit les ruines, les morts, les infirmes et songe à la misère future, sans percevoir qu'une paix avec l'impérialisme allemand serait nécessairement une paix boiteuse, laissant se perpétuer toutes les causes d'appauvrissement des nations, notamment le militarisme parasitaire.

Une fraction importante du Parti est mécontente de l'ignorance dans laquelle on le tient, de la façon autoritaire dont gouvernent les dirigeants du Parti, qui ne devraient être que les serviteurs du Parti et non les maîtres. Elle se plaint de la rupture des relations avec l'Internationale ouvrière, de ce que les buts de la guerre poursuivis par les gouvernements ne soient pas nettement et publiquement établis. Ces deux fractions forment plus d'un tiers du Parti Socialiste. La prolongation de la guerre ne fait qu'accroître sa force parce que les causes du mécontentement subsistent et parfois augmentent. Au Congrès National, de décembre 1915, une motion de compromis fut unanimement votée. On ne peut en déduire une vue exacte de la situation du Parti Socialiste. Les compromis sont toujours des moyens qui ne servent qu'à embrumer une situation, qu'à obscurcir la vérité. D'ailleurs, l'unanimité dans ce genre de motion n'est obtenue que grâce à une stratégie de couloirs, à une tactique d'obstruction, de fatigue, qui abaissent et dégradent réellement ceux qui les emploient. (1)

De l'ensemble des événements qui se passèrent dans le Parti Socialiste Français durant la guerre, il apparaît en pleine lumière diverses caractéristiques : la formation de clans en lutte entre eux pour l'obtention de fonctions et d'honneurs ; la tendance autocratique de ces clans ; l'absence d'hommes adéquats à la situation ; l'insuffisance intellectuelle et morale des leaders.

Les cadres du Parti se sont, au cours des ans, si fortement constitués, grâce à l'organisation du Parti sur le modèle du parti social-démocratique d'Allemagne, qu'il est impossible à aucun homme nouveau d'apparaître sous l'impulsion des circonstances. Il faut suivre la filière et s'enrégimenter dans un des clans qui se sont appropriés le parti. Et comme chaque individu, dans chaque clan, tient à la place qu'il occupe, il prend bien soin d'écarter toute per-

(1) Au Congrès National de décembre 1916, les 2 fractions s'équivalaient presque.

sonnalité qui lui porte ou pourrait lui porter ombrage. C'est là une des causes de la médiocrité du personnel. Les gens de génie comme Jaurès sont très rares, car il faut qu'outre leur génie politique ils possèdent le génie oratoire pour s'imposer à la masse, qui, elle-même, les impose aux petites oligarchies exploitantes de la masse.

Tout détenteur d'une fonction et d'un pouvoir tend à devenir un autocrate. C'est bien plus facile de commander que d'obtenir par la persuasion. C'est ainsi qu'un député socialiste français me disait un jour, au cours de cette guerre : « *Nous ne leur demandons pas leur avis* (à la masse des soldats ouvriers) ; *nous leur demandons d'obéir* ». Cet état d'esprit est développé par l'ambiance où vivent les élus et par les manœuvres habiles des gouvernements et dirigeants bourgeois, pour endormir les élus socialistes. Le phénomène fut encore bien plus sensible avec l'entrée de socialistes dans les Ministères. L'atmosphère ministérielle est mortelle pour l'esprit socialiste. Et insensiblement, ces représentants du prolétariat arrivent à voir, à sentir et à juger comme les représentants du capitalisme. Ils trahissent consciemment ou inconsciemment ceux qui les ont élus, les idéals et les intérêts qu'ils représentaient.

Les circonstances que créait la guerre étaient révolutionnaires, aussi, dans la masse prolétarienne, un esprit révolutionnaire, se développait, ne demandant qu'à être mis en mouvement par l'attitude et les actes des leaders. Rien ne vint. L'admirable matériel humain demeura inutilisé. Aucun parmi les dirigeants socialistes ne comprit ou n'osa comprendre que la situation était vraiment révolutionnaire et qu'à une situation révolutionnaire correspondait nécessairement des moyens révolutionnaires. Les dirigeants, ministres et autres, laissèrent faire ; heureux de passer la tourmente dans le plus de tranquillité possible. Aussi, ils ont de ce chef une grosse responsabilité dans le maintien du désordre, de l'inorganisation, de la gabegie, des illégalités, de l'ignorance et du mensonge qui se développèrent si grandement en cette guerre, dans l'administration de la France.

Si les leaders furent au-dessous de leur tâche, aucun homme nouveau ne put apparaître, grâce à la forte constitution bureaucratique du Parti. Le Parti s'est centralisé, et, ce, qui, en apparence, l'a fortifié, en réalité, l'a affaibli. Il a été affaibli parce que l'attitude des dirigeants ne correspondait pas aux désirs des plus actifs, des plus militants et de l'ensemble même de la masse prolétarienne. Un sourd mécontentement s'étend ainsi, gagnant peu à peu tous les milieux socialistes qui haïssent l'autocratie. On peut donc prévoir que la guerre aura sur le parti socialiste — je ne dis pas le socialisme — une influence défavorable, provoquant de nombreuses démissions, rejetant beaucoup des hommes et des femmes les plus actifs vers un socialisme moins parlementarisé, probablement vers le syndicalisme. Pourtant, là encore, la possession du pouvoir a montré son influence délétère ; certains fonctionnaires du syndicalisme ont un peu oublié leurs idéals.

.
. .

Au cours de cette guerre, les gouvernements ont pris dans tous les pays des mesures qui étaient indubitablement à tendances socialistiques. La fixation maximum des prix, la réquisition des produits possédés par des individus, la répartition de certains produits, comme ce fut le cas en Allemagne, la gestion des chemins de fer par les gouvernements ou les autorités militaires, le frètement des navires de commerce par les Etats ; le contrôle d'usines existantes, la création d'usines statales pour les munitions et les armes, le règlement du travail des ouvriers, les avances de capitaux à des industriels ; les assurances de l'Etat pour les frets ou contre les effets des bombardements aériens comme en Angleterre ; l'achat de navires de commerce pour faire le transport des vivres et autres produits ; l'achat de « public houses » en Angleterre, pour en diminuer le nombre, le contrôle statal de boucheries et la construction de maisons pour les ouvriers des munitions, comme en Grande-Bretagne ; le moratoire des loyers comme en France, etc., sont des mesures qu'on aurait mauvaise grâce à nier être de forme et de tendance socialistiques. Mais ce serait une erreur d'y voir des mesures véritablement socialistes. Il est en effet impossible d'avoir, dans une société à forme capitaliste, des mesures véritablement socialistes. Elles sont toutes, en effet, à un degré variable, viciées d'influences capitalistes.

Avec la prolongation de la guerre, on vit s'accentuer, en tous les pays belligérants, le caractère socialiste des mesures prises. Ce fut l'Allemagne qui commença cette accentuation, sous la poussée du blocus qui l'affamait et de ses tendances historiques de l'Etat-Dieu. Il y eut des cuisines ambulantes pour nourrir les populations. La tendance à égaliser, plus même, à unifier et à uniformiser l'alimentation de tous se montra manifestement. La réquisition des civils, de tous les civils mâles entre 16 et 60 ans, vint après 28 mois de guerre et sans doute cette réquisition s'étendra, au cours de 1917, à toutes les femmes. C'était le travail obligatoire pour tous, et le travail selon une direction donnée par l'autorité dirigeante, dans un but collectif et non dans un but individuel. Ce travail forcé, exercé par contrainte, sous la menace de peines, ne se différenciait quasi point du travail forcé imposé par les dirigeants allemands aux peuples momentanément conquis : Belges, Français, Polonais, Lithuaniens, Serbes, etc. C'était, pour toute la population mâle, l'esclavage, car nul ne pouvait choisir ni son travail, ni son lieu de travail. Ceux-ci étaient fixés par les autorités. Conjointement eut lieu la répartition de la population au point de vue de la nourriture, selon l'importance de cette population par rapport à la guerre. D'autres mesures complétaient ce système qui transformait l'Allemagne en un immense camp où tout était réglementé, où personne n'était libre, où la contrainte et la crainte régnaient souverainement.

Nous assistons, au XXe siècle, à une revie de ce qui fut au XVIIe siècle au Paraguay gouverné par les Jésuites et chez les Incas, durant des siècles précédents. Le principe est le même : l'autorité gouvernementale et administrative règle tout ; plus n'est de liberté ni d'initiative individuelles. Les humains sont des pions que manœuvrent quelques dirigeants, avec l'aide d'une hiérarchie bien organisée. Là encore, nous trouvons une affinité entre les modes germaniques et les modes jésuites de gouvernement.

Sous la pression des circonstances, à cause surtout de la guerre sous-marine qui raréfiait un peu les vivres et à cause de la nécessité d'intensifier la production des armements, les autres belligérants suivirent plus ou moins l'exemple de l'Allemagne. Mais les mesures prises furent moins généralisées et moins vexatoires de la liberté individuelle. Toutes, d'ailleurs, étaient de même nature socialistique.

De toutes ces mesures se déduisent de multiples enseignements, si on en analyse toutes les conséquences. D'abord, elles montrent nettement que : lorsque la vie, la liberté d'une collectivité, c'est-à-dire ses biens les plus chers, sont en jeu, la nécessité impose le recours à des mesures socialistiques. D'où il s'ensuit que les doctrines socialistes sont celles qui conviennent le mieux à la sûreté et au bien-être de la collectivité. Ces mesures impliquent, de toute évidence, la négation de la propriété individuelle et affirment un droit de prééminence pour la collectivité. Les règlements relatifs à la restriction ou à la prohibition de la fabrication et à la vente de l'alcool sont le franc aveu que certains intérêts privés sont contraires aux intérêts individuels dans leur ensemble et aux intérêts de la collectivité. Les conditions de vie résultant de toutes ces mesures de défense tendent à rapprocher la vie de la nation entière de la vie conventuelle ou de la vie de caserne. L'égalité tend à l'emporter sur la liberté.

L'obligation du travail, sous contrainte de pénalités très fortes, crie au monde entier que sa nécessité sociale est extrême et que par suite, l'oisif est non seulement inutile, mais plus encore, est nuisible. Cette mesure est l'affirmation du parasitisme des oisifs, plus même, du parasitisme de ceux qui font des travaux s'ils sont inutiles à la collectivité. On voit l'importance extrême des déductions dérivant de cette mesure dictatoriale, émanant de l'autorité militaire allemande pour les populations vaincues et du Reichstag, pour les Allemands. En vérité, c'est là une mesure tout à fait révolutionnaire, en absolue contradiction avec les principes et les modes de vie chers aux soutiens des autocraties du capitalisme, qui, à tant de points de vue, sont de purs parasites. N'est-ce pas un fait curieux de voir que, durant cette guerre, les actes des gouvernements des Impériaux ont des conséquences opposées réellement aux intérêts de leurs dirigeants.

Ces mesures, telles quelles furent prises dans tous les pays, n'appartiennent plus ou moins qu'à une des conceptions de la doctrine socialiste, à la conception statale. Le gouvernement recourait à l'obligation avec des sanctions pénales souvent lourdes. La base de ces mesures socialistiques était celle de tout socialisme d'Etat : l'autorité imposée par la contrainte basée sur la crainte. Peut-être est-ce en cet autoritarisme qu'il faut voir la principale raison que certaines de ces mesures en quelques pays ne donnèrent pas tout le bien qu'on en attendait. Si les gouvernements d'Angleterre et surtout de France eussent plus compté sur la libre volonté du prolétariat, il y eut eu moins de désordre et de gabegie. Il eut fallu recourir aux Trades Unions, aux syndicats, aux coopératives et les charger d'organiser et d'exécuter tout ce qui s'éleviat de leur ressort. Mais les gouvernements ne le firent point, poussés par l'instinct de conservation. Ils craignaient sans doute que l'expérience des faits ne montrât au monde combien il serait facile de de se passer de maintes des fonctions gouvernementales.

*
* *

Lorsqu'on envisage la guerre actuelle à un point de vue socialiste, on voit qu'elle est une lutte entre deux conceptions du socialisme : celui de Karl Marx et de Ferdinand Lassalle, autoritaire, centralisateur et étatiste ; celui de Bakounine, libertaire et fédéraliste. La victoire de l'Allemagne en 1870 avait donné de la prépondérance à la conception étatiste de Marx ou, pour être plus exact, à la conception de ses commentateurs. La défaite des Impériaux portera un coup mortel à la conception autoritaire du socialisme, et donnera de la force à la conception basée sur les principes de liberté et de fédération.

L'Internationale ouvrière est rompue depuis l'ouverture des hostilités, puisque les relations entre les socialistes belligérants n'ont plus lieu, car depuis le 29 juillet 1914 le Bureau Socialiste International n'a plus eu de séance plénière ; la majorité des socialistes français se refusant d'y participer tant que leur sol est occupé par les armées allemandes. Mais cet état de choses n'implique pas la mort de l'Internationale. Elle n'implique même pas son éclipsé puisque, si les rapports officiels et collectifs ont cessé d'être, des rapports individuels ont continué. L'Internationale ouvrière subit une crise de croissance et de mutation, voilà la réalité. Elle se transforme : en son sein, l'influence des peuples démocratiques de l'Occident va croître, tandis que va diminuer celle des peuples servilement disciplinés de l'Allemagne.

Partout les partis socialistes sont en voie de transformation, ce qui explique les conflits internes qu'ils montrent au sociologue. Partout on constate, dans ces partis, une aile chauvine et à l'autre extrémité une aile cosmopolite. La première place l'idéal national au-dessus de l'idéal socialiste ; la seconde, au contraire, met l'idéal socialiste avant l'idéal national. Entre ces deux ailes, une masse flottante cherche à accorder ces deux idéaux et penche plus ou moins d'un côté ou de l'autre selon les sentiments d'un chacun.

Il ne paraît pas douteux, si l'on envisage les choses objectivement, que les socialistes chauvins sont bien plus nationalistes que socialistes et que leur idéal socialiste est très altéré. Dans les circonstances de la guerre, ces chauvins furent les seuls qui purent jouir le plus pleinement du peu de liberté de presse et de réunion, qui existait en Allemagne, Autriche-Hongrie et France. La situation était quelque peu différente en Grande-Bretage où les libertés se maintinrent dans une plus grande mesure. Les conservateurs de tous les pays montrèrent un visage riant à ces enfants prodigues qui revenaient au bercail. Ils cherchèrent naturellement à creuser le fossé qui tendait à s'établir entre ces groupes socialistes. Ce n'était que flatterie aux premiers, que menaces et injures aux seconds.

Le principe de la lutte de classe sembla même abandonné, puisque les socialistes coopéraient avec les autres classes pour la défense de leurs pays. L'union des classes succédait à la lutte des classes, à la grande joie des conservateurs de toutes nuances, qui allaient jusqu'à dire que la guerre était une bonne chose, puisqu'elle apportait semblable résultat. En vérité, tout cela n'est qu'apparence, entretenue par la conduite des leaders.

La lutte des classes est un fait social, résultat de causes diverses qui se présentèrent toujours au cours de l'histoire de l'humanité. Tant que ces causes se présenteront, le résultat sera le même. Il est peu probable que la guerre fasse disparaître ces causes et, par suite, la lutte de classe réapparaîtra en pleine lumière après la guerre.

A-t-elle même subi une éclipse durant cette guerre? L'observateur superficiel peut le croire, mais celui qui ne se laisse pas prendre aux apparences sait très bien que non. Si pour la masse prolétarienne la lutte de classe fut suspendue, pour la minorité capitaliste il n'en fut pas de même. Nous l'avons signalé en montrant que dans tous les pays, les éléments conservateurs et réactionnaires s'efforcèrent de tirer profit de la guerre pour leurs intérêts de classe et de caste.

La crise des partis socialistes aboutira, dans l'après-guerre, probablement à une scission. Les éléments les plus avancés, les plus imprégnés de liberté, les plus adversaires de la militarisation de leur nation et de leur parti, se sépareront des éléments les plus modérés, les plus autoritaires. Ce ne sera pas là un affaiblissement du socialisme. Au contraire. Dans tout parti centralisé, l'extrême-droite affaiblit toujours la force de propagande des penseurs et des militants d'extrême-gauche. En se séparant, ceux-ci reconquièrent leur liberté et leur puissance d'action. Ce sont en effet les penseurs d'avant-garde qui promeuvent et les partis et les peuples. N'oublions pas que, comme l'a dit Ernest Renan, « les grandes choses dans un peuple se font d'ordinaire par la minorité ».

Le Socialisme ne sera pas affaibli par ces scissions, car le tronçon de l'extrême-droite conservera, malgré tout, des tendances socialistes qui influenceront les sphères gouvernementales, tandis qu'il subira lui-même, *volente nolente,* l'influence du tronçon d'extrême-gauche. Mais un enseignement ressort de toute cette situation des partis socialistes : c'est la nuisance de la centralisation, et la nécessité d'avoir des partis petits se fédérant entre eux, avec des liens assez lâches pour que chaque groupement soit pleinement autonome.

La guerre a accru considérablement la force du socialisme, c'est-à-dire que les événements ont amené à l'idéal socialiste foule de gens qui l'ignoraient ou y étaient indifférents. Cette augmentation de la force socialiste est due aux circonstances et aux socialistes eux-mêmes. Tous les socialistes sont des propagandistes, parce que tous sont imprégnés avec force d'un idéal et ils éprouvent le besoin irrésistible de le faire partager aux autres. Les tranchées du front, les agglomérations d'hommes dans les camps et les casernes, sont d'admirables milieux de culture du socialisme. Chaque socialiste soldat a répandu autour de lui la semence socialiste. La besogne était aisée, car les tueries, les ruines de la guerre, les absurdités et les crimes de la discipline militaire, l'enrichissement des uns, les restrictions des libertés, etc., étaient là pour appuyer d'exemples sa propagande contre l'autocratie, la guerre, le militarisme, le capitalisme.

Tout le monde a été atteint par la guerre et en a supporté plus ou moins les nuisances. La mort et les souffrances font penser. Aussi le monde était un terrain bien préparé pour recevoir la semence socialiste, que jetaient au vent tous les socialistes soldats et civils dans les conversations quotidiennes. Français, Anglais, Belges, Allemands, etc., ont rivalisé en cette œuvre. C'est ainsi qu'un « neutre », écrivant ce qu'il avait vu en Allemagne, pouvait dire : « les soldats allemands, qui sont revenus du front pour prendre quelque repos pendant l'été ou l'automne, avaient acquis, sans l'aide d'aucune propagande écrite, des « idées avancées », s'ils n'en avaient pas auparavant, ou « plus avancées », s'ils en avaient déjà ». Le même phénomène se présente partout. On sera étonné, la guerre finie, de l'œuvre souterraine ainsi accomplie. Et plus la guerre dure, plus cette œuvre se continue. La conséquence de ce fait certain, c'est qu'au point de vue socialiste il y a intérêt à la durée de la guerre. L'intérêt capitaliste et conservateur serait de l'arrêter le plus tôt possible, car elle crée un état d'esprit socialiste et révolutionnaire et une situation révolutionnaire. Mais, chose curieuse, ce sont des socialistes et des démocrates qui veulent arrêter la guerre, tandis que les conservateurs capitalistes veulent la continuer. Il y a là un très intéressant renversement des rôles, contraire aux intérêts réels des deux parties. Il est évidemment dû au sentimentalisme de la masse démocratique et aux courtes vues des conservateurs qui ne voient que l'intérêt du moment.

La guerre a montré et développé l'influence du socialisme dans la société contemporaine. L'heure de la paix, proche ou éloignée, dépend réellement des socialistes allemands et non du Kaiser. Qu'un vent de révolution souffle en leurs rangs, qu'ils abattent leur militarisme et la paix est immédiate, car les socialistes occidentaux se refuseraient à continuer la guerre. Le monde entier sait si bien le rôle énorme que jouent les socialistes en cette lutte mondiale que jamais les journaux n'ont été plus remplis de nouvelles se rapportant au socialisme. Jamais les gouvernements et les capitalistes n'ont été plus inquiets des décisions que prend le monde ouvrier. S'il savait sa force réelle, ce monde ouvrier, si ses leaders la comprenaient et l'utilisaient au lieu de la sous-estimer et d'y être indifférents, guerre, militarisme et autocratisme seraient à jamais finis. La faiblesse du prolétariat repose en l'ignorance de sa force.

Cependant déjà on peut prévoir la grandeur du rôle du socialisme mondial au moment de la paix. C'est ainsi qu'un journal gouvernemental hongrois, *Az Est*, a écrit fort justement dès 1915 :

« Le destin du monde vient lentement dans les mains du socialisme. Le militarisme a fini son œuvre et est sur le déclin. Le monde a épuisé sa force militaire et c'est le devoir du socialisme de réveiller la conscience du monde. Les socialistes commencent partout dans les contrées belligérantes à se remuer et on peut justement espérer que le son des canons sera bientôt supprimé par l'éveil de la conscience du monde ».

CHAPITRE VIII

La guerre contemporaine montre les Etats réunis en deux groupes belligérants : d'un côté les puissances centrales ou Impériaux, ou Quadruple Alliance ; de l'autre, les puissances occidentales, orientales et méridionales ou Quintuple Entente.

Si l'on considère les rapports des puissances entre elles à l'intérieur de chaque groupe belligérant, on fait des constatations intéressantes pour le sociologue, constatations qui entraînent des conséquences pour l'avenir, si les hommes sont assez sages pour tirer profit des leçons que produit cette guerre mondiale.

Tout d'abord, dans ces événements, une des caractéristiques visibles pour tous, c'est l'audace, la décision des puissances centrales, tandis que les puissances occidentales montrent de la timidité, de l'indécision, et cela, sur le terrain militaire aussi bien que sur le terrain diplomatique.

Recherchons les causes de ce phénomène sociologique. Lorsque l'on considère les puissances centrales, on voit immédiatement qu'il n'y a pas entre elles des rapports d'égaux à égaux, mais des rapports de maître à inférieurs. Le Maître, c'est l'Empire allemand, les inférieurs sont ses Alliés : Autriche, Hongrie, Turquie, Bulgarie.

L'hégémonie de l'Allemagne sur ses Alliés s'est établie peu à peu, presque sans conteste, au cours de cette longue guerre. L'Autriche germanique est quasi absorbée par l'empire teutonique ; la Hongrie possède bien une minorité d'opposition, mais ses gouvernants marchent d'accord avec le Kaiser. La Turquie est passive entre les mains de ses dirigeants ; les Enver Pacha et autres Talaat Pacha sont des jouets de la politique allemande. Quant à la Bulgarie, elle n'est pas complètement le séide du Kaiser, grâce à l'astuce et à la ruse de son Tzar, Ferdinand, qui poursuit des fins personnelles avec le plus d'habileté qu'il peut.

Tous ces Alliés sont des mineurs qui obéissent presque sans rechigner aux ordres des gouvernants militaires de l'Allemagne. Cette obéissance des Alliés centraux repose en somme sur la reconnaissance du droit de la force, le grand principe de la politique allemande. C'est le seul droit admis. Il n'y a plus aucun respect de la signature ou de la parole donnée, si l'intérêt immédiat semble être contre le maintien de cette parole et de cette signature. Il n'y a aucune notion du franc jeu. Il y a un but à atteindre, un but qu'on s'est fixé ; et tous les moyens, sans exception, sont bons s'ils conduisent à ce but. Bref, le résultat immédiat est tout. Il y a négligence volontaire des résultats lointains, des conséquences multiples et indirectes des actes. Le triomphe, quelque momentané qu'il soit, cèle les erreurs, les fautes de cette politique à courte vue.

L'Empire allemand commande à ses alliés, dont la fonction est d'obéir et rien qu'obéir. C'est par l'organe de ses militaires que ces commandements ont lieu ; et les décisions sont prises sans qu'aucun compte soit tenu des volontés, des désirs ou des intérêts des autres belligérants. Tout se ramène à l'Allemagne et à ses intérêts particuliers, tels que le conçoivent ses dirigeants.

Cette conduite de la guerre et des relations entre Etats montre combien l'âme allemande a été militarisée jusque dans ses couches les plus profondes. L'essence, en effet, de cette conduite vis-à-vis des alliés et des neutres est la même que celle de la conduite vis-à-vis de l'ennemi ; c'est le terrorisme, la crainte. Une telle militarisation de l'âme allemande n'est point due au fait que les Allemands appartiennent à une race anthropologique inférieure aux races occidentales. Elle est uniquement due à l'éducation militariste qui a retardé le développement politique de la nation et a fait que la nation allemande est d'un demi-siècle au moins en retard sur les nations occidentales.

Celles-ci se sont libérées de la foi en l'Etat-Dieu, qui est devenu pour la nation allemande un objet général d'adoration. L'éducation familiale, scolaire, universitaire et de la caserne ont peu à peu imprimé sur tous les cerveaux germaniques l'habitude d'obéir à des ordres et à des « devoirs » *imposés* par des maîtres et des chefs. Il ne s'agit pas du « devoir » que chacun peut et doit se fixer soi-même à la suite d'une série de raisonnements critiques ; il s'agit du « devoir » imposé par autrui, au moyen de la crainte. Toute spontanéité individuelle est détruite. Jamais, en effet, l'enfant n'est habitué à agir par lui-même, à penser par lui-même et il s'ensuit que l'adulte, qui continue à n'être jamais consulté sur les actes à faire, continue à obéir passivement, sans raisonner. Chacun devient un rouage de la machine immense de l'Etat-Dieu. Le peuple allemand a oublié ce que l'un de ses plus grands hommes, Alexandre de Humboldt, écrivait en tête d'un de ses ouvrages : « ceci est écrit contre la manie gouvernemenntale, la maladie la plus fatale des gouvernements modernes ».

L'organisation allemande repose sur l'obéissance passive : le même principe d'organisation sur lequel reposaient tous les grands empires asiatiques et américains des temps antiques.

Or, si on considère ces empires historiques, on constate combien ils furent conquérants et guerriers. On peut dire avec certitude que la guerre et la conquête de vive force étaient leur but, leurs moyens et leurs raisons de vivre. Il en est de même aujourd'hui pour l'Empire allemand, et il n est ainsi parce que l'esprit militaire y règne en maître.

La science, le commerce et l'industrie sont ses serviteurs. L'éducation allemande était telle que la guerre était son industrie naturelle, logique. L'Empire allemand était dressé pour la guerre et par l'inéluctable cours des choses, il était fatalement condamné à la faire : nous voyons là une conséquence inévitable de l'éducation militariste reposant sur la crainte.

Cette éducation militariste qui a obligé l'Allemagne à la guerre explique, d'autre part, les succès primitifs et l'étonnante longueur de résistance que l'Empire offre dans cette guerre où sa défaite a été scellée le 4 août 1914, quand l'Empire britannique lui a déclaré la guerre. C'est cette éducation militaire qui a engendré l'hégémonie de l'Allemagne sur ses Alliés. C'est cette obéissance passive de tous, qui est l'origine de la rapidité de décision, de l'initiative dans l'action et de la création des événements, ce qui oblige les belligérants occidentaux à les suivre.

Ces phénomènes se passent aussi bien dans l'ordre diplomatique que dans l'ordre militaire. Les plus récents témoignages se trouvent dans la victorieuse campagne de Roumanie, dans la formation du Royaume de Pologne et dans l'offre de la Paix. Les puissances de l'Entente n'avaient pris que d'insuffisantes précautions en faveur de la Roumanie, lors de son entrée dans la guerre mondiale. Puis la Russie, dont une partie des dirigeants, toujours germanophiles, tenta ces mêmes mois de 1916 de faire une paix séparée, mit à aider la Roumanie une mauvaise volonté dont la défaite roumaine et la prise de la moitié du pays furent les conséquences. Les Impériaux, eux, n'hésitèrent pas. Avec une admirable rapidité, tout l'effort militaire fut porté sur la Roumanie, de façon à la vaincre, de prendre des territoires riches en blé et en pétrole et à pouvoir montrer au monde, tant neutre qu'allié et ennemi, que l'Allemagne était invincible.

Examinons maintenant la formation du Royaume de Pologne. Là, les dirigeants allemands tergiversent, hésitent, tâtonnent. Parmi eux, il en est qui se refusent à voir l'intérêt qu'ils ont à ériger la Pologne en un royaume autonome, mais vassal. Il en est qui veulent toujours et quand même recourir au terrorisme pour s'attirer l'amour des peuples. Puis le Gouvernement allemand doit tenir compte du Gouvernement autrichien, dont les vues sont différentes, parce qu'il y a un certain antagonisme d'intérêts. Le résultat est donc une solution bâtarde, qui mécontente tout le monde, surtout les Polonais qui veulent l'indépendance de leurs pays, uni et non divisé en trois fragments prussien, autrichien et russe. Si les dirigeants allemands avaient été habiles, ils auraient réuni ces trois fragments dans le royaume qu'ils fondaient. C'eut été un coup moral terrible porté à la Quintuple Entente. Mais les hobereaux s'y opposèrent. Une fois de plus, l'observateur constate l'opposition des conservateurs à une mesure de progrès qui, en même temps, eut été une mesure de justice.

La solution bâtarde des Allemands fut inopérante pour les Polonais. Ils se refusèrent à former une armée alliée des puissances centrales. Par contre, il en résulta une influence sur la conduite des puissances de l'Entente. Entre la Russie et l'Allemagne, plus de possibilité de paix séparée : les ponts étaient coupés. L'autocratie russe, cédant enfin à la pression de ses alliés d'Occident, proclama officiellement que « ses intentions comportent la création d'une Pologne entière, englobant tous les territoires polonais et qui jouira, la guerre terminée, du droit de régler librement sa vie nationale, intellectuelle, économique sur les bases d'une autonomie sous le sceptre des souverains russes et en conservant le principe de l'unité d'Etat ». La promesse russe est endossée par les gouvernements de Grande-Bretagne et de France, qui déclarent officiellement : « Nous sommes heureux de nous solidariser entièrement avec les vues dont le Gouvernement impérial entend assurer la réalisation au bénéfice du noble peuple Polonais ». La manœuvre du Gouvernement allemand a échoué, mais c'est lui qui en a eu l'initiative, c'est lui qui a tracé la voie à suivre aux Puissances de l'Entente. Et par cette initiative, il a détruit en partie l'effet moral qui eut résulté des déclarations de la Russie si elles eussent été faites en 1914 ou en 1915. Alors ces déclarations eussent été faites par esprit de justice, tandis qu'en 1916, elles ne sont que le résultat des nécessités du moment.

Considérons les propositions de paix. Leur habileté est grande, car, en tout état de causes, elles auront diverses influences plus ou moins fortes en faveur des Empires Centraux. Ces propositions jettent entre les Puissances de l'Entente des germes de dissentiments et de dissensions. Il peut en résulter des divisions, des tiraillements, d'où un affaiblissement. Elles jettent dans l'intérieur de chaque puissance des germes analogues entre les citoyens du pays, d'où affaiblissement de chaque puissance. Ces propositions provoquent donc une diminution de la force offensive de l'ensemble des Alliés occidentaux. En outre, elles ont pour effet d'attirer les sympathies des neutres du côté des Puissances Centrales, toute disposées à terminer le massacre de l'humanité. S'il continue, ce sera la faute de l'Entente. L'entêtement des Alliés occidentaux à continuer la guerre prouve leur volonté d'exterminer l'Allemagne qui sera obligée de recourir à *tous* les moyens pour résister. C'est par anticipation la justification, vis-à-vis du monde entier, de l'intensification de la lutte et des procédés barbares dont il sera fait usage. Les conséquences de ces propositions de paix s'étendent encore, car elles rejettent sur les Alliés occidentaux la responsabilité de la continuation de la guerre et par cela même, elles forment une opinion publique allemande favorable au gouvernement et au militarisme allemands. Si le peuple des femmes, des enfants et des vieillards souffre de la faim et de la misère, la faute en est aux Alliés qui veulent la continuation de la guerre. C'est à eux qu'il faut en vouloir.

Tous ces résultats des propositions de paix allemande n'eussent pu avoir lieu si les gouvernements des puissances de l'Entente avaient dit leurs conditions de paix. Depuis longtemps ils eussent dû le faire. Que n'ont-ils déclaré officiellement : « Nous ne faisons pas la guerre au peuple allemand, mais seulement au Kaiser et au militari me allemands. Nous ne voulons pas de conquêtes territoriales ; nous voulons l'indépendance des groupes nationaux et la fin des guerres ». Combien la situation eut été éclaircie ! Combien l'effet moral sur le peuple allemand et sur les neutres eut été grand ! Mais l'absence d'initiative de la part des puissances de l'Entente les a privées de tous les avantages qui en eussent résulté. Peut-être pour faire perdre aux Allemands les avantages moraux qui sont les conséquences de leurs propositions de paix, les gouvernements occidentaux vont-ils riposter par l'annonce des conditions de leur paix ? (1) Quoiqu'il arrive, l'initiative aura été l'apanage des puissances centrales, qui ainsi créent et provoquent les événements.

D'ailleurs, lorsqu'on analyse les raisons qui mènent les gouvernements de l'Allemagne à provoquer les événements, on voit, parmi d'autres causes, que l'une d'elles est la *nécessité* d'entretenir la force morale des peuples centraux par des victoires apparentes. En réalité, ce ne sont pas des victoires, car elles ne font que reculer le mur de la cage où se débattent, prisonniers, le militarisme et le Kaiserisme teutoniques. Mais, pour concevoir cette réalité, il faut posséder l'esprit critique et la réflexion, il faut juger par soi-même et non sur la parole du maître. Or, l'éducation basée sur la crainte a aboli, chez l'Allemand, l'esprit critique. Il ne peut tirer de lui-même sa force morale ; il faut qu'elle lui

(1) L'intervention du Président Wilson a complètement fait échouer la manœuvre allemande. Les Alliés occidentaux ont pu faire connaître leurs buts de guerre.

soit donnée par le maître. Et le maître ne peut la lui donner qu'en le trompant par des illusions. Le maître est obligé de tenter de courir de victoire en victoire pour maintenir la force morale du peuple. Les gouvernants sont des condamnés à la victoire forcée. Et comme ils ne peuvent pas la donner, ils sont obligés de recourir aux apparences. On voit ainsi comme l'éducation militariste, comme l'éducation basée sur la crainte victimise aussi bien ceux qui commandent que ceux qui obéissent.

***

Entre les Puissances de la Quintuple Entente, les rapports sont autres qu'entre les Puissances Centrales. Ce sont en effet des rapports d'égaux à égaux. Il n'y a là ni maîtres ni inférieurs. Aussi chacun conduit *sa* guerre à sa manière, selon ce qu'il croit ses intérêts particuliers. De cette situation il est résulté de l'indécision dans le conseil et de la lenteur dans l'action, parfois même des contradictions dans les actes, presque toujours des compromissions, des tergiversations. Ces puissances ont été amenées ainsi à suivre les événements provoqués par l'ennemi au lieu de les créer.

Il y eut, de ce chef, une véritable faiblesse dans la conduite de la guerre, tant sur le terrain militaire que sur le terrain diplomatique. L'origine de cette faiblesse gît pour une part dans la diversité et parfois l'opposition des intérêts des puissances alliées. Ainsi, il paraît probable qu'à diverses reprises dans les premiers mois de 1915, la Grèce offrit son aide aux Alliés, proposant de marcher sur Constantinople, avec ou sans l'aide des Bulgares; puis après, avec les Serbes et les autres Balkaniques que cela aurait déclanchés, de marcher sur Buda-Pest. La chose n'eut pas lieu parce que c'eut été l'occupation de Constantinople par les Grecs, chose qu'à aucun prix ne voulait le Gouvernement russe. C'est la politique russe de conquête et de panslavisme qui, en somme, empêcha la Bulgarie et la Grèce de se joindre à la Quintuple Entente. C'est elle qui retarda jusqu'en août 1916 l'entrée des Roumains dans la guerre. Pour les Etats Balkaniques, la neutralité du Bosphore et des Détroits est de toute nécessité. Par suite, ils ne voient pas d'un bon œil l'immense empire du Czar poser sa main sur Constantinople. Nous pouvons constater là le mal que fait l'esprit de conquête, même à l'égard de celui qui le possède, car l'abstention de ces puissances balkaniques, conservant leur neutralité, a prolongé et prolonge la guerre, sans d'ailleurs en modifier le résultat ultime.

Alors que les dirigeants allemands décident et agissent avec rapidité, considérons la conduite de l'Entente vis-à-vis de la Grèce ! Elle a tous les motifs d'agir, et elle reste inactive ! France, Grande-Bretagne, Russie sont les puissances garantes de la constitution grecque. Il n'est pas douteux que le roi Constantin l'a violée et qu'au gouvernement parlementaire il substitue le gouvernement autocratique. Elles peuvent parler et agir, c'est-à-dire contraindre le roi, soit à respecter la constitution, soit à s'en aller comme l'a fait le roi Othon, au siècle dernier. Elles le peuvent d'autant mieux qu'elles ont l'appui du parlement conduit par Venizelos, et d'une partie de l'opinion publique. Elles restent inactives, laissent les événements se dérouler sous la poussée germanique. Et cela aboutit à l'inactivité forcée de l'armée d'Orient dont les derrières sont menacés ; aux troubles de Grèce, à des massacres de Vénizélistes, etc.

Cette inaction est le fruit de l'antagonisme des intérêts des Alliés. Les intérêts de l'Italie sont que la Grèce n'entre pas dans la guerre et ait une neutralité à peine bienveillante. L'Italie convoite des territoires de l'Empire turc, qui sont aussi convoités par la Grèce, justement, d'ailleurs, car la population y est surtout grecque. Le Gouvernement russe, peut-être même le Gouvernement anglais, ont un intérêt dynastique à protéger la royauté grecque, à ne pas commettre d'actes qui aboutissent à une république grecque. Nous retrouvons là encore la nuisance pour les démocraties occidentales et de la faim de conquêtes et des intérêts particuliers aux royautés. La nuisance est grande, car la guerre en est prolongée.

La prolongation de la guerre n'affecte pas également les belligérants occidentaux. L'Empire russe, bien qu'envahi, n'est pas atteint dans ses œuvres vives, puisque les Allemands, bien qu'ils aient pénétré de plusieurs centaines de kilomètres dans l'Empire, ne sont pas encore sur le territoire habité par les Russes. Ils ont conquis des fragments de l'Ukraine, la Pologne, la Lithuanie, la Courlande, mais pas la Grande Russie. Ils ont conquis des populations qui parlent le polonais, le lithuanien, le petit-russien, et non des populations parlant le russe. L'Empire russe, malgré ses pertes en hommes et en territoire, est encore presque intact. Sa richesse latente est à peine diminuée. Il peut, s'il est aidé économiquement, tenir campagne de longues années encore.

La Grande-Bretagne est dans la même situation pour des raisons autres. Son insularité joue à son égard le même rôle que l'immensité territoriale de l'Empire russe. On peut presque dire que la Grande-Bretagne est indifférente à la durée de la guerre, bien qu'économiquement elle s'en ressente et s'en ressentira de plus en plus. A certains points de vue même, la Grande-Bretagne a intérêt à une guerre prolongée, car il en résulte une ruine plus certaine du commerce et de l'industrie germaniques, qui, partiellement peuvent être et sont remplacés par son commerce et son industrie propres. La prolongation de la guerre nuit bien plus à ses Alliés, par exemple à la France, qu'à elle-même. L'Allemand occupe en effet une partie industrielle de la France, puisque trente mois après le commencement de la guerre, il est encore à Noyon, c'est-à-dire à 80 kilomètres de Paris. L'industrie et le commerce de la France souffrent presque autant que ceux de l'Allemagne à cause de la mobilisation des hommes et de la tension générale des énergies vers un seul but : conduire la guerre à une fin victorieuse. Il résulte de là que la prolongation de la guerre conduit à cette situation que lorsque la fin viendra, ce sera l'Empire britannique qui sera le moins ruiné en hommes et en biens, le plus prêt à récolter sur le champ économique les dépouilles des vaincus.

Je ne voudrais pas qu'on déduisît de ce qui précède une conséquence qui, pour moi, n'existe pas, à savoir que la prolongation de la guerre est voulue par la Grande-Bretagne. Je suis convaincu que seule une incompréhension complète des événements et des hommes conduit à admettre une telle conséquence. Je dis simplement que la prolongation de la guerre ne dessert pas autant la Grande-Bretagne que la France et la Belgique.

La diversité et l'opposition des intérêts des belligérants alliés ont provoqué les fautes, les erreurs, dans leur conduite de la guerre. Une vue superficielle des choses en a conduit quelques-uns à attribuer ces fautes et ces erreurs politiques et militaires au fait que les Alliés occidentaux vivaient sous le régime démocratique.

« L'action est tout, dans les époques de guerre. Les assemblées délibérantes sont peu propres à l'action. Les démocraties ne peuvent mener la guerre comme les autocraties. Le parlementarisme est funeste à la victoire. Bref, les pays où l'opinion publique gouverne, à cause même des avis contradictoires qui s'y manifestent, sont en état d'infériorité sur les Etats sans opinion où quelques maîtres gouvernent. »

Voilà en substance ce que même des démocrates ont écrit sur les mérites relatifs des autocraties et des démocraties en état de guerre.

En cette opinion il n'y a qu'une vue superficielle des choses, une coutume d'examiner les événements sans scruter le fond et le tréfond de leurs causes. On relie de cause à effet des choses qui, en réalité, n'ont pas du tout de rapport, ou ont des rapports très minimes. S'il y avait une relation intime entre le principe autocratique et la conduite favorable de la guerre, le Gouvernement russe, qui est pour le moins aussi autocratique que l'Allemagne, n'aurait pas vu ses armées battues.

Les erreurs et les fautes des Alliés occidentaux, au cours de cette guerre, sont indéniables et flagrantes ; mais elles ne sont pas dues au fait qu'ils étaient gouvernés démocratiquement. Ces fautes sont dues à la diversité et parfois à l'antagonisme des intérêts des Etats alliés et aussi à l'antagonisme qu'il y avait dans le sein de chaque nation occidentale, entre l'esprit démocratique et le mode autocratique de gouvernement et d'administration.

C'est là un point très important. Nulle part il n'existe encore de collectivités qui soient complètement gouvernées et administrées selon les principes démocratiques. Partout il subsiste une lutte entre les deux tendances démocratique et autocratique ; et l'administration des choses et le gouvernement des hommes n'est alors qu'un compromis, qu'une cote mal taillée entre ces deux tendances. Toujours les gouvernants tendent à agir d'après les principes autocratiques. Ils tendent ainsi en vertu de la loi du moindre effort ; il est plus facile de commander que de persuader : il faut moins de peine pour obtenir l'obéissance passive, par la crainte, que pour obtenir librement le consentement de tous.

Le principe démocratique, c'est le gouvernement du consentement de tous librement donné. Aucun des gouvernements parlementaires en France, en Grande-Bretagne, en Italie ou en Belgique n'a cherché à obtenir ce libre consentement de tous. Ils essayèrent de l'imposer par des lois qui restreignaient ou supprimaient les libertés acquises. Il se créa ainsi dans le sein de chaque Etat des antagonismes qui diminuèrent la force nationale qui ne pouvait avoir sa pleine existence qu'avec l'accord unanime du peuple entier. Mais le peuple pris en masse possède tellement l'instinct de sa conservation, de son intérêt, qu'il minimise naturellement les antagonismes. Aussi, le mal le plus grand ne vint pas de la classe gouvernée, mais de la minorité gouvernante qui, s'étant investie de pouvoirs autocratiques, s'adonna à l'arbitraire et à l'indolence. Il faut une organisation très forte de l'autocratie pour éviter en partie l'arbitraire et l'indolence à tous les degrés de la hiérarchie. Or l'organisation autocratique ne pouvait pas être forte dans les pays à esprit démocratique à cause des tendances mêmes du peuple.

L'arbitraire et l'indolence des gouvernants conduisirent au mécontentement et surtout à la mauvaise utilisation des individus et des organismes sociaux. La presse fit peur aux gouvernants, et au lieu de l'utiliser pour obtenir l'accord unanime, on lui supprima toute liberté. Les gouvernants, loin de recourir aux initiatives individuelles, en eurent peur et cherchèrent à les restreindre et à les décourager. Il fallait conserver le doux farniente bureaucratique, fruit si essentiel de l'autocratie.

Voilà réellement les causes de la faiblesse relative des Alliés d'occident dans leur conduite de la guerre. Il eût fallu franchement rompre avec toutes les coutumes autocratiques de gouvernement et d'administration, montrer franchement aux peuples la réalité des choses et les appeler à décider et à s'organiser pour y faire face. Il fallait aider, organiser les initiatives libres des individus, et non pas en inhiber l'essor. Et alors la contradiction entre les aspirations des peuples et leur administration eut disparu et l'effet maximum de leur puissance totale eut été obtenu, et au point de vue diplomatique, et au point de vue militaire. En somme, la démocratie n'est pas en opposition avec la guerre défensive, mais elle exige des modes démocratiques de direction et d'administration et non des modes plus ou moins autocratiques.

Dans la conduite de la guerre, telle que la menèrent les puissances occidentales, il ne faut pas incriminer leur démocratie, mais l'absence d'unité de leurs buts de guerre. C'est ce qui empêcha l'unité dans la direction de la guerre et c'est de cela que dériva leur politique d'attendre et de voir. C'est là un défaut inhérent à toutes les coalitions, autocratiques comme démocratiques, quand les coalisés sont entre eux sur un pied d'égalité.

*
* *

Chez tous les belligérants, entre Alliés, on a constaté une certaine friction, un certain mécontentement. Pour les puissances centrales, cela provient de l'hégémonie de l'une d'elles sur les autres. Autrichiens, Hongrois, Turcs et Bulgares n'aiment pas, en réalité, sentir et subir le joug prussien. Pour la Quintuple Entente, la friction entre Alliés vint de l'ignorance mutuelle de l'œuvre menée par chaque Allié. Chacun considère et déclare sa besogne et son front comme les plus importants. Et sur cette pente, on est vite tenté de penser et de dire qu'on est seul indispensable dans l'Entente.

Cette incompréhension et cette mécompréhension de la réalité a pour origine l'ignorance profonde qu'ont les peuples les uns des autres, au point de vue de leur état d'âme, de leur situation politique réelle. Pour connaître un pays, il faut l'habiter et savoir observer. La lecture des journaux n'éclaire qu'imparfaitement, car tout est plus ou moins défiguré dans la presse. Il semblerait que tout le monde aît peur de dire la vérité. Les agences, à la solde directe ou non des gouvernements et des puissances capitalistes, s'abstiennent de communiquer certaines nouvelles, ou bien elles les communiquent en en altérant l'esprit. Les journaux, d'ailleurs, selon la politique et les intérêts de leurs directeurs, ou de leurs propriétaires censurent les dépêches des agences et de leurs correspondants. Ceux-ci vivent en un milieu spécial de politiciens, de financiers et, consciemment ou non, ne reflètent nullement l'âme du pays, dans leurs correspondances. Il s'ensuit que même sans censure gouvernementale, le public ne voit les choses que plus ou moins colorées, selon les intérêts des propriétaires de journaux. Le public est trompé, quel que soit le journal qu'il lit, car s'il échappe au danger d'être trompé par des journaux soumis à des intérêts matériels, il n'échappe pas à celui d'être trompé par des journaux de parti, dont l'esprit sectaire, si idéaliste qu'il soit, minimise ou augmente, bref, déforme les faits.

Si on ajoute à cet obscurcissement de la vérité, celui qui est provoqué, durant cette guerre, par la censure d'Etat, on comprendra l'ignorance profonde des peuples concernant l'œuvre guerrière et l'état d'esprit de chaque belligérant allié.

Cette ignorance a empêché les Alliés de voir l'indispensabilité mutuelle de chacun d'eux. En Grande-Bretagne, on n'a d'abord pas saisi l'importance de la besogne accomplie par les Français. Au bout de quelques mois on en a, je crois, saisi toute la grandeur. Cependant il semble que l'opinion générale croit que par la seule force de leur marine, les Iles Britanniques sont à l'abri de tout envahissement. Je crois que c'est là une vue erronée. Si l'on fait l'hypothèse que la France ait abandonné l'Entente avec l'Angleterre pour s'allier avec l'Allemagne, il ne me paraît pas douteux que ces deux puissances unies ne seraient invincibles, tout comme l'est maintenant la Quintuple Entente. Par ce qu'a pu faire l'Allemagne, plus ou moins bloquée, et sans communications maritimes, on peut juger de ce qu'elle aurait fait avec l'alliance de la France, avec les multiples ports de ses côtes de la Manche, de l'Océan, de la Méditerranée et de ses colonies, où elle aurait construit et abrité des flottes puissantes. Le sol britannique ne fût certes pas resté inviolé, sans parler de la guerre aérienne qui aurait été menée de maints centres proches des côtes au lieu de l'être comme maintenant de quelques centres éloignés.

En France, la majorité du peuple n'a certainement aucune idée de l'immense importance jouée dans cette guerre par la marine anglaise. Le peuple français n'a pas entendu parler de grands combats navals. Il n'a connu que l'œuvre des sous-marins allemands coulant des navires. Il n'a su que le nombre des troupes anglaises sur le sol français, nombre qui, pendant de longs mois, fut petit, relativement aux troupes françaises. Et alors il n'a pas compris que, sans la flotte de guerre anglaise, les côtes de France eussent été bombardées et closes aux arrivages d'outre-mer. Il n'a pas vu que sans la flotte marchande anglaise, il eût été dans l'impossibilité de s'approvisionner en charbon, en métaux, en munitions, en armes et en vivres. Et, par suite, la France eut été obligée de subir la loi allemande, même après sa victoire de la Marne et de l'Aisne.

Sans l'Empire britannique, la France, avec son Alliée, la Russie était fatalement vouée à la défaite. La France et l'Angleterre alliées ne pouvaient, par contre, être vaincues, mais elles n'auraient elles-mêmes pas pu vaincre une Allemagne alliée à l'Empire russe. Certes l'Empire des mers leur eut appartenu, mais l'Allemagne eût trouvé en Russie un réservoir inépuisable d'hommes, de vivres et de matières premières, qu'elle eût méthodiquement transformées en armes et munitions. Une alliance germano-russe eut été mp ossible à affamer.

L'examen objectif des conditions des Alliés montre donc l'indispensabilité de l'Entente anglo-franco-russe, pour résister aux puissances centrales et en triompher. Chacune de ces puissances est indispensable aux autres. Leur triomphe est certain, et il le fut du jour historique, le 4 août 1914, où la Grande-Bretagne se joignit à la France et à la Russie. Les Gouvernements allemands le comprirent fort bien, et c'est dans cette compréhension qu'il faut voir la cause de leur essai de faire pénétrer la haine de l'Anglais dans l'âme du peuple allemand.

Ceux qui dans le monde aiment la liberté, doivent donc se féliciter de ce que la politique étrangère germanique ait été conduite de façon à provoquer l'alliance de la France et de la Russie. S'il n'en avait pas été ainsi, peut-être l'Europe fut-elle devenue la proie des deux empires autocratiques germano-russe.

La Russie, grâce à son gouvernement autocratique, offrait un terrain très propice à une alliance avec l'Empire allemand. Aussi, durant cette guerre même, après la prise de Lemberg en 1915, deux Ministres russes, MM. Maklokoff et Tscheglovitoff, osèrent soumettre au Czar un memorandum démontrant que rien ne séparait les intérêts allemands et russes, que les deux empires n'avaient qu'un seul et même ennemi : les démocraties occidentales. Aussi une paix séparée avec l'Allemagne consoliderait la couronne (1). Un tel état d'esprit pro-germanique, révélé encore par diverses trahisons, par la propagande d'une fraction importante des conservateurs, des Cent-Noirs, explique que la Russie a été, et est gênée pour donner tout son effort contre les Austro-Allemands. Près d'un million de soldats exercés,

(1) A la Douma, le 15 novembre 1916, M. Milioukof accusa ouvertement le Président du Conseil, M. von Stürmer, d'incliner vers la paix séparée. Le leader des cadets eut même l'audace d'incriminer l'Impératrice elle-même, née princesse Alice de Hesse-Darmstadt. Loin d'être poursuivi comme calomniateur, M. Milioukof reçut, le 18 novembre, les remerciements publics des ministres de la Guerre et de la Marine. Aussi M. von Stürmer dut-il se retirer du Ministère.

par exemple, sont restés longtemps épars dans l'Empire, pour empêcher les mouvements populaires des mécontents qui voudraient que le Gouvernement devienne un vrai gouvernement parlementaire, capable de donner toute son énergie contre l'ennemi.

Le Gouvernement italien, appuyé sur une partie de la nation, désire prendre des territoires austro-hongrois sur les rives de l'Adriatique. Ces territoires sont peuplés par une minorité d'Italiens et une majorité de Yougo-Slaves qui ne veulent pas être réunis au royaume d'Italie, mais au royaume de Serbie. De là un antagonisme d'intérêts qui fut assez puissant pour que l'Italie fît *sa* guerre, au lieu de faire la guerre commune. Et alors il en résulta la possibilité de l'envahissement et de l'écrasement de la Serbie par les Germano-Bulgares. Si l'on analyse les fautes et les erreurs de la Quintuple Entente au cours de ces 30 mois de guerre, on trouve toujours qu'elles sont imputables non au système démocratique, mais à des vues étroites d'intérêts antagonistes.

Les rapports des Alliés entre eux, dans les deux groupes de belligérants, n'ont pas seulement donné lieu à quelques frictions, mais ils ont aussi produit une interpénétration mutuelle des peuples que l'avenir ne peut que développer. L'entr'aide est partout apparue, provoquée par l'initiative individuelle et malheureusement souvent gênée par les règles des gouvernants. Les peuples alliés se sont soutenus mutuellement, et chaque peuple a soutenu ceux des siens que l'ennemi chassait de ses foyers. Jamais certainement l'humanité n'avait encore vu pareille vague d'entr'aide, s'entremêlant avec pareille vague de violences et de tueries.

De cet aperçu des rapports des groupes de belligérants et des Alliés entre eux, le sage tire la grande leçon que déjà nous avons tirée au cours de cette étude de la guerre : à savoir que la puissance statale engendre plus de maux que de biens. On doit donc encore déduire de ces événements combien l'ignorance est nuisible et combien, par suite, il importe que les connaissances se répandent dans les masses humaines. La vérité ne doit jamais être cachée, telle est la morale ultime qui se dégage de toute cette analyse des causes des faits.

*
* *

Dans le groupe de la Quintuple Entente, chacun des principaux Alliés est indispensable aux autres pour arriver à la victoire finale. On comprend ainsi la raison d'être du traité du 5 septembre 1914, qui liait ensemble la Russie, l'Empire britannique et la France et leur interdisait une paix séparée. Quel est l'auteur original de ce traité? Qui, le premier, en eut l'idée? Je l'ignore, mais ce que je sais, c'est que ce traité est vraiment un admirable coup de maître.

Evidemment, un des signataires peut toujours ignorer sa signature et conclure une paix séparée s'il veut. Mais le traité n'en apportait pas moins un lien qui gênait considérablement le gouvernement qui eut voulu renier sa signature. Cela le mettait en mauvaise posture vis-à-vis de ses associés et vis-à-vis du monde en général. Ce n'était pas, en effet, un traité signé sous la contrainte de la force des autres contractants, comme l'est ordinairement un traité de paix ; c'était un traité librement consenti.

Ce traité révélait chez son initiateur une prévision aiguë de l'avenir : la longue durée de la guerre. Il obligeait d'ailleurs à cette longue durée, puisque la paix, ne pouvant être signée que d'un commun accord, était ainsi rendue plus difficile à faire : il est plus difficile, en effet, de contenter trois contractants qu'un seul. Ce traité liait surtout la Russie, car les intérêts de son Gouvernement autocratique ne se fondaient pas intimement avec ceux des puissances démocratiques occidentales. Il liait d'autant mieux la Russie qu'il ne s'agissait pas pour elle d'une simple signature sur une feuille de papier. En effet, la prolongation de la guerre entraîna, pour la Russie, l'obligation de recourir à l'aide financière de ses Alliés et ainsi, des obligations matérielles se joignirent à son obligation morale pour la tenir indissolublement liée à ses Alliés occidentaux. La précaution était d'importance, étant données les influences progermaniques existant dans les cercles gouvernementaux russes.

Ce traité donnait, dans le concert des Alliés, une prépondérance à la Grande-Bretagne par le fait même qu'il prolongeait la guerre, car plus la guerre dure, plus la force relative de l'Empire britannique croît, tant sur le plan militaire que sur le plan financier, par rapport à celle de ses Alliés et de ses ennemis. La Grande-Bretagne peut continuer la guerre, même si les puissances du continent signaient la paix. L'Allemagne, en effet, n'est pas en mesure d'obliger l'Angleterre à lui laisser la libre disposition des mers pour son commerce. Après trente mois de guerre, le sol britannique est indemne de toute invasion. Ses forces navales et militaires sont bien plus grandes qu'au commencement de la guerre. Seules ses forces économiques ont été atteintes et encore légèrement si l'on réfléchit à la richesse de l'Empire. Elle n'a pas subi toutes les pertes en hommes et en destruction de choses qu'ont subi ses Alliés et ses ennemis.

Aux trois signataires primitifs du traité interdisant une paix séparée se sont joints le Japon, le 19 octobre 1915 et enfin l'Italie, le 30 novembre 1915. La situation de cette dernière puissance a été assez curieuse, car elle resta 15 mois sans être officiellement en guerre avec l'Allemagne. Le Kaiser n'a pas déclaré la guerre à l'Italie, pour des causes économiques et secondairement pour des causes politiques. Il y avait plus de deux milliards et demi de francs possédés par les Allemands et engagés dans l'industrie, le commerce et la finance italiennes. Il y avait dans les ports italiens nombre de grands navires de commerce et de transport allemands. Il y avait donc un intérêt primordial à ce que ces richesses ne soient pas saisies — notons au passage l'influence des forces économiques sur les actes des hommes, des chefs d'Etat comme des autres. Les causes politiques sont certainement secondaires : conserver dans le camp des Alliés une puissance non ennemie officiellement, une sorte de pont utilisable en cas de pourparlers ; ne pas s'aliéner les Italiens germanophiles assez nombreux. C'est sans doute aussi l'existence de ces germanophiles en Italie qui empêcha longtemps le Gouvernement italien de déclarer la guerre à l'Allemagne. Je ne pense pas, en effet, que l'Italie puisse compter avoir en l'Allemagne un défenseur au cas où les affaires de la guerre tourneraient mal pour elle.

Quoi qu'il en soit des motifs qui ont empêché l'Italie et l'Allemagne d'être officiellement en guerre l'une contre l'autre, elles le furent partiellement en fait, par l'adhésion même de l'Italie au pacte du 5 septembre 1914. Elle se trouva en effet liée ainsi aux puissances occidentales. Il est vrai que ses intérêts économiques, politiques et moraux sont identiques à ceux de la France et de la Grande-Bretagne, car toutes trois sont des démocraties ennemies du principe autocratique.

Ce pacte a le grand avantage d'empêcher une paix boiteuse, une paix prématurée, qui serait une faute énorme. Il importe, en effet, pour la tranquillité de l'avenir, que toutes les questions mises en mouvement par cette guerre soient résolues définitivement. Il ne faut pas que les peuples laissent recommencer les fautes commises depuis des siècles par les gouvernants et par les diplomates, fautes qui ont maintenu l'existence de foyers où, sous la cendre de la paix, couvaient les feux de la guerre. Le pacte de la Quintuple Entente influe donc pour empêcher une paix boiteuse. Par contre, il rend bien plus difficile l'obtention de la paix.

Les actes des hommes ont, comme les médailles, un avers et un revers.

La paix est plus difficile à faire car il faut l'accord de toutes les puissances, exprimé librement par chacune d'elles. Maintes personnes ont réclamé en France et en Grande-Bretagne que les gouvernements fissent connaître leurs conditions de paix. A la vérité, c'était là une demande impossible à satisfaire, car les gouvernants sont absolument incapables d'établir ces conditions, à cause des intérêts opposés des divers gouvernements et à cause de la multitude de conditions politiques et économiques à résoudre. S'il n'y avait que les relations entre belligérants de l'ouest et les puissances centrales, les clauses de la paix seraient relativement faciles à poser. Mais à l'Est et au Sud de l'Europe, les problèmes à résoudre présentent de grandes difficultés par leur enchevêtrement même.

La guerre a mis le monde entier en mouvement. Toutes les petites nationalités, qui aspirent à la liberté comme à leur bien le plus cher, s'agitent, s'organisent et espèrent en la réalisation de leurs désirs. Elles l'espèrent parce que les Gouvernements occidentaux ont affirmé qu'ils combattaient contre l'hégémonie germanique, dans l'intérêt de la liberté du monde, pour maintenir aux petites nations le droit de vivre indépendantes. Non seulement les gouvernements l'ont dit par la bouche de leurs premiers ministres, mais aussi les peuples, par la voix d'associations diverses, éthiques et politiques. Les partis socialistes des nations alliées ont affirmé qu'ils s'opposeraient à toute annexion de territoire contre la volonté des peuples et qu'il fallait un referendum pour que les peuples soient les seuls maîtres de leur propre avenir. On comprend donc quels espoirs sont nés dans l'âme des Polonais, des Tchèques, des Slovaques, des Moraves, des Croates, des Slovènes, des Serbes de Bosnie, d'Herzégovine et de Dalmatie, des Lettons et Lithuaniens, des Ukrainiens, des Finlandais, des Danois du Slesvig, des Alsaciens-Lorrains, des Italiens du Trentin, des Roumains de Transylvanie, et d'autres encore.

La politique des nationalités, plus même, la politique de la consultation des peuples sur leur destin, s'élèvent avec force partout dans nos démocraties occidentales. Il y a là l'affirmation d'un réel progrès de l'humanité. C'est en effet la constatation que les hommes doivent respecter les impérieux besoins d'indépendance qu'ont les autres hommes.

L'Europe est devenue maintenant une immense chaudière où tout est en ébullition désordonnée. La paix doit remettre en ordre touts ces volontés, toutes ces aspirations nationales qui s'entremêlent et s'entre-choquent, s'opposent et s'allient. Songez que maints de ces peuples subjugués depuis des siècles, mais non assimilés, sont des provinces des belligérants comme la Russie, qui seront parmi les vainqueurs et vous verrez la difficulté de trouver les solutions. La difficulté est d'autant plus grande, que dans les conseils des gouvernements et parmi les populations, maints efforts se font et se feront pour inhiber cette politique des nationalités et surtout la politique de la consultation des nationalités elles-mêmes. Les procédés autocratiques de disposer des peuples sans s'occuper de leur consentement sont toujours vivants au sein des gouvernants d'Occident. Mais la seule solution qui puisse donner une paix durable, c'est la libre consultation des peuples fixant eux-mêmes leur destin en pleine souveraineté.

On voit donc combien l'entremêlement de peuples, qui s'est fait au cours de l'histoire dans toute l'Europe centrale et orientale, complique le problème à résoudre. La solution ne peut en être trouvée qu'en recourant au principe de liberté, en laissant chaque groupe disposer de lui-même. Et il ne peut en être ainsi qu'avec des groupements assez petits pour ne pas enclore de nationalités différentes. Il faut imiter la Confédération Suisse avec ses cantons autonomes, unis, bien que de langues différentes.

A côté de toutes ces questions des nations de l'Europe centrale et orientale, il y a encore à résoudre la question de Constantinople et des Détroits, convoités par l'Empire russe, trop vorace, les questions du démembrement de la Turquie, de la Mésopotamie si riche, de la Perse, des colonies allemandes de l'Afrique et de l'Océanie et de l'Extrême Orient asiatique. Il y a enfin la question des indemnités pécuniaires pour la réparation des ruines et des impôts de guerre levés par les belligérants sur les ennemis.

On comprend ainsi et la grandeur de la paix qui clora cette guerre mondiale et l'impossibilité et l'impuissance des gouvernements à en indiquer les conditions. Le pacte du 5 septembre 1914, en empêchant une paix prématurée, a, du même coup, imposé aux peuples la lourde tâche de faire eux-mêmes la paix. Celle-ci doit être l'œuvre non des gouvernements impuissants, mais des populations entières (1).

Cette guerre est une guerre d'usure, qui présente les plus grandes similitudes avec la guerre de Sécession des

(1) Le sentiment de cette nécessité apparaît un peu partout dans les esprits des hommes. Le *Temps* a publié, le 14 juillet 1916, une lettre qu'il dit avoir été trouvée sur un prisonnier allemand. Est-elle authentique ? Je l'ignore, mais cependant je le pense, car je ne crois pas que ce journal publierait sciemment une lettre forgée ; d'autant plus que les idées qui y sont exprimées sont en violente opposition avec la politique sociale du *Temps*. La lettre est datée du 22 juin 1916 et vient de Heissen. Elle dit notamment :

« ... Je crois que ça finira salement. Il y aura certainement une campagne d'hiver, si le peuple affamé ne dicte pas la paix, car le peuple ne peut plus tenir longtemps. *Si les gouvernements n'usent pas de raison, il faut que le peuple les amène de force à la raison.* Il serait à souhaiter que le peuple affamé y mette une fin. Cette guerre ne se décidera quand même pas par les armées. Jamais, au grand jamais par les armées ».

Etats-Unis en 1861-1865. Dans l'une comme dans l'autre, nous rencontrons des tranchées pour protéger des villes, des pays et des armées en campagne ; une identique prolongation qui fait qu'au cours même de la guerre, les peuples s'y préparent. Nous voyons une même usure lente mais continue. Nous voyons un blocus continental et maritime à longue distance. D'abord inefficace, ces blocus se resserrent sans cesse ; ils n'affamèrent pas plus les Sudistes qu'ils n'affament les Allemands, mais ils firent disparaître le commerce et amenèrent la disette chez les Sudistes comme en Allemagne. La situation est même plus grave pour cette dernière qu'elle ne le fut pour les Etats du Sud-Amérique, car la densité de la population est plus grande.

Nous voyons, comme dans la guerre contre les Etats esclavagistes, une même circulation de papier-monnaie en quantité illimitée, ce qui conduisit les Etats du Sud à la faillite en 2 ans 1/2. Ici encore, la situation est bien plus grave pour l'Allemagne que pour les Etats Sudistes. Ces derniers pouvaient créer des richesses parce qu'ils possédaient des matières premières, tandis que l'Allemagne dépend de l'étranger pour le coton, le cuivre, le caoutchouc, etc. La faillite de l'Allemagne est donc quasi certaine si le blocus continue. C'est une simple question de temps. On ignore d'ailleurs pour combien de milliards de francs il a été créé de papier : 20, 25 ou 30 milliards. On ignore l'encaisse-or réelle de l'Etat allemand : les chiffres publiés sont probablement faux. A la paix seulement, on saura ce qu'il en est, et même si elle était signée maintenant, il se pourrait que le mark tombe au point de valoir zéro, ou à peine quelques centimes, comme valaient les billets de banque des Etats du Sud à la fin de 1863, 2 ans 1/2 après le commencement des hostilités. La baisse lente mais continue du mark à laquelle nous assistons, est un indice menaçant de la chute de la puissance économique de l'Allemagne.

La similitude entre ces deux guerres s'étend même encore plus, car si d'abord le volontariat suffit pour fournir les armées combattantes, il fallut recourir ensuite au service obligatoire, comme on vient de le faire en Grande-Bretagne.

L'âge limite des hommes s'élève, pour les Etats esclavagistes, jusqu'à 55 ans, comme on dit qu'il s'élève déjà pour l'Autriche et comme peut-être il s'élèvera pour l'Allemagne avant la fin de la guerre. Nous voyons donc en ces deux guerres une même usure lente des forces matérielles (hommes et produits), nerveuses et morales, aboutissant à un même épuisement. En ces deux guerres, les belligérants ignorent les pertes réelles et les forces réelles des ennemis et peut-être de même que les Nordistes se trompaient grossièrement sur les forces sudistes qu'ils surestimaient toujours, peut-être la Quintuple Entente sousestime-t-elle les forces des puissances centrales.

La guerre de Sécession se termina sans la gloire sanglante des armes, par l'épuisement extrême des esclavagistes. Il est probable que la guerre mondiale actuelle se terminera de même. Il est douteux, en effet, que la victoire soit gagnée sur des champs de bataille par une triomphante percée en dépit des désirs des militaires professionnels. Cela coûterait trop cher en hommes et il faut espérer que les gouvernants occidentaux le comprendront. La victoire sera donnée aux puissances occidentales par le blocus, surtout le blocus maritime, dont les conséquences présentent un très grand intérêt.

La maîtrise de la mer par la Grande-Bretagne et la France empêche les approvisionnements normaux des puissances centrales. Et alors elles sont acculées à la nécessité de conquérir des territoires afin de s'approvisionner en vivres et matières premières, et même en travailleurs. Le même phénomène s'était produit il y a un siècle passé, lors des guerres de Napoléon Ier. Il constata lui-même l'obligation où le poussait le blocus anglais, d'ajouter sans cesse des royaumes voisins à son empire, afin d'augmenter ses ressources. Si l'Allemagne ne s'est pas étendue au Nord en prenant la Hollande et le Danemark, c'est que ces puissances lui étaient plus utiles à l'état de neutres que soumises à son pouvoir. Mais si la guerre se prolonge et que le blocus, en se resserrant, supprime la contrebande hollandaise et danoise, il est fort possible que ces puissances se voient absorbées par l'Allemagne qui trouverait là quelques ressources en or, en vivres, en travailleurs et en matières premières lui permettant de prolonger la lutte.

Au blocus que lui font les marines anglo-françaises, l'Allemagne répond par la guerre aux navires marchands, que mènent ses sous-marins. Et il s'ensuit une raréfaction plus ou moins grande de vivres (sucre, œufs, viande, etc.), de produits de toutes sortes, dans toute l'Europe. Toutes les puissances de l'Entente, les neutres,. sont, à des degrés divers, atteints et obligés de restreindre leurs consommations, leur industrie et leur commerce. L'Europe va d'un pas lent et sûr à la famine générale. Mais les puissances atteintes les premières seront les puissances centrales.

L'examen de cette guerre d'usure avec ses similitudes — sans qu'il y ait, bien entendu, identité — avec la guerre de Sécession, montre que des causes semblables engendrent toujours des conséquences analogues, *mutatis mutandis*, bien entendu.

La guerre d'usure a pour conséquence de diminuer la valeur relative du matériel humain et d'accroître la valeur relative du matériel économique : matières premières, produits manufacturés et or. La possession de l'empire de la mer assure la possession de la puissance économique qui sera celle qui donnera la victoire. La guerre d'usure est en fait destructrice de la puissance militaire, de la valeur du militaire professionnel, car elle donne le pas à l'ingénieur, à l'administrateur, à l'ouvrier sur le soldat.

La guerre d'usure contemporaine a pour résultat d'aider

à la formation en Russie d'une forte opinion publique, qui contre balance l'influence pro-germanique des cercles conservateurs et de la cour. Le même phénomène s'est passé, mais à de moindres degrés, parce qu'il en était moins besoin, chez les peuples d'Occident. Chaque jour de guerre qui s'écoule rend plus difficile une paix faite par les gouvernants et les diplomates, et plus réalisable, une paix faite par les peuples eux-mêmes. La guerre d'usure sert les démocraties et nuit aux autocraties.

La prolongation de la guerre a permis à des relations de se créer entre ennemis, sur les fronts des armées. À la Noël de 1914, il y eut entre Anglais et Allemands, Français et Allemands, une trêve établie par les soldats eux-mêmes. Depuis octobre 1915, il existe en des secteurs du front français des trêves conclues par des soldats français et allemands, avec ou sans la volonté des officiers impuissants. Las de se tuer inutilement, ils se sont entendus entre eux pour ne plus tirer. Ce fait doit réconforter le penseur, car il prouve que malgré des mois et des mois de tuerie, la haine n'a pas encore envahi toutes les âmes humaines. Voilà une des constatations que permet de faire la guerre d'usure.

Cette guerre conduit inévitablement à l'épuisement des vainqueurs autant que des vaincus. Sa durée entasse dettes sur dettes, diminue le nombre des hommes, abaisse partout la natalité, ruine le commerce et l'industrie, tend à substituer des peuples à d'autres peuples dans la production des biens, bref, crée des conditions économiques qui modifieront profondément les conditions sociales et politiques du monde entier. La guerre d'usure est une véritable révolution mondiale en action : telle est la conclusion générale qui ressort de l'examen de ses effets.

CHAPITRE IX

La guerre contemporaine, par la quantité de peuples qui y sont engagés, et par sa longue durée, est réellement devenue la vie de ces peuples. Il s'ensuit que le sociologue peut et doit la considérer sous de multiples faces. Les mêmes événements, les mêmes hommes doivent être envisagés sous des aspects divers, sous des angles de lumière variés. Il en est des événements sociaux comme des statues : il faut les examiner en tournant lentement autour, pour les voir sous toutes leurs faces et en projetant dessus une lumière variable en son intensité.

C'est ainsi qu'on doit considérer les événements de cette guerre mondiale au point de vue de la nature des gouvernants et de l'influence qui en résulte sur la marche des événements. Tous nous avons pu constater, par exemple, et j'en ai déjà parlé, les différences de conduite de la guerre menée par les puissances centrales ou par la Quintuple Entente. Lorsqu'on recherche les causes de ces différences, on est amené à constater que les gouvernants des belligérants appartiennent dans leur ensemble à deux professions bien distinctes : d'un côté les militaires, de l'autre les légistes.

Cette différence professionnelle explique en partie les différences dans la conduite de la guerre, suivant qu'elle est due à l'une ou à l'autre de ces professions. Le militaire professionnel est plein de décision et homme d'action, souvent sans réfléchir. Il méprise les conventions et règles établies par les juristes. Il s'appuie sur son épée, symbole de la force, qui, en son cerveau, rétréci par la possession de l'autorité incontestée, est et crée le droit. *Sic volo, sic jubeo.* Voilà les bases de la politique du militaire, de cette politique que suivirent les Puissances Centrales.

Le légiste, lui, a la décision et l'action lentes ; il persuade et convainc plus qu'il ne commande. Il réfléchit beaucoup et agit peu, à cause même de sa réflexion. Il observe les règles et les lois et, si son intérêt le pousse à les enfreindre, il cherche les moyens de le faire doucement, sans heurt. Il aime les compromis, les demi-mesures qui, si elles ne satisfont complètement personne, ne vont pas non plus violemment contre les désirs des hommes. Le légiste est lent à l'action parce que le Temps est un grand maître et que souvent il se charge de résoudre les problèmes embarrassants.

Le militaire coupe le nœud gordien avec son épée, tandis que le légiste le dénoue et prend son temps pour le dénouer. Si on réfléchit, on verra que la politique des légistes est celle que la Quintuple Entente a poursuivie.

Le militaire et le légiste sont d'esprit traditionnel, et leurs actes au cours de cette guerre le prouvent nettement. Le militaire est traditionnel par absence d'intelligence, tandis que le légiste l'est par respect des formes passées qui constituent la base de sa profession. Au fond de tout légiste, il y a un Bridoison. Le militaire manque d'esprit scientifique, car il manque d'esprit critique à cause de son éducation. Le légiste, lui, manque de connaissances scientifiques. C'est à cela qu'il faut attribuer l'absence d'innovations, sauf pour de légers détails, dans la conduite de la guerre. La science et les hommes de science sont utilisés, mais petitement, si je puis dire, car ils sont simplement les serviteurs de ceux qui dirigent et ceux qui dirigent sont des militaires professionnels et des légistes. Ce phénomène eut encore été bien plus sensible si, par la force des circonstances, les hommes d'affaires, industriels ou commerçants, les professeurs n'avaient pas pris une part dans l'administration des choses.

*
* *

Considérons maintenant les gouvernants de cette guerre mondiale au point de vue de l'âge, et nous constaterons que partout, aussi bien chez les Impériaux que chez les Alliés occidentaux ce sont, dans leur grande majorité, des hommes âgés, sinon des vieillards. Les généraux et les amiraux allemands, autrichiens, anglais, russes, français, italiens, etc. atteignent et dépassent la soixantaine. Quelques-uns seulement sont entre 55 et 60 ans. Du côté des civils, c'est la même chose : les ministres ont très rarement au-dessous de 50 ans. Ils ont le plus souvent de 54 à 65 ans et parfois plus.

Il n'est pas douteux que l'âge plus ou moins avancé de presque tous les gouvernants n'influence notablement la conduite de la guerre. La vieillesse est, que cela plaise ou non, une diminution de la vitalité des êtres. L'individu est usé. Et alors, toutes ses énergies se concentrent pour durer, pour vivre. L'homme jeune se répand au dehors, se dépense de mille façons ; l'homme âgé et, *a fortiori*, le vieillard, se concentre, s'économise. La force physique est diminuée, le besoin d'action est moins grand. L'homme jeune est audacieux, téméraire ; l'homme âgé est circonspect et timide pour l'action. La jeunesse est seule créatrice : seule elle possède une vitalité assez grande pour créer. Aussi a-t-elle tendance à abandonner les chemins battus, à innover. Combien est différent l'esprit de l'homme âgé. Il aime à suivre les chemins connus parce que l'effort est moindre et qu'il a besoin de conserver ses forces pour durer le plus longtemps possible, pour vivre. Plus il approche du terme naturel de sa vie, plus il désire l'éloigner, et plus il concentre toutes ses énergies à produire cet éloignement, qu'il obtient surtout en économisant toutes ses forces physiques, intellectuelles et morales. Toutes ses forces, d'ailleurs, se résument en des transformations et des mouvements cérébraux.

Lorsqu'on considère ces différences essentielles entre la jeunesse et la vieillesse, on voit aisément que l'état de vieillesse des gouvernants en général est une des causes qui font que la guerre est menée sans audace et sans innovation dans les armes, dans la stratégie, dans la politique. On le voit avec plus de certitude encore si on compare le personnel gouvernant de la période actuelle au personnel de la Révolution Française de 1789-1800, où la France tînt tête aux ennemis de la liberté au dedans et au dehors et en triompha. Si, en effet, on fait cette comparaison, on constate une énorme différence dans l'âge des gouvernants à ces deux époques. Les révolutionnaires, tant militaires que civils, étaient des hommes jeunes. Les plus âgés ne dépassaient pas la quarantaine ; la majorité était aux alentours de la trentaine ! Aussi, quelle audace dans les décisions et dans l'exécution ; quelles créations nouvelles sur tous les plans ces hommes firent ! Il y a là certainement une influence de l'âge, car ces hommes appartenaient en général aux mêmes professions qu'appartiennent les gouvernants de maintenant. Seulement ils étaient depuis moins longtemps sous le harnais, puisque jeunes, et ils avaient moins subi l'influence professionnelle.

A notre époque, les cadres sociaux n'ont pas été brisés par la guerre et ils sont trop robustes, trop stricts pour permettre à la jeunesse de parvenir aux fonctions gouvernantes. Ceux de cette jeunesse qui sont dans les parlements ont été maintenus en dehors des conseils des gouvernements. Et dans le militaire, ils sont maintenus dans les grades inférieurs. Ils n'ont aucune influence sur la marche des événements ou, au mieux, ils n'ont qu'une influence très minime. Bref, les belligérants et les neutres, c'est-à-dire tous les peuples, sont gouvernés par des vieillards ou des hommes sur la voie du déclin, au delà de cinquante ans.

Cependant la prolongation de la guerre accrut le mécontentement de tous à propos de la manière dont elle était conduite. La nuisance des vieillards comme gouvernants fut constatée et admise, et, sous la pression des circonstances, les cadres sociaux éclatèrent partiellement au moins. Partout, il y eut un certain rajeunissement du personnel gouvernemental, tant militaire que civil. Des hommes d'une quarantaine d'années, de moins même, prirent la place des vieillards dans les plus hautes charges militaires et civiles en France, en Grande-Bretagne, en Allemagne. L'âge moyen des gouvernants s'abaissa. Néanmoins, on reste encore loin de l'âge moyen des dirigeants de l'époque de la grande Révolution Française.

La manière dont les gouvernements gouvernent et administrent dans cette guerre n'est point à l'honneur des gouvernants. Les fautes militaires et diplomatiques et politiques sont partout nombreuses. En réalité, on ne peut pas dire, sans exprimer une contre-vérité, que la sagesse habite sous la tête grise de ces gouvernants, qu'ils s'appellent Guillaume II, le comte Tisza, M. Poincaré, M. Briand, M. Goremikyne, M. Sasonoff, M. Asquith, M. Lloyd George, le comte Okuma, M. Salandra, M. Sonnino ou Ferdinand de Bulgarie. Aussi, lorsqu'on envisage objectivement tout ce qui s'est passé, avant comme depuis la guerre, on est amené à penser que si ces gouvernants déjà vieux avaient été remplacés par d'autres, jeunes, les choses ne pouvaient certainement pas aller plus mal, et peut-être eussent-elles été mieux. La sagesse des jeunes est meilleure que la sagesse des vieux, car celle-ci est une sagesse qui s'affaiblit et se meurt et l'autre, une sagesse qui grandit.

*
* *

Nous venons de considérer le monde en guerre, au point de vue des professions et de l'âge des gouvernants ; considérons-le maintenant au point de vue des classes sociales. Que constatons-nous aussitôt ? L'importance de la richesse. La valeur des biens l'emporte sur la valeur de la vie humaine, dans la conception des gouvernements et des majorités humaines. Sur le continent, tous les hommes acceptent le service obligatoire, et nul, sauf quelques socialistes, ne réclame le service obligatoire des biens. Or, qu'est-ce que le service obligatoire des hommes, sinon la saisie au profit de la collectivité de la vie et du temps de tous ces hommes.

On trouve cela juste, équitable, et on ne songe pas à saisir les fortunes pour les utiliser au profit de la collectivité. On fait des emprunts de guerre, parce que les emprunts accroissent la richesse des possédants. On n'établit pas de taxes de guerre, ou on en établit de rares et douces, parce que ces taxes diminuent les biens des possédants. Ce ne fut que sous la pression des circonstances, après plus de deux ans de guerre, que se montra la tendance, sinon à la mobilisation des fortunes, du moins à faire peser sur elles des charges de plus en plus lourdes. On fait des lois qui suspendent les libertés des individus, et dans tous les pays, y compris les plus libres, comme la Grande-Bretagne, on emprisonne sans jugement, administrativement, comme cela se passait il y a des siècles. A la vérité, dans le Royaume-Uni, ces emprisonnements administratifs furent rares, tandis qu'en Allemagne ils furent nombreux, au point que le Reichstag, le 28 octobre 1916, s'en occupa et que tous les députés, sans distinction d'opinions, protestèrent contre ces procédés d'arrestations et d'emprisonnements préventifs, sans délit, sans motif. La Césarite atteint toujours les dictateurs, petits ou grands. On incarcère les gens, mais on ne saisit pas les richesses.

Tout ceci révèle à l'observateur que les richesses sont mieux protégées que la liberté et la vie des hommes. Tout cela montre qu'en notre société mondiale contemporaine, l'amour du capital est plus puissant que l'amour des hommes.

Non seulement on constate ce phénomène dans les actes des gouvernements, mais aussi dans les actes de toutes les classes de population. La plupart des gens qui sont restés dans les régions que l'ennemi envahissait sont restés pour garder leurs propriétés. Hommes et femmes risquaient la perte de leur vie, et pour les femmes, la possibilité d'être violées, dans l'espérance que leur présence empêcherait la destruction ou le vol de leurs biens ! En vérité, les biens sont plus chers au cœur de l'homme que sa propre vie, sa propre liberté ! C'est une constatation qui prouve une courte-vue, car les biens n'ont de valeur que si les hommes peuvent en jouir, c'est-à-dire s'ils sont libres et s'ils vivent. Ce sont les hommes vivants qui donnent de la valeur aux choses, tant par leur transformation que par leur usage. Aussi devons-nous tirer de là cet enseignement : la vie des hommes a bien plus de valeur que toutes les choses. C'est à conserver cette vie et à l'améliorer que tous les efforts et toutes les choses doivent être consacrés.

*
* *

Nos systèmes d'instruction habituent les hommes à voir les choses dans des cases séparées, bien distinctes. On apprend la chimie, la physique, la mécanique, la géographie, etc. et on n'apprend pas combien ces sciences sont liées les unes aux autres, au point qu'elles ne sont séparées que par l'imagination humaine et non dans la réalité. Après l'école ou l'université, nos coutumes de division du travail et de spécialisation entretiennent l'esprit humain dans la croyance à la séparation des choses. Il se produit là un état d'esprit fort nuisible, car peu à peu l'habitude de n'envisager qu'un seul ordre de phénomènes rétrécit l'intelligence, abêtit les individus tout comme l'habitude de répéter sans cesse une même série de gestes contribue à l'hypertrophie d'un membre et à l'atrophie des autres. L'harmonie intellectuelle et physique est rompue par la séparation des matières dans les écoles et par la spécialisation dans les travaux des laboratoires, des usines, etc.

La guerre, en bouleversant toute la vie, a permis de faire voir à tout le monde combien tout s'entremêle, s'interpénètre, et qu'aucun fossé ne sépare les choses qui semblent les plus disparates et les plus éloignées les une des autres. Cette guerre a rappelé à tous que la base sur laquelle tout repose, pour nous, hommes, c'est notre globe terraqué, planète en mouvement dans un système solaire, lui-même en mouvement dans l'immensité stellaire. C'est parce qu'elle est la base de tous les phénomènes, quels qu'ils soient, que les conditions astronomiques, météorologiques, climatériques, physiques, orographiques, hydrographiques, géologiques ont une importance considérable.

A diverses reprises, dans les pages précédentes, nous avons vu quelle influence avait l'insularité de la Grande-Bretagne. C'est à cette insularité qu'elle doit d'être à l'abri d'une invasion, d'avoir pu, jusqu'au vingtième mois, éviter le service obligatoire et avoir ainsi eu le temps de se préparer à la guerre, dans une lenteur relative. L'insularité, en provoquant le splendide isolement des citoyens britanniques, est une des causes de leur traditionalisme, de leur lenteur d'imagination. C'est à l'insularité qu'est due en grande partie la puissance du Royaume-Uni, obligé par cette condition géographique de devenir le détenteur de la maîtrise de la mer. Mais cette maîtrise de la mer a poussé les Britanniques à devenir une nation vivant et s'enrichissant d'exportations. Ils n'ont pas senti la nécessité de demander à leur terre les produits nécessaires à leur vie. Et alors s'est continué le régime territorial du Moyen Age des grandes propriétés seigneuriales, de chasse et de jeux. Mais voyez la conséquence : les Iles Britanniques ne peuvent vivre d'elles-mêmes, il leur faut les produits de l'univers entier. L'isolement de ces îles n'est qu'une apparence, une illusion. Elles sont plus liées au reste du monde que n'importe quelle autre puissance territoriale. Et le grand lien qui les unit au reste du monde, c'est la mer. La mer est en effet un organe de liaison, d'union et de rapprochement entre les hommes. Et c'est là ce qui explique en partie le désir, la volonté des Puissances Centrales d'arriver à avoir accès à la mer extérieure et pas seulement à des mers intérieures, sortes de grands lacs qui ne permettent pas la liaison avec tout le monde. C'est à cause de ce rôle de liaison humaine joué par les mers qu'on cherche à percer les isthmes et à traverser les presqu'îles par des canaux. Aussi, voyez l'importance du canal de Kiel et du canal de Suez ! Voyez combien le canal du Forth à la Clyde eut été utile, s'il avait existé. Songez combien aurait été utile le canal de Bordeaux à la Méditerranée, en abrégeant la durée du voyage de l'Angleterre à la Turquie, à la Grèce, à l'Italie. Les frêts eussent été moins élevés, sans parler de la concentration plus rapide des flottes de guerre, et maintes frictions entre Alliés eussent été évitées. Rappelez-vous aussi, que c'est en juillet 1914 que le canal de Kiel est devenu utilisable pour le passage des plus grands dreadnoughts ! Peut-être est-ce là une des causes qui firent que la guerre mondiale éclata à fin juillet 1914.

C'est l'industrie de l'homme qui a rendu la mer un organe de liaison, car il est évident que dans les âges primitifs elle était un obstacle presque infranchissable au rapprochement des groupes humains. La montagne était aussi alors un obstacle à ce rapprochement, mais un obstacle moindre. Elle l'est restée, bien plus que la mer, car dans cette guerre, la montagne est surtout apparue comme un organe de séparation. Le caractère montagneux des régions où l'Italie porta la guerre est la cause de son action lente et restreinte. C'est ce même caractère montagneux qui est une des causes de l'échec de l'attaque des Dardanelles, de la lenteur de la marche des Russes dans le Caucase, de l'arrêt des Russes dans les Carpathes, de l'extrême difficulté et probablement des grandes pertes austro-allemandes en Serbie et Monténégro. Partout, en somme, la montagne a été un obstacle à la marche des armées ; elle s'est dressée et se dresse partout comme un mur devant toute guerre offensive. Elle est un organe de défense.

Les faits présents éclairent les faits passés. Aussi vous pouvez voir dans ce rôle des monts l'explication de ce fait historique que les montagnards furent difficilement et rarement conquis, qu'ils restèrent presque toujours des hommes libres, épris de leur liberté et l'âme pleine de révolte contre toute tentative de la leur ravir. Bien plus que les rivières, les monts sont des organes défensifs. Pourtant, grands ou petits, les fleuves jouent un peu ce rôle. C'est sur l'Yser que les Belges, les Anglais et les Français arrêtèrent les envahisseurs germains. Rappelez-vous le rôle de l'eau envahissant les plaines de la Flandre après la rupture des digues : Les Impériaux furent arrêtés dans leur marche sur Calais. C'est sur la Dvina que les Russes purent arrêter les Allemands marchant sur Riga et peut-être Petrograd. A chaque instant, d'ailleurs, dans les communiqués des incidents de cette longue guerre, vous voyez que les rivières servent de base aux attaques ou à la défense. Les entre-rivières sont inondés de sang, semés de cadavres, car c'est là que se livrent les batailles. Voyez par exemple le Tigre servant de permanent appui à l'armée d'invasion anglaise dans la Mésopotamie. Les batailles portent le nom de rivières : Batailles de la Marne, de l'Aisne, de la Somme, du Dniepr, etc. La rivière se montre donc à la fois organe d'attaque et organe de défense.

Les contrées désertiques, par contre, semblent encore maintenant bien plus un organe de défense qu'un organe d'attaque, l'avant-désert du canal de Suez le protège et les déserts de l'Arabie, s'ils obligent l'armée britannique à se tenir dans l'entre-rivière du Tigre et de l'Euphrate, protègent ses flancs de tout mouvement d'enveloppement.

Les dispositions physiques du sol ont donc une influence considérable sur les événements de la vie humaine en cette guerre mondiale. Les conditions climatériques en ont une non moins grande. Les pluies, la neige ont accru les difficultés des armées, tant dans les plaines que dans les monts. La boue est un obstacle terrible. On n'a qu'à se rappeler les récits des soldats du front de France ou de Russie ou de la Mésopotamie ou de la Serbie. Le rôle du vent n'est pas moindre. Les intempéries de l'automne, du printemps, des équinoxes empêchent les flottes aériennes et maritimes de sortir ou de voguer facilement. Il faut pour les zeppelins des nuits sans lune et quasi sans vent. La pluie les alourdit et diminue par suite leur puissance destructrice.

L'industrie de l'homme a cherché à annihiler les obstacles nés des conditions climatériques et géographiques. Sur le sol couvert de neige, hommes, chevaux et canons apparaissent facilement à de grandes distances, taches noires qui tranchent sur le tapis blanc du sol. Et alors les hommes imaginent de recouvrir les chevaux, les canons, les voitures, eux-mêmes enfin, de toile blanche qui se fond dans la blancheur environnante.

La neige a disparu, le vert des feuillages l'a remplacée et alors c'est sous des feuilles que l'homme abrite ses canons, ses convois, pour en celer la vue aux aéroplanes. L'homme fait du mimétisme. Il imite les animaux qui, par sélection naturelle, ont été obligés de revêtir la livrée de leur environnement. Le besoin de résister aux causes destructrices, le besoin de vivre, a produit pour l'homme le même effet que pour les autres animaux. Mais le mode opératoire a été différent. Il a été voulu par l'homme, il a été accidentel pour les autres animaux.

Vous voyez là l'influence des conditions climatériques sur les actes de cette guerre. Toute aussi grande a été l'influence des conditions géologiques. Le sous-sol de notre globe a une action sur la conduite de la guerre tout comme en a la surface de ce sol. Si la guerre de tranchées fut possible de la frontière suisse à la mer du Nord et sur le front oriental, c'est que des sols meubles couvraient le sous-sol sur une épaisseur assez grande ou que celui-ci était crayeux, calcaire, c'est-à-dire en pierre tendre ou argileux, sablonneux. Quand il s'est agi d'un sous-sol granitique ou schisteux, dur, la guerre de tranchées a été bien plus pénible. comme à Gallipoli, par exemple.

Le rôle joué par les productions minières a été et est très grand. Ainsi la possession de la houille a donné à la Grande-Bretagne une énorme puissance, car quasi tous les Etats neutres et belligérants ont besoin de cette houille. La possession des champs de pétrole de Galicie, de la région orientale au delà du Tigre, en Mésopotamie, de la Roumanie, est parmi les causes qui motivèrent les actions de guerre des Russes, des Anglais et des puissances centrales.

L'avance des Allemands, en 1915, sur le Pripet, vers Kiev, était causée par le désir de prendre des houillères. Une des causes qui firent que les Allemands envahirent la France par la Belgique et le Nord était la volonté de s'emparer des richesses minières de ces régions et du bassin de Briey. Il est probable qu'une des causes de l'envahissement de la Serbie par les Impériaux, en 1915, était le besoin de posséder ses mines de cuivre, afin de les exploiter, car le cuivre se raréfiait chez eux et pouvait leur manquer, malgré les minutieuses réquisitions de ce métal. L'absence de mines de manganèse, de nickel, et de carrières de nitrates, etc., a une action gênante sur l'œuvre des Puissances Centrales.

Il en est des produits du sol comme des produits du sous-sol. Et nous savons tous quelle part importante doit être allouée au blé, aux animaux de boucherie, aux légumes, etc. Il est certain que le désir d'accroître les ressources en produits alimentaires a poussé les Impériaux à s'emparer de la Pologne, de la Serbie, de la Roumanie, etc. La conquête du pain a conduit à la conquête de régions et de nations.

Si l'on analysait en détail tous les événements qui se sont passés au cours de cette longue guerre, je crois qu'on trouverait encore d'autres influences des conditions géographiques, climatériques et géologiques. Elles ne feraient que confirmer ce que je viens de dire, qu'ajouter à la démonstration de l'extrême importance de ces conditions de l'environnement terrestre. Tout cela montre, sans qu'il soit possible de le contester, comme l'homme dépend intimement du climat, du sol et du sous-sol sur lequel il vit, lui et ses autres congénères. Il en dépend comme en dépendent les plantes et les autres animaux. Il dépend de toutes ces conditions mésologiques, c'est-à-dire qu'il est solidaire avec elles. Il est en effet influencé par elles, en même temps qu'il les influence lui-même.

Cette guerre est donc une éclatante manifestation que dans l'univers vivant tout se tient, tout s'enchevêtre et s'entremêle de mille manières et en tous sens. Tout est à la fois cause et effet. L'union de l'homme avec son environnement est profonde, bien plus grande et bien plus forte que ne sont les éléments de désunion. Une solidarité universelle et intime est la leçon de cette guerre qui, de prime abord, paraît être une leçon d'antisolidarité.

*
* *

Une des modalités sous laquelle s'est manifestée la solidarité universelle est l'entr'aide mutuelle. Jamais avant cette guerre mondiale elle n'avait apparu avec autant de force sur le globe entier. Autrefois, dans les cataclysmes déchaînés par les hommes, ou par la nature, la solidarité ne se montrait qu'au sein de groupes restreints ou nationaux ou de classes. En cette guerre, combien le spectacle fut différent ! L'entr'aide est générale, sans souci de classes et de nations. Américains, Asiatiques, Australiens, Africains secoururent les Européens. Un souffle puissant d'altruisme emporta tous les humains. La fraternité se réalise tangiblement, visiblement. Belges, Serbes, Français du Nord et de l'Est, Prussiens, Polonais peuvent en témoigner. Dans la tourmente de fer et de feu, au milieu des ruines, des monceaux de cadavres et des rivières de sang, que la cupidité des hommes engendrait, on a vu se développer le plus grand mouvement de solidarité qui eût jamais existé. Neutres et belligérants rivalisèrent. Et à côté de l'œuvre de mort si scientifiquement, si intelligemment menée, on voit l'œuvre de vie, non moins scientifiquement, non moins intelligemment menée. Les œuvres d'aide pour les prisonniers, les soins aux blessés, le secours aux expulsés et à ceux qui fuyaient devant l'envahisseur, etc. sont là témoins vivants de cette admirable entr'aide.

Les Belges, les Français du Nord, les Polonais en territoire occupé, sont affamés : plus d'industrie, car les usines sont vidées de leurs machineries et de leurs matières premières ; puis le combustible, l'huile à graisser sont rares ou manquent. Peu de culture, car les engrais, la main-d'œuvre, les chevaux manquent. Tout est réquisitionné des produits du pays. C'est donc l'affamement.

A cette œuvre de la guerre riposte l'entr'aide des hommes. L'initiative privée n'étant point gênée par les mille liens des gouvernements, se donne plein essor et depuis octobre 1914, elle nourrit et entretient les populations de Belgique et de France. Des centaines de millions de francs ont été recueillis, dons des particuliers, des centaines d'autres ont été versés par les Gouvernements belge et français, pour leurs compatriotes des territoires envahis, car il faut nourrir et entretenir 9 millions d'humains, rien qu'à l'occident. L'*American relief Committee* se dépense sans compter. Des hommes d'affaires le dirigent, une armée de 35.000 volontaires y travaillent pour réparer les maux de la guerre. C'est l'armée de vie opposée à l'armée de mort. Une flotte de transports amène mensuellement, des ports américains pour Rotterdam, des millions de tonnes de froment, de maïs, de riz, de haricots, de pois, de lard, de graisse. Et tout cela était vendu au comité, au prix de revient, sans bénéfice ! L'*American relief Committee* voulut étendre son œuvre aux Polonais, aux Serbes, aux Arméniens. Mais il rencontra des difficultés insurmontables de la part du Gouvernement allemand, qui ne voulut pas accorder les garanties que les gouvernements alliés demandaient pour être sûrs que rien de ces provisions ne serait réquisitionné par l'Allemagne.

La « Société des Amis », ou Quakers, se distingua dans l'entr'aide. Des villages, détruits par les obus et les incendies, sur le front français, furent reconstruits par ses soins. Des centaines de volontaires, sans salaire, y travaillèrent. Le peuple suisse s'adonna à l'aide aux prisonniers, aux blessés, aux expulsés. Des millions de colis postaux traversèrent la Suisse ou en partirent pour nourrir les prisonniers Anglais, Français et Belges. Il y eut même un service spécial pour l'envoi de pain à tous les prisonniers, car la ration alimentaire fournie par le Gouvernement allemand était insuffisant.

Combien d'autres manifestations de l'entr'aide ne pourrait-on citer ? C'est l'hospitalité donnée aux Belges en Angleterre, aux Belges et aux Français du Nord et aux Serbes en France ; aux Belges et Serbes en Suisse ; aux Prussiens orientaux en Allemagne. Ce sont tous les hôpitaux et ambulances privés qui sortirent partout, spontanément et hâtivement. Ce sont les souscriptions qu'ouvrirent les grands journaux ; ce sont les milliers de jeunes filles, de femmes et d'enfants qui recueillent, des jours donnés, partout, les dons pour des œuvres diverses, etc., etc. En vérité, l'entr'aide fut à nulle autre pareille.

Et, chose que le sociologue doit observer et le penseur méditer, c'est que cette admirable entr'aide fut un fruit spontané de l'âme humaine, de l'initiative individuelle. Alors que l'œuvre de mort était méthodiquement menée par les bergers du troupeau humain, on voyait l'œuvre de vie menée non moins méthodiquement par le troupeau lui-même, sans ses bergers occupés à l'autre besogne.

L'entr'aide a lieu non seulement au moyen d'argent et de travail, mais au moyen de sang. Du côté des Alliés occidentaux, combattent des hommes de toutes nationalités et de toutes races. Et ces hommes sont venus volontairement, librement se joindre aux Français et aux Anglais ! Un même sentiment de socialité a conduit ces Australiens, ces Canadiens, ces Néo-Zélandais, ces Nord-Américains, ces Juifs russes, ces Italiens, ces Grecs, ces Yougo-Slaves etc. Sans doute dans les engagements des Noirs africains, des Hindous et des Maoris il y avait des motifs autres que ceux de lutter à côté de peuples qui défendaient un idéal semblable au leur. Mais il n'en est pas moins vrai que ces luttes d'hommes de toutes races, les uns à côté des autres, montrent une humanité plus solidaire qu'autrefois. Les combattants eux-mêmes témoignent d'une extension de la solidarité humaine.

Une autre forme de la manifestation de cette solidarité

est l'oubli d'un chacun pour les peines et les souffrances individuelles pour ne songer qu'à la collectivité. C'est l'individu travaillant et se sacrifiant pour la collectivité. De tous temps, ces sacrifices ont eu lieu. Mais je ne pense pas qu'ils aient eu lieu sur une aussi grande échelle qu'en cette guerre. Je ne connais rien de plus beau à cet égard que l'engagement volontaire des quatre millions de soldats britanniques, des centaines de mille Australiens, Canadiens et Néo-Zélandais. Ils pouvaient s'abstenir de s'engager, quelles que fussent les pressions qui étaient directement ou indirectement exercées sur eux. Ils pouvaient ne pas partir et ils partirent, sachant très bien — surtout ceux qui s'engagèrent après les deux ou trois premiers mois de guerre — qu'ils risquaient la mort et les blessures. Il y a là un phénomène sociologique d'une extrême importance, car il révèle un sentiment, un esprit de socialité, c'est-à-dire de solidarité avec le reste du groupe humain, très développé. Et à cet égard, nous pouvons dire que les citoyens de l'Empire britannique possèdent cet esprit de socialité plus que ceux des autres belligérants. Ils sont en un stade de développement politico-moral plus avancé que les autres. C'est, pensons-nous, un effet de leur régime de liberté, de démocratie plus prononcé que celui des peuples du continent, même des Belges, des Français et des Suisses.

*
* *

En même temps que l'entr'aide s'étendait à travers toute l'humanité, on a vu poindre un sentiment moral universel. La guerre a montré nettement l'existence d'une opinion publique mondiale, indépendante des nations, des classes et des sectes ; une opinion publique qui affirmait une haute morale : le respect de la parole donnée, le respect de la liberté et de l'indépendance des individus et des groupes, le mépris et l'opposition au terrorisme. Dans tous les pays du monde ces sentiments moraux se sont manifestés avec force et lorsque je dis « tous les pays », j'y comprends les Puissances Centrales. Parmi elles, ce fut une petite minorité qui manifesta hautement ces sentiments, mais il n'en fut ainsi qu'à cause de l'atmosphère de terreur et de mensonge qui enveloppe ces puissances.

Cette entr'aide générale, cet espritde socialité, cette haute morale que la guerre actuelle a montrés sont un des meilleurs parmi les nombreux enseignements qui en ressortent. C'est un présage d'un monde meilleur, vraiment international et libre.

Il y a eu, certes, des manifestations de haine et, *a priori*, on pourrait admettre qu'elles sont un affaiblissement de ce présage d'un monde meilleur. Ce serait une erreur. Entre combattants, sur les fronts divers, il y a rarement de la haine, d'après les lettres des soldats que nous avons vues, soit publiées, soit privées. Nous savons que les soldats s'entretiennent entre eux, de tranchées à tranchées, et font des trêves *proprio motu*. C'est surtout dans les écrits des littérateurs, dans les manifestes des intellectuels qu'on trouve des manifestations de haine. Au fond, ce n'est que de la littérature, sans portée sociale pour l'avenir, indice seulement valable pour le présent, et alors symptôme d'un état fébrile qui a envahi les organismes surmenés, donc intoxiqués, de nombre d'intellectuels. Ce qui serait plus grave que ces manifestations littéraires de haine, c'est le désir de maints industriels et commerçants de perpétuer les antagonismes d'Etat par une guerre économique. Mais je doute de la réalisation de ce désir. Les intérêts matériels des masses humaines seront plus puissants que les intérêts de quelques groupes de la classe capitaliste. D'ailleurs la longue durée de la guerre, en épuisant tous les peuples, crée des conditions économiques qui obligeront les peuples à s'entendre, à s'unir, à se fédérer, à s'interpénétrer. Ils seront obligés de comprendre que leur mieux-être repose non sur les antagonismes et la lutte, mais sur l'union et l'entr'aide.

*
* *

La guerre au milieu de laquelle nous vivons a remué le monde entier jusque dans ses plus intimes profondeurs. Aussi les questions morales les plus diverses ont été et sont chaque jour soulevées. Parmi elles se trouve la fameuse question des représailles qui réapparaît avec plus de force après chaque coulage de transatlantique par des sous-marins, après chaque raid d'aéroplanes ou de zeppelins sur les Iles Britanniques, sur Paris ou sur les villes d'Italie. Les passions et les sentiments soulevés par les morts, les blessures et les ruines provoqués par ces raids ont empêché maintes personnes d'examiner froidement et de juger sainement le problème soulevé. Plus les êtres étaient sensibles, plus leurs sentiments altruistes étaient violentés par les tueries des sous-marins et des zeppelins, plus violente était leur réaction. Et ils clamaient après des représailles.

Dans les représailles, il y a toujours l'idée de punition. C'est toujours la peine du talion, la politique de l'œil pour œil, dent pour dent dont on voit la pratique au cours de tout l'Ancien Testament. Celui qui préconise les représailles est, sciemment ou non, sous l'influence de la Bible, des idées religieuses judaïques. Il obéit aux morts, aux petits peuples barbares d'il y a quelques milliers d'années. Cette influence de l'Ancien Testament explique ce fait que l'on voit les peuples catholiques parler de représailles bien moins souvent que les peuples protestants. Ils n'ont pas été nourris de la Bible.

Dans les représailles, à l'idée de punition se joint l'idée de vengeance, qui est, d'ailleurs, presque toujours à la racine de l'idée de châtiment. Cette idée et le désir de vengeance présentent au point de vue éthique un très grave danger. Les hommes sont là sur une pente savonnée où ils glissent sans pouvoir s'arrêter. La vengeance de l'un entraîne la vengeance de l'autre et ainsi de suite jusqu'à la fin des siècles. C'est tout simplement stupide. Bernard Shaw, dans deux de ses très belles *Pièces pour Puritains*, (« César et Cléopâtre » et « La Conversion du Capitaine Brassbound »), a montré cette absurdité sous la forme plaisante et farcesque qui lui est chère.

On oublie trop la fable du *Cheval s'étant voulu venger du Cerf* :

> Quel que soit le plaisir que cause la vengeance,
> C'est l'acheter trop cher, que l'acheter d'un bien,
> Sans qui, les autres ne sont rien.

Les hommes qui préconisent les représailles devraient bien se souvenir de la sagesse de cette morale, pour s'en inspirer. Les représailles, c'est l'homme poussé à être un loup pour l'homme. Et alors c'est un assaut de brutalités et de crimes sans fin.

Il est donc certain, comme l'affirma en 1916 une réunion d'évêques anglicans, que les représailles tendent à abaisser le niveau éthique des relations de nation à nation, tout comme dans le passé, quand elles étaient la règle entre individus, elles abaissaient le niveau éthique de leurs relations.

Quel est le but des représailles ? C'est l'arrêt de nouvelles atrocités, par la semence de la crainte dans l'âme des peuples qui peuvent subir ces représailles. Or ce phénomène se produit-il ? D'une façon générale, on peut dire que non. Il suffit de regarder ce qui s'est passé en Belgique après les fusillades et les incendies ; en Angleterre, après le coulage de la *Lusitania*, après chaque visite de Zeppelins ; et ce qui s'est passé à Paris après chaque raid aérien, pour voir que les populations n'étaient pas terrorisées. Il y avait de la colère, de la fureur, non de la crainte. Si l'on veut être encore plus exact, on dira que l'élément de crainte et de peur était dans l'ensemble de la population si faible qu'il disparaissait noyé au milieu des sentiments de colère. On peut donc dire justement que les représailles ne terrorisent pas; par suite elles sont inutiles et même nuisibles. C'est d'ailleurs ce que l'examen des guerres de toutes époques a prouvé. Aussi, après les 20 années de guerres Napoléoniennes, où la politique des représailles avait été largement employée, le maréchal Marmont a pu écrire : « Les représailles sont toujours inutiles ». Le Field-Marshal Evelyn Wood est arrivé à la même conclusion, car il a écrit que la politique des représailles est basée sur l'ignorance de la guerre.

Le but des représailles n'est donc pas atteint par leur emploi. Par contre, leur effet a des conséquences tout à fait immorales. Les menaces et les demandes de représailles ont surtout lieu après des meurtres de non-combattants, femmes et enfants, qu'on prétend victimes innocentes de la folie criminelle des ennemis. L'exécution des représailles conduirait à commettre les mêmes actes sur d'autres innocents. Et alors on arrive à l'idée de responsabilité collective chassée de nos codes et de nos lois au cours du progrès humain, à cette conception de responsabilité collective qu'avaient nos ancêtres sauvages et barbares et que défend actuellement le militarisme allemand dans son manuel *Kriegsbrauch im Landskriege*. C'est un retour en arrière, aux âges passés.

Il faut envisager sous d'autres angles que ceux de la passion les actes de guerre, comme les raids aériens qui atteignent des femmes et des enfants aussi bien que des hommes. Ces raids ont certainement pour but principal l destruction des docks, des entrepôts, des usines, des navires de guerre ou de transport, des camps et casernes, etc., pour but adventice, le terrorisme. Aéroplanes et Zeppelins sont des armes et en une certaine mesure des armes aveugles, tout comme le canon qui, à une dizaine ou une vingtaine de kilomètres, bombarde une ville assiégée. Des femmes, des enfants sont tués dans ces bombardements et ne peuvent pas ne pas l'être. La conclusion à tirer n'est pas qu'il ne faut pas bombarder, mais qu'il ne faut pas faire la guerre.

Ayons donc toujours présent à la mémoire que la guerre est par définition même, par essence, un tissu de crimes et d'horreurs. Rappelons-nous cette phrase de Clausewitz : « On ne saurait introduire dans la philosophie de la guerre un principe de modération sans commettre une absurdité». Voilà la vérité sur la guerre et non pas la guerre en dentelle, un véritable sport, un peu plus excitant que la guerre aux fauves des forêts, un jeu avec des règles minutieuses comme pour les tournois et assauts d'armes. Une telle guerre se perpétue comme se perpétuent les jeux. Mais une guerre menée sur des bases réelles, avec ses cortèges d'horreurs, de douleurs et de ruines pousse puissamment à la paix et invite à ne pas être renouvelée. Le principe directeur de toute guerre est celui que Bismarck a résumé comme suit : « Rendre la guerre si terrible aux populations qu'elles supplient elles-mêmes en faveur de la paix ». Plus la guerre est terrible, plus elle éloigne la guerre suivante, plus elle a chance d'être la dernière guerre. Il est à espérer que les horreurs de cette guerre mondiale éclaireront les populations au point que toute guerre sera évitée et empêchée dans l'avenir.

On a pu constater, au cours de cette guerre, que les Alliés considéraient comme une cruauté et une barbarie *allemandes*, les raids aériens et sous-marins et maints autres actes de guerre, tandis que les Allemands considéraient le blocus dont ils étaient victimes comme une barbarie *anglaise*. C'est là un phénomène psychologique intéressant à noter, car il montre l'absence complète d'objectivité de la part de tous. Evidemment, ces modes de guerre sont cruels et barbares, mais ils ne le sont que comme tous les autres modes de guerre. Il n'y a là, en réalité, ni barbarie anglaise, ni cruauté allemande, il y a là simplement barbarie et cruauté *militaires*. La mentalité nationale n'intervient point en ces modalités de guerre. Elles sont un effet fatal de la mentalité militaire et du but que poursuit toute guerre. Les vitupérations, les violences de langage que ces cruautés motivèrent se trompèrent partout d'adresse ; car partout elles furent adressées aux nations au lieu d'être adressées à la profession militaire. Le militarisme a été, est et sera toujours une école de crime.

Les raids aériens et sous-marins sont des modes de guerre qui soulèvent les sentiments du public, parce qu'ils atteignent des non-combattants, dit-on. En réalité, y a-t-il des non-combattants ? C'est avec raison que l'évêque de Bangor a soutenu que non. Des femmes, des enfants font des munitions, d'autres travaillent aux travaux de la terre, aux soins des malades et des blessés, etc. qui entretiennent la vie des combattants. Le navire de commerce, le transatlantique qui va d'un port à un autre, le chalutier qui pêche, le train plein de civils qui va d'une ville à une autre sont des organes de vie nécessaires aux combattants. Les frapper, c'est atteindre les soldats des tranchées. Tout se tient, tout s'entremêle inextricablement dans la vie : les séparations ne sont que des produits de l'esprit humain et n'existent pas en réalité.

Il résulte de là que c'est à tort que les humains fulminent contre *certaines* modalités de la guerre comme les raids aériens et sous-marins. Il faut logiquement fulminer contre *toutes* les modalités de la guerre, contre la guerre elle-même. Si l'on proteste contre ces modes-là et pas contre d'autres, c'est à cause de leur nouveauté. L'esprit de l'homme est lent à admettre les choses et les idées nouvelles ; son amour des traditions — effet de la paresse d'esprit — l'empêche de voir l'horreur de choses anciennes et lui fait voir l'horreur de choses nouvelles qui, en réalité, ne sont pas plus horribles que les anciennes.

Lorsque l'on considère les choses dans leur réalité, on voit donc que les aéroplanes, les zeppelins, les sous-marins sont des armes de guerre, exactement comme les canons, les fusils, les sabres, les mitrailleuses, les gaz asphyxiants. Et alors, lorsqu'on envisage ces réalités au lieu d'être dans le romanesque, on est amené à ne plus parler de représailles, mais à examiner quels sont les modes de résistance à ces nouveaux engins de guerre et s'il y a utilité à s'en servir de la même façon que les ennemis. Le seul critère de l'emploi de ces armes, c'est leur utilité pour le but poursuivi : amener l'ennemi à demander la paix. Telle est la conclusion ultime à laquelle conduit une analyse objective de la question des représailles soulevée par l'emploi de nouveaux engins de guerre.

CHAPITRE X

Lorsque, pour les divers belligérants, on fait l'analyse des événements, des déclarations et des aveux politiques, militaires et économiques, on constate des diversités de buts non seulement pour chaque belligérant, mais encore dans chaque Etat en guerre. Et l'on est ainsi amené à distinguer entre les buts des dirigeants et les buts de la masse populaire dirigée. Le plus souvent, ils sont en effet très différents.

Nous savons par les pièces diplomatiques publiées en une série de livres officiels de toutes couleurs, d'une façon incontestable, que cette guerre a été déchaînée par l'Allemagne et l'Autriche-Hongrie. Evidemment tous les événements diplomatiques qui précédèrent la guerre ne sont pas encore connus ; et il se peut que ceux que l'avenir amènera au jour modifient quelque peu les détails des circonstances d'avant-guerre. Mais on peut, sans crainte d'erreur, affirmer que ces modifications n'altéreront pas ce fait que la responsabilité du déchaînement de la guerre appartient aux puissances centrales.

Nous savons en effet par des révélations d'hommes d'Etat, d'anciens ministres comme MM. Giolitti et Take Jonescu, qu'en 1913, l'Allemagne avait arrêté l'Autriche-Hongrie qui, dès cette époque, voulait mettre la main sur la Serbie. En 1914, l'Allemagne n'arrêta pas son Alliée, parce qu'elle ne voulut pas l'arrêter. Elle voulait la guerre et elle l'avait longuement préparée. Un procès qui eut lieu aux Etats-Unis contre le directeur de la *Hamburg American Line* en Amérique, en a apporté une nouvelle preuve. Il a montré que l'Allemagne avait pris toutes ses mesures : ainsi, avant la rupture des pourparlers entre l'Allemagne et les puissances de l'Entente, alors que l'Allemagne assurait sir Edward Grey de ses intentions pacifiques, elle ordonnait, par un cablogramme, à ce directeur d'une compagnie particulière de navigation, d'agir selon ses instructions, et le Dr Buenz agit, avant qu'il y eut la moindre déclaration de guerre.

Donc, l'Allemagne dirigeante voulait la guerre. Quels buts poursuivait-elle? Ils sont divers, mais au fond, tous d'ordre économique. Nous parlons des buts des dirigeants germaniques, c'est-à-dire des hobereaux ou Junkers, et de la grande bourgeoisie industrielle et commerçante. Les hobereaux, représentés au Reichstag par le parti conservateur, voulaient éluder l'impôt sur les successions, qui était inévitable avec une paix prolongée, et dont le principe avait été voté par le Reichstag, impôt qui est une grave atteinte aux intérêts et privilèges de la noblesse terrienne. La noblesse terrienne est une noblesse militaire. Seule la guerre pouvait maintenir son prestige, lui faire acquérir des grades et des richesses. « Enfin, dit un rapport officiel au Gouvernement français écrit en 1913 et publié dans le *Livre Jaune*, cette classe sociale, qui forme une hiérarchie dont le roi de Prusse est le couronnement suprême, constate avec terreur la démocratisation de l'Allemagne et la force grandissante du Parti Socialiste et considère que ses jours sont comptés. » Ses intérêts matériels sont menacés par le mouvement contre le protectionnisme agricole qui croît formidablement; et sa représentation politique au Reichstag va en diminuant. Pour les hobereaux, les intérêts économiques, d'où dérivaient leurs intérêts politiques, exigeaient une guerre.

Il en était de même pour une importante fraction de la grande bourgeoisie. Sa représentation politique au Reichstag diminuait sans cesse ; puis les grands industriels croyaient que les conflits qu'ils ont avec leurs ouvriers sont dus à la France, foyer révolutionnaire d'idées émancipatrices. « Sans la France, l'industrie serait tranquille », lit-on dans ce rapport publié dans le *Livre Jaune*. Les fabricants d'armes et de munitions, les grands exportateurs et transporteurs, certains grands banquiers voulaient accroître l'étendue des marchés où ils vendent et portent les produits et les capitaux. La guerre serait une bonne affaire.

Ces capitalistes fonciers, industriels et commerçants, qui voulaient la guerre pour satisfaire leurs intérêts économiques et politiques, s'appuyaient sur une foule de fonctionnaires, sur les universitaires imbus d'idéologie guerrière, dans des buts divers, d'ailleurs : conquêtes coloniales emportant comme conséquence une expansion commerciale énorme ; fin de la paix armée si ruineuse, puisque la France serait réduite à l'impuissance, etc. Pour justifier leurs conquêtes coloniales, les intellectuels allemands s'appuyaient sur la natalité très forte des Allemands. Ils avaient besoin de s'épandre sur la terre parce que leur population croissait trop vite pour leur superficie.

Ce point mérite que nous nous y arrêtions un instant. Il montre en effet la nuisance humaine d'une forte natalité dans une humanité chaotique comme est l'humanité actuelle. Si la doctrine du néo-malthusianisme, c'est-à-dire de la restriction volontaire des naissances, était pratiquée, l'Allemagne n'eut pas eu besoin de conquêtes coloniales, car elle n'eut pas eu une surpopulation. Il n'y aurait pas eu de guerre, c'est-à-dire que des millions d'hommes n'eussent pas été tués ou rendus infirmes. La surpopulation — il s'agit d'une surpopulation relative et non absolue, due à un mauvais aménagement de la terre et de ses productions, car il est des pays où la densité de la population est plus grande — la surpopulation, dis-je, a conduit à la guerre dont un des effets est de diminuer, de supprimer même cette surpopulation. L'application du néo-malthusianisme, tout en produisant le même effet, aurait du moins évité les pertes immenses dues à la destruction d'êtres adultes, représentant une énorme quantité de travaux et de produits qui furent nécessairement dépensés pour amener à l'état adulte tous ces hommes tués ou rendus infirmes. La pratique du néo-malthusianisme eut donc économisé à l'humanité des douleurs, des peines et des pertes d'énergie. Nous avons là une des nombreuses leçons qui ressortent de cette guerre ; il importait de la montrer en passant.

Mais revenons aux buts de la guerre. En somme, au fond de toutes les aspirations des classes dirigeantes allemandes vers la guerre, nous trouvons un intérêt économique. Mais pour beaucoup des dirigés, les buts furent politiques et moraux. Ce fut, en effet, une croyance générale dans le menu peuple d'Allemagne que la guerre était purement défensive, car leurs libertés étaient menacées par l'autocratie russe. Aussi on put voir, dans des correspondances privées, d'enthousiastes jeunes gens écrire : « Nous combattons pour la liberté du monde : nous allons délivrer la Pologne et la Finlande ! » Certainement le troupeau populaire était trompé par ses bergers. Mais il n'en est pas moins vrai que le but du troupeau était nettement idéaliste sur le plan moral et politique et non sur le plan économique, comme étaient les buts des dirigeants de l'Empire.

Les buts économiques poursuivis par les dirigeants ne peuvent pas être mis en doute. Les offres de l'Allemagne à la Grande-Bretagne, pour que celle-ci restât neutre, les montrent, en effet, avec la plus grande netteté. C'était l'extension d'un empire colonial, et des aires où s'exerceraient leurs sphères d'influences politiques, commerciales et industrielles. L'Allemagne voulait l'hégémonie européenne d'abord, puis ensuite l'hégémonie mondiale, et cela par intérêt économique. La grande majorité de ses hommes d'affaires, de ses industriels, de ses financiers et de ses commerçants croyaient que les affaires augmentent en proportion de la puissance impérialiste de la nation. C'est une idée erronée, ainsi que le prouve la grande expansion de l'industrie et du commerce de la petite Belgique et de la petite Suisse. Mais pour eux, cette fausseté était une vérité qui dérivait de l'expansion énorme de leur industrie et de leur commerce après la guerre victorieuse de 1870. L'énormité de cette expansion est d'ailleurs plus apparente que réelle. En effet, si on recherche le pourcentage, par tête, des importations et des exportations, on constate que l'expansion allemande est, dans le même temps, bien inférieure à celle de la Belgique et sensiblement la même que celle de la France et de la Grande-Bretagne.

D'ailleurs, le développement de la guerre, au cours de sa longue durée, a fait tomber les masques. La guerre a été menée par les Allemands sur des bases industrielles, exploitant les pays conquis au point de vue des produits fabriqués, des matières premières et de l'argent. Comme le remarqua le juriste Charles Dejongh dans une étude sur *La Guerre et la Belgique*, la guerre est pour l'Allemagne une véritable industrie. C'est comme telle que l'envisagent les hobereaux, les associations industrielles et commerciales. Comme toute industrie, la guerre doit donner des bénéfices.

De quelle nature doivent être ces bénéfices ? Des requêtes au Chancelier impérial par des groupes influents de propriétaires fonciers, de magnats de l'industrie et du commerce, appuyés par des intellectuels de marque, fonctionnaires et professeurs d'université, ont révélé cette nature dès mai 1915. Il s'agit de l'annexion de territoires à l'ouest et à l'est, dans le but avoué de posséder des régions riches en mines de fer, de houille, en ports maritimes, etc. Il s'agit de la dépossession des particuliers propriétaires d'usines, de mines, d'exploitations agricoles, etc., et de la prise de possession par l'Etat de tous ces biens qu'il répartirait entre ses nationaux germaniques. L'intérêt économique de classe et de caste est avoué franchement, mais cependant les pétitionnaires cherchent à le couvrir du manteau de l'intérêt politique collectif en se basant sur les nécessités de la défense militaire de l'Empire. Il s'agit aussi, comme un but plus lointain, de la conquête de l'hégémonie mondiale et d'un immense empire colonial. Dans cet empire qui engloberait les races les plus diverses, le Germain, en vertu du principe de sa supériorité raciale, réduirait en esclavage les populations noires, jaunes ou blanches. Elles travailleraient pour lui, mais elles seraient par lui bien soignées, bien nourries. La liberté seule leur manquerait.

Ces buts des castes dirigeantes teutoniques ne pouvaient être réalisés que si l'Allemagne détruisait l'Empire britannique. Et c'était celui-ci qu'elle visait réellement par-dessus la Russie et la France. Elle espérait qu'il méconnaitrait assez ses intérêts pour rester neutre, spectateur impassible de l'écrasement de la France et de la Russie, obligées ensuite d'être les satellites de l'Allemagne. Heureusement pour la liberté du monde, l'Allemagne se trompa et la Grande-Bretagne entra dans la fournaise guerrière.

Ce fut là la cause de l'échec des armées germaniques et de la prolongation de cette guerre qui durera jusqu'à l'aveu catégorique de la défaite allemande. Cette durée de la guerre conduisit l'Allemagne à modifier ses plans pour atteindre à ses buts et en même temps révéla au monde la fin ultime qu'elle poursuivait : la destruction de l'Empire britannique pour avoir l'hégémonie mondiale. Cela apparut nettement quand la guerre de tranchées ayant élevé des murs infranchissables à l'est et à l'ouest, on vit l'Allemagne pousser avec une admirable audace vers le sud oriental, pour menacer l'Inde et l'Egypte par Belgrade,

Nish, Stamboul et Bagdad. Les désirs d'annexion à l'ouest et à l'est russe furent ou diminués ou éliminés complètement. En fait, on les remit à plus tard, se contentant de conquêtes politico-économiques dans toute la région balkanique et turco-asiatique.

M. Friedrich Neumann se chargea d'établir la théorie de ces aspirations dans son livre *Mittel Europa*. Il s'agit de former un immense Empire, allant de la Baltique à la mer Noire à l'est, à l'Adriatique au sud-ouest et au Golfe Persique au sud. Sous l'hégémonie de l'Allemagne, les régions peuplées de Hongrois, Tchèques, Yougo-Slaves, Serbes, Bulgares et Turcs seraient mises en valeur au point de vue industriel et commercial. Toutes les nationalités disparaîtraient, absorbées par la nationalité teutonne. Et cet empire central, limité par les fameuses tranchées qui vont de la mer du Nord aux Alpes et de la Baltique à la mer Noire, préparerait la lutte future pour s'étendre à l'Atlantique et à l'Océan Indien. Cette conception d'un empire basé sur la violence, analogue à celle qu'avaient les grands conquérants asiatiques, les *Assur-bani-âpli*, ne poursuit en somme que des buts économiques : l'acquisition de richesses par une acquisition de territoires et une exploitation méthodique de ces territoires.

On peut donc dire avec raison que les buts poursuivis par l'Allemagne dirigeante, en cette guerre mondiale, sont presque exclusivement économiques, car on peut négliger les buts du troupeau populaire qui n'a pas voix au chapitre.

*
* *

C'est sans être directement attaqué que l'Empire britannique entra en guerre. Ce ne fut pas pour lui une guerre défensive. Du moins c'est ce qui paraît être. L'apparence, en effet, est qu'il a été entraîné dans la guerre pour la défense du droit méconnu, de la liberté des petites nations menacée. C'est ici surtout, si nous voulons voir la réalité des choses qu'il faut distinguer entre certains groupes de dirigeants et la masse du peuple. Si l'on considère l'ensemble de la population britannique, la masse bourgeoise et ouvrière, on doit reconnaître que ce fut cette violation du droit des peuples à vivre libres qui la souleva. S'il n'y avait pas eu la violation de la Belgique, il eut été extrêmement difficile à certains des dirigeants de la politique britannique d'entraîner le peuple dans la guerre. Et pourtant son intérêt vital, son intérêt de rester autonome et indépendant étaient nettement d'entrer en guerre pour défendre la liberté et l'indépendance des peuples à côté de ses Alliés du continent.

Dans l'Empire britannique, une fraction de la classe dirigeante était depuis longtemps adversaire de l'Allemagne, non par raison politique et morale, mais par raison économique. Cette fraction assistait à l'ascension de l'industrie et du commerce allemands, qui partout tenaient en échec et souvent triomphaient de l'industrie et du commerce anglais. Il y avait par suite un intérêt matériel certain à l'entrée de la Grande-Bretagne dans la guerre, du côté de la France et de la Russie. Nous voyons donc ici des intérêts économiques utilisant un sentiment populaire de justice pour lancer la nation dans la guerre, rompre avec une politique séculaire d'isolement insulaire et, en ce faisant, servir les intérêts moraux de l'humanité.

A diverses reprises, au cours de la guerre, les buts politico-moraux du Gouvernement anglais ont été affirmés publiquement. « Nous ne remettrons pas l'épée au fourreau, a dit et répété M. Asquith, que la Belgique n'ait recouvré sa pleine indépendance et tout ce qu'elle a sacrifié, que la France ne soit assurée adéquatement contre toute menace d'agression, que les droits des plus petites nations de l'Europe ne soient placés sur une fondation inassaillable et que la domination militaire de la Prusse ne soit complètement et définitivement détruite. » Ces paroles sont nettes et catégoriques. Elles ne montrent, on le remarquera, que des buts politico-moraux, des buts altruistes. Et ce sont en effet les buts de la masse du peuple ouvrier et bourgeois du Royaume-Uni.

Mais il en est d'autres à côté, des buts économiques, qui sont poursuivis par des industriels, des commerçants et des financiers, qui forment une importante fraction de l'ensemble des dirigeants britanniques. Ces buts économiques apparaissent dans la formation de certaines associations et ligues antigermaniques et dans les discussions ouvertes par quelques grands journaux sur les unions et tarifs douaniers, etc. D'ailleurs le premier ministre du Commonwealth australien, M. Hugues, avoua ce but économique lorsqu'il déclara que cette guerre était une guerre non seulement pour la suprématie nationale, mais aussi pour la suprématie commerciale.

*
* *

L'Autriche-Hongrie et le Japon ne sont entrés en guerre que pour des intérêts politico-économiques. Le meurtre de l'Archiduc et de sa femme fut un prétexte : le but était l'abaissement de la Serbie afin qu'elle entrât dans la sphère d'influence de l'Autriche au lieu d'être dans celle de la Russie. Il était besoin que la Serbie entrât dans cette sphère d'influence pour qu'elle pût être exploitée commercialement et industriellement par les Austro-Hongrois. L'Allemagne foncière, financière et industrielle poussait l'Austro-Hongrie vers les Balkans et l'Orient méridional afin de s'ouvrir à elle-même des débouchés pour son activité et ses produits. Aussi, en fin d'analyse, les buts politiques de la monarchie duale n'étaient vraiment poursuivis que pour des réalisations économiques.

La situation est la même pour le Japon. Evidemment son traité d'alliance avec l'Empire britannique l'obligeait, si celui-ci réclamait son aide, à la lui prêter. Mais on peut toujours discuter sur l'interprétation d'un traité : rappelons-nous ce qui se passa pour le traité de l'Italie avec l'Allemagne et l'Autriche-Hongrie en 1914. Rappelons-nous ce qui s'est passé en octobre 1915 pour le traité gréco-serbe. On peut toujours, en effet, discuter l'interprétation d'un traité et, entre Etats, à notre époque, un traité n'a pas de sanction autre que la violence, c'est-à-dire l'action de guerre.

Il y a près d'un demi-siècle, un juriste allemand, le Professeur Lasson, a écrit à cet égard : « Il n'existe pas de loi d'un Etat à un autre... *Une loi n'est pas autre chose qu'une force supérieure.* Entre les Etats, il n'y a qu'une sorte de droit, le droit du plus fort. Un Etat ne peut commettre de crimes. Remplir ses engagements n'est pas pour un Etat une question de droit, mais une question d'intérêt ».

Quelques-uns ont vu là des sophismes alors qu'il n'y a que l'expression brutale de pures et simples vérités. Si l'on étudie les relations entre les états au cours des temps, on en trouve la preuve à chaque instant. A tout moment, dans la vie des peuples, on constate que tout n'est qu'une balance de forces et que tout droit légal est inexistant, s'il n'est pas sanctionné par des forces. Il résulte de là, et chemin faisant nous devons tirer cette nouvelle conséquence de la guerre mondiale, que le Droit n'a pas d'existence en soi.

Le Droit est un produit de l'imagination humaine. Ce droit légal n'existe qu'autant qu'il a une sanction. Et cette sanction doit être imaginée par les hommes. Par suite, elle repose sur la force des hommes. Il n'en est pas de même de la sanction des droits naturels qui, eux, ne sont réellement que des besoins inhérents à l'individu. Ces sanctions des droits naturels ne sont pas abandonnées à l'arbitraire humain; elles sont la réaction logique de la violation de ces droits naturels, c'est-à-dire de la non-satisfaction de ces besoins naturels.

Il résulte de ces considérations que l'homme doit s'efforcer de faire coïncider son droit légal avec les droits naturels, de façon à n'avoir plus besoin de sanctions artificiellement imaginées, comme par exemple toute la série des pénalités. Il résulte de là aussi que l'homme doit s'efforcer de transformer les sanctions basées sur la force de violence — la guerre, les pénalités de mort, de coups, de prison — en des sanctions basées sur la force morale. Et s'il s'agit de relations entre Etats, il faut créer une situation mondiale telle que l'intérêt de chaque Etat ne soit jamais de rompre les conventions qui le lient aux autres ou à un autre Etat. Tant que la situation interstatale ne sera pas ainsi, les affirmations de Lasson seront l'expression de la vérité.

Pour un Etat, l'exécution d'un traité n'est qu'une question d'intérêt. Aussi, si le Japon exécuta son traité d'alliance, c'est qu'il y avait intérêt, intérêt économique et politique. Il poursuit une politique d'exclusion des puissances occidentales de l'Asie afin de faire entrer la Chine dans sa sphère d'influence, et cela dans des buts économiques analogues à ceux qu'avait l'Autriche-Hongrie vis-à-vis de la Serbie. Le Gouvernement japonais est autocratique avec une apparence de parlementarisme ; c'est un gouvernement de classe, plus même, de caste et de clan dans la caste. Il est militariste de nature car il est réellement resté à la période de civilisation morale du Moyen Age. Grâce à l'insularité du pays, il est extrêmement fort et avec habileté il ne laisse échapper aucune occasion d'accroître l'aire de son influence pour accroître les richesses de ses clans dirigeants. Et à ce propos il faut songer au danger de l'avenir si le système des armements se continuait après la guerre, danger énorme, car il serait dans l'ordre des choses possibles qu'il se résolve en une guerre de l'Asie contre l'Europe et l'Amérique. Cependant dans cette vision noire de l'avenir, un point brillant gît en l'immense Empire du milieu, dix fois plus peuplé que le Japon, et peuplé d'une population pacifique, industrieuse, parvenue à un stade de civilisation morale beaucoup plus avancé que celui du Japon malgré son vernis d'européanisation.

* * *

L'Italie n'est entrée en guerre que dix mois après ses Alliés d'aujourd'hui. Elle y est entrée dans des buts ouvertement égoïstes, avouant franchement, par la longue série des pourparlers diplomatiques qui précédèrent, qu'elle voulait prendre à l'Empire autrichien des territoires qui étaient, disait-on, peuplés d'Italiens. En fait, il faut distinguer et analyser les sentiments et les désirs qui poussèrent l'Italie à la guerre contre ses Alliés de la veille.

Les dirigeants italiens comprirent que la guerre engagée actuellement solutionnerait peut-être définitivement, en tous cas, pour de longues années, les questions brûlantes des Balkans, des sphères d'influence sur les territoires actuellement possédés par la Turquie. Or, les intérêts économiques de ces dirigeants, c'est d'être participants à cette solution du problème oriental et balkanique. Le développement du commerce et de l'industrie italiens y trouvera son compte. Il fallait donc entrer dans la guerre. Mais il fallait pour cela susciter dans les masses un appel guerrier. Il était impossible, par suite des sentiments traditionnels, des conditions historiques, de rendre populaire une guerre à côté des Impériaux. L'Autriche-Hongrie était restée, pour une partie de la population, l'ennemie héréditaire. D'autre part, la violation de la neutralité belge, la brutalité sanguinaire et terrorisante avec laquelle l'Allemagne conduisait la guerre, soulevaient les sentiments de justice, de pitié et d'altruisme qui existent dans tous les cerveaux humains. Il fut donc facile de les remuer et de les exciter. Les intellectuels s'y employèrent.

Le Gouvernement et les dirigeants laissèrent faire, y poussèrent même, car c'était pour eux le seul moyen de déclancher la guerre et de se ranger du côté des vainqueurs certains. Sans méconnaître l'admirable organisation de l'Allemagne pour la guerre, ils estimèrent avec raison que la puissance de l'Angleterre, de la Russie et de la France l'emportait sur celle des puissances centrales et en hommes et en argent. D'ailleurs il était impossible, tel que la guerre s'était développée, que l'Italie eût intérêt à traiter avec l'Austro-Allemagne. Le mépris que celle-ci avait montré, pour sa signature à propos de la Belgique et du Grand-Duché de Luxembourg, faisait qu'il était impossible de se fier à sa parole et à sa signature. La garantie offerte par l'Allemagne pour les cessions territoriales de l'Autriche n'avait aucune valeur. Le principe de la politique allemande est : la force crée le droit.

Les dirigeants et les intellectuels italiens comprirent nettement que le triomphe des Impériaux serait pour l'autonomie et l'indépendance de l'Italie une mort plus ou moins rapide. Les intérêts économiques italiens se trouvaient en fait en opposition avec ceux des Allemands. L'alliance de l'Italie avec les puissances occidentales s'imposait par les divers facteurs économiques, politiques et moraux. Au cours de la guerre, on a pu voir les intérêts économiques prédominer légèrement sur les autres. La guerre, en effet, fut menée à un point de vue purement italien et non pas à un point de vue général ; iln'y eut une déclaration de guerre à l'Allemagne que 15 mois après celle à l'Autriche-Hongrie, etc.

Pour l'Italie comme pour la Grande-Bretagne, les buts de la guerre furent donc un mélange de divers facteurs : économiques et politiques pour les dirigeants, moraux pour les intellectuels et la masse populaire. Il en fut à peu près de même en Russie.

*
* *

En 1914, toutes les forces de l'Empire russe n'étaient pas prêtes à la lutte. Elles étaient en voie de s'organiser quand la guerre éclata. L'Empire était donc momentanément pacifique. Il voulait la paix, mais il dut subir la guerre. Il dut la subir parce que sa politique historique l'obligeait à empêcher l'écrasement de la Serbie, de façon à conserver cette nationalité dans sa sphère d'influence politique.

La puissance russe cherche sans cesse à s'étendre parce que cela permet à la classe bureaucratique et à la classe noble-militaire de vivre et de s'enrichir. L'extension incessante de la puissance russe a pour cause les intérêts matériels de la classe dirigeante russe, qui est une classe de hobereaux militaires et bureaucrates et non de commerçants et d'industriels. Pour ceux d'entre la masse populaire qui, en Russie, ne faisaient pas simplement qu'obéir aux ordres gouvernementaux, le sentiment d'affinité de race et de langue avec les Serbes les poussa à s'enthousiasmer pour la guerre.

A l'origine de la guerre, les gouvernants russes poursuivaient donc des buts politico-économiques, tandis que la masse populaire poursuivait des buts d'altruisme, de soutien des frères slaves attaqués. Au cours de la lutte mondiale, les buts économico-politiques se sont avérés publiquement : la conquête de la Galicie, de Constantinople, etc. La faim de territoires, qui est une faim spéciale aux grands empires autocratiques, fut étalée impudemment par tout le clan bureaucratique et religieux qui gouverne la Russie. La prédominance des buts économiques se montrait.

* * *

Voyons maintenant la Turquie. Elle entra en guerre pour obéir à l'Allemagne, sans que le peuple, la bourgeoisie commerçante, la noblesse militaire fussent consultés, ni même leurs sentiments surexcités. Ce fut l'œuvre de quelques hommes, quelques Jeunes-Turcs, qui n'envisagèrent certes pas toutes les conditions de la lutte, car ils auraient vu qu'ils allaient à la défaite, à la disparition de l'Empire turc. L'Allemagne sut faire miroiter la victoire devant eux. Et la victoire, c'était pour quelques-uns le pouvoir, les honneurs, les richesses. Pour d'autres, la victoire c'était la reconstitution d'un grand empire turc en Asie et en Afrique. Ce furent donc des buts économiques et politiques soit collectifs, soit individuels qui poussèrent le clan Jeune-Turc à suivre l'Allemagne dans la guerre mondiale. Celle-ci l'y entraînait pour ses propres intérêts d'hégémonie mondiale.

Mais la Turquie en guerre, c'était, d'une façon ou d'une autre, arriver à la solution de la question d'Orient à la fin de la guerre. Aussi, il devait nécessairement s'ensuivre que toutes les puissances balkaniques, tôt ou tard, prendraient part à la lutte. L'Empire allemand le savait, mais il comptait soit les amener à se ranger de son côté, soit à garder une neutralité. Pour obtenir ces résultats, il sut utiliser et sa politique de terrorisme et sa politique de corruption. Il lui fallait en effet agir sur les éléments gouvernants de ces pays, car les peuples de ces régions, par sentiment et par intérêt, étaient pro-Russes et pro-Français ou pro-Anglais.

La Bulgarie fut entraînée dans la guerre par son roi qui rêvait d'un grand empire bulgare. Il poursuivait des buts politico-économiques. La Grèce et la Roumanie restèrent d'abord neutres d'une part par peur de l'Allemagne, de l'autre parce que l'Entente ne leur promettait pas ce qu'elles demandaient. En chacun de ces pays il y avait, d'ailleurs, des fractions de dirigeants qui, par intérêt économique, auraient voulu se joindre soit aux puissances occidentales, soit aux puissances centrales. Ainsi, si en Roumanie la classe des grands propriétaires fonciers tenait pour l'Allemagne, c'était à cause de ses intérêts matériels. Et l'on observait le même phénomène, mais en faveur de l'Angleterre, pour la classe des gros commerçants grecs, qui seraient ruinés par une guerre contre la maîtresse des mers.

La Roumanie se décida à participer à la guerre en août 1916, parce qu'elle se vit obligée par l'Entente de prendre parti et parce qu'enfin la Russie se décidait à satisfaire les demandes roumaines. Il s'agissait de la prise de territoires qui, possédés par l'Autriche-Hongrie, sont habités par une forte majorité de Roumains : la Transylvanie, le Banat, la Bukovine ; et de la certitude que les Détroits seraient libres à la navigation. Les buts de guerre de la Roumanie étaient donc à la fois économiques, politiques et moraux. Dans les sphères dirigeantes, les buts économiques prédominaient : la possession de la Transylvanie, dont les richesses forestières et minières seraient exploitées, la liberté des Détroits, permettant des exportations faciles et la création d'une marine marchande importante. Dans les sphères des dirigés, pour la masse du menu peuple des villes et des campagnes, les buts étaient surtout la réalisation d'idéaux moraux : la libération des frères de Transylvanie, si persécutés par les Hongrois. C'est dans ce sentiment national de la masse rurale et urbaine qu'il faut voir la raison de la faute faite par le Gouvernement roumain quand, à la rupture de la paix, il porta son effort militaire en Transylvanie contre les Austro-Allemands au lieu de le porter contre la Bulgarie.

*
* *

La Serbie subit la guerre. Ce fut pour elle une guerre de défense de sa vie nationale, de son indépendance et de sa liberté. Cette situation fut encore pire pour la Belgique : contre elle, aucune apparence de prétexte. Elle était une voie plus courte, au jugement des militaires allemands, pour aller d'un point à un autre, et cela était suffisant pour que tous ses droits, toutes ses libertés fussent foulés aux pieds. Avec un grand courage, avec une belle fierté, la Belgique se refusa à accepter bénévolement la disparition de ses libertés. Elle lutta, elle lutte encore.

Le Grand-Duché de Luxembourg subit la même violation, mais il était si petit qu'il ne put même pas lutter. Il dut se courber devant le fort. Mais là encore, le terrorisme ne réussit pas, car maints Luxembourgeois ont quitté leur pays pour venir s'engager dans l'armée française afin de combattre contre l'Allemand, ravisseur de leur liberté. En somme, pour la Serbie, la Belgique et le Grand-Duché de Luxembourg, cette guerre a des intérêts moraux : la défense de leur liberté.

*
* *

Il en est de même pour la France. La population française, à l'exception d'une infime minorité de chauvins, sans influence, était pacifique. Ses intérêts matériels, politiques et moraux étaient de maintenir la paix. Il y avait le traité d'alliance avec la Russie, ce traité que la population ne connaît pas encore — car la diplomatie secrète prétend gouverner avec des procédés désuets, en contradiction avec les principes démocratiques, mais conformes aux principes autocratiques; il y avait donc le traité d'alliance avec la Russie. Je suis convaincu que si ce traité avait obligé la France à une guerre offensive, la majorité de la population s'y serait refusée. Comme l'a dit Jaurès : « Si l'on fait appel à un traité secret avec la Russie, nous en appellerons au traité public avec l'Humanité ».

Plutôt que d'accepter une guerre offensive, la France ouvrière et socialiste eût fait la Révolution. Le Gouvernement français le savait et il pratiqua honnêtement une politique de paix dans tous les pourparlers qui précédèrent le cataclysme où l'humanité se débat depuis plus de deux ans. La population française entière se leva pour défendre ses libertés et son indépendance menacées par l'envahisseur.

Des intérêts moraux seuls le soulevèrent : il y eut en 1914 le même phénomène social qui s'était présenté à l'époque de la grande Révolution. Les intérêts moraux et politiques faisaient que, même sans traité avec la Russie, même sans violation de territoire, la France devait combattre l'Allemagne pour empêcher son hégémonie et par suite la suppression conséquente de ses libertés, de son autonomie propre. Mais si, à l'origine de la guerre, les buts des Français furent unanimement des buts moraux, la lutte en se prolongeant a fait apparaître des buts économiques poursuivis par certains dans la classe des hobereaux industriels, commerçants et financiers. Quelques-uns rêvèrent d'annexions de territoire et, naturellement, tout comme leurs semblables d'Allemagne, ils le colorèrent de l'intérêt de défense de la collectivité. Le plus grand nombre songea à une sorte d'union douanière, de tarifs de douane entre Alliés, de façon à s'emparer des marchés allemands.

Il semble que pour le Portugal, auquel l'Allemagne a déclaré la guerre en 1916, on constate une prédominance des facteurs moraux sur les facteurs économiques. Et pourtant le facteur initial de la rupture de la paix, la réquisition de navires de commerce, fut un facteur économique. D'ailleurs en ce conflit, on put voir l'Allemagne avoir une attitude différente vis-à-vis du Portugal et vis-à-vis de l'Italie. A celle-ci elle ne déclara pas la guerre, à celui-là, elle la déclara. Et il en fut ainsi par suite d'intérêts économiques existant dans les rapports germano-italiens, tandis qu'ils sont inexistants dans les rapports germano-portugais.

*
* *

Comme on le voit par cette revue des intérêts poursuivis en cette guerre par les divers belligérants, il y a sans conteste possible prédominance des buts économiques. Ces buts appartiennent aux classes dirigeantes de tous les pays et surtout à celles qui déclanchèrent la guerre mondiale : les Allemands et les Austro-Hongrois. Aussi on peut dire justement que le gigantesque phénomène social qu'est la lutte actuelle est venu confirmer la théorie du matérialisme historique, ainsi que Karl Marx la dénomma, théorie que nous préférerions voir appeler : économisme historique.

Dans la guerre mondiale, il y a certainement un conflit entre fractions nationales de la classe capitaliste pour l'exploitation du monde. Il faut, pour cette exploitation, la possession des routes : la route maritime, qui est ès-mains de la Grande-Bretagne ; les routes terrestres vers l'Orient, de la mer du Nord au Golfe Persique (Hambourg-Bagdad), etc. Il faut ces routes pour exploiter les richesses naturelles, les mines, les pétroles, les productions du sol. La valeur des biens de la terre n'est révélée que quand ils peuvent s'échanger. Et ils ne peuvent s'échanger que quand il y a des routes, rivières, mers et chemins de fer. C'est pour la possession de ces routes que la guerre fut déclanchée par les magnats de l'industrie métallurgique alliés aux magnats de la propriété foncière. Aussi dans une certaine mesure, la guerre mondiale n'est qu'une guerre entre deux fractions d'une même classe sociale. On perçoit ainsi la complexité des phénomènes sociaux englobant des intérêts contraires et multiples, individuels, professionnels, religieux, politiques, moraux, économiques et nationaux.

Si la prédominance des buts économiques existe chez les dirigeants, elle ne se trouve pas dans la masse des peuples en guerre. Pour cette masse, les buts sont moraux et politiques. Et comme chez les puissances occidentales les masses populaires jouent un rôle dirigeant, il s'ensuit que, vus dans leur ensemble, les buts de ces démocraties sont surtout politiques et moraux.

*
* *

La valeur des buts poursuivis par les belligérants a changé de plan dès le commencement de la lutte. D'abord évoluant dans le plan économique à la déclaration des hostilités, ils passèrent dans le plan politico-moral dès que la Belgique eut sa neutralité violée, dès que les Belges défendirent leur liberté, dès que la Triple-Entente fit appel au principe des nationalités, à la destruction du militarisme prussien. La guerre cessait d'être une guerre entre clans ennemis de la même classe capitaliste pour devenir une guerre de peuples. Elle devenait le conflit des autocraties contre les démocraties, de la liberté contre l'autorité. Elle est devenue une lutte de deux principes.

La question qui se pose maintenant devant l'humanité entière est celle-ci : l'individu pourra-t-il se développer pleinement, librement comme le permettent à des degrés divers les démocraties occidentales ou bien l'individu sera-t-il esclave de l'Etat, et transformé par ce dernier en un outil, en une machine ? L'individu, le peuple est-il fait pour le gouvernement, ou le gouvernement est-il fait pour le peuple, pour l'individu ? C'est au conflit entre ces deux conceptions de vie que nous assistons.

C'est en vain qu'on objecterait que l'autocratie russe est alliée avec les démocraties occidentales. Les circonstances, en provoquant cette alliance, ont été plus fortes que les intérêts de caste. L'autocratie russe combat en réalité contre elle-même en combattant contre les Impériaux. Son intérêt de caste eut été logiquement une alliance avec l'Allemagne Impériale. La compréhension juste de cet intérêt fait que dans les cercles gouvernementaux russes, il y a eu et il y a encore une fraction assez forte qui est pro-germanique. C'est la fraction la plus conservatrice et la plus réactionnaire. On a vu des ministres désirer une paix séparée. On a même vu des officiers généraux, supérieurs et subalternes russes trahir pour provoquer la victoire allemande, car, comme ils le déclarèrent devant le conseil de guerre, qui les condamna à la pendaison, « c'est l'intérêt de la Russie d'être battue, puisqu'elle est alliée aux démocraties occidentales : la défaite de l'Allemagne signifierait la défaite de l'autocratie ». Cette vue est absolument juste. Et ce n'est pas un des spectacles les moins curieux de cette époque que de voir les deux puissances autocratiques européennes, s'user et se détruire mutuellement, travaillant ainsi contre la volonté de leurs dirigeants, à l'extension et au progrès de la démocratie.

*
* *

Cette lutte entre les principes de liberté et d'autorité est d'un extrême intérêt sociologique. Même dans les pays qui combattent pour la liberté, qui font appel à l'amour pour la liberté, on assiste à des tentatives gouvernementales de tendances autocratiques et à des poussées conservatrices pour restreindre les libertés. La puissance de l'Etat se montre considérable, écrasante. L'individu disparaît devant la collectivité. Seulement les intérêts de la collectivité ne sont pas entre les mains des collectivités elles-mêmes. Ils sont gérés par des délégués qui tendent à former de véritables oligarchies. Et c'est là le grand danger pour les démocraties dont la base doit être la liberté de l'individu.

Il faut donc de là tirer l'enseignement suivant : il est de l'intérêt des peuples de restreindre la puissance statale, s'ils veulent parer au danger de la disparition progressive des libertés. Il faut pour cela que les peuples prennent la direction de leurs affaires et qu'ils les résolvent eux-mêmes.

« Que si quelque affaire t'importe,
Ne la fais point par procureur. »

a dit le bonhomme La Fontaine. Cette sage morale n'est pas applicable dans de grands états centralisés.

Ceux-ci aspirent vers des formes autocratiques et bureaucratiques de gouvernement. Et la conséquence est une politique de conquête guerrière. Ce processus tend à la formation d'une unique nation homogène, produite par l'absorption d'une foule de petites nations hétérogènes. Dans cet ensemble centralisé, l'organisation tend à se faire sur la base de la division du travail et d'une stricte spécialisation. Cette organisation est inévitable car elle seule permet le maintien des grands empires. Mais ce procès ne se fait qu'au détriment de la liberté de l'individu et par suite au détriment des collectivités privées de la multitude des conséquences bienfaisantes de la liberté.

Il est de l'intérêt des individus et conséquemment des peuples de s'opposer au processus de centralisation et d'y substituer le processus de fédération libre des petits groupements ethniques nationaux. Plus un groupe politique est petit, plus la liberté peut s'y maintenir et y croître dans toute sa force. Plus, par suite, l'essor intellectuel et matériel peut s'y donner libre cours. Si les hommes veulent que cette guerre ait quelque peu servi à l'humanité, il faut qu'ils en tirent une grande leçon de liberté et une volonté de se gouverner eux-mêmes, en hommes libres.

A la vérité, il ne devrait pas y avoir de difficulté à tirer cette leçon, car cette guerre a montré, même aux yeux des plus prévenus, la complète incapacité des classes dirigeantes de tous les pays à bien diriger les peuples. Elles prétendent être les bergers des troupeaux populaires et elles ont conduit ces troupeaux à la mort et à la ruine. Elles ont vraiment ou préparé ou été incapables d'éviter le cataclysme qui ravage le monde. Elles ont fait une véritable faillite. En vérité, quelle que soit la manière imparfaite dont les troupeaux humains se conduiraient sans bergers, il leur serait difficile d'être menés plus mal qu'ils ne l'ont été par leurs bergers.

La morale qui, naturellement, ressort de ces constatations, c'est que les peuples doivent se libérer des classes dirigeantes pour se diriger eux-mêmes. Ce n'est pas au moyen de délégués qu'ils doivent le faire, car ces délégués forment plus ou moins des camarillas qui arrivent insensiblement à gouverner dans leur intérêt personnel ou dans leur intérêt de clan. Ce qu'il faut, c'est que les humains prennent chacun en leurs mains la conduite de leurs affaires politiques, de même qu'ils ont la conduite de leurs affaires personnelles. Et cela n'est possible qu'à la condition d'abandonner le système impérialiste des grands empires pour venir au système fédéraliste des petits groupes, des petites régions. C'est le seul système politique qui permette la liberté réelle des individus et des groupes en même temps que la libre coopération de chacun à l'accroissement du bien-être collectif et intellectuel.

CHAPITRE XI

L'APRÈS-GUERRE

Comme toute modalité de la vie des êtres, cette guerre, quel que soit le temps de sa durée, aura une fin. Examinons donc en quelles conditions biologiques, économiques, etc. le monde se trouvera lors de la terminaison de cette guerre mondiale. Tout d'abord, jetons un regard sur les conditions biologiques.

L'humanité belligérante, tout comme celle qui sera restée neutre, sera appauvrie en êtres humains des deux sexes. La mortalité sur les champs de bataille est importante. Après deux ans et demi de guerre, on peut compter plus de 7 millions et demi de militaires tués ou morts de maladies, c'est-à-dire un nombre supérieur à la population entière du plus grand Londres ou de la Belgique entière. Nous ne devons pas oublier non plus la mortalité et la morbidité considérables des prisonniers de guerre, surtout en Allemagne. Elles sont dues à la façon dont les dirigeants allemands traitèrent les prisonniers anglais, français, russes, belges et serbes. Leur nourriture était insuffisante en quantité et en qualité ; les soins des médecins et les médicaments manquaient ; les punitions étaient barbares. (Voir le rapport officiel anglais sur le camp de Wittemberg, le rapport officiel du Dr Taylor sur le camp de Ruhleben, etc.) Ajoutons à ces pertes les morts parmi les valétudinaires des deux sexes, survenues durant la guerre. On constate en effet une mortalité plus grande dans la population civile qu'en temps ordinaire de paix.

La guerre provoque des souffrances physiques aux non-combattants. Des populations entières ont subi les affres de l'envahissement et la misère, les épidémies qui suivent les conquêtes. D'autres populations doivent restreindre leur alimentation par suite des blocus. Partout, il faut abaisser son type habituel de vie, même si les salaires sont hauts, parce que les produits se raréfient. Ainsi, en Angleterre, le pays le moins atteint de tous les belligérants, la vie, dans son ensemble, avait augmenté, de l'avant-guerre à avril 1916, de 40 0/0. Et si l'on considère les aliments seuls, l'augmentation dépassait 70 0/0 dans les villes. Partout, ce furent la petite et la moyenne bourgeoisie qui durent surtout réduire leur type de vie ; car leurs salaires comme avocats, professeurs, employés, commerçants, petits rentiers, etc. étaient souvent réduits au lieu d'être augmentés.

L'action des sous-marins, la volonté des gouvernants de restreindre les importations pour diminuer la sortie de l'or, l'utilisation des navires marchands aux transports de guerre font que l'Europe entière fut obligée de restreindre son alimentation, car maints produits manquaient. L'augmentation des prix fut générale, chez les neutres aussi bien que chez les Alliés de l'Entente. Chez les puissances centrales, la situation est plus grave encore : la famine est à leur porte.

Il y a donc maintes causes d'affaiblissement des peuples. En outre, nous devons y adjoindre la pression des événements sur les cerveaux, d'où une tension nerveuse permanente qui tend à provoquer la disparition des faibles, de ceux dont le système circulatoire est imparfait. L'époque actuelle est néfaste à tous ceux qui ont le cœur faible. Cela explique l'accroissement relatif de la mortalité dans les deux sexes, parmi la population civile.

A ces pertes viennent s'adjoindre une natalité moindre et une mortalité infantile notable. Ce phénomène se présente dans tous les pays en guerre et chez les neutres également. Une des causes de cette diminution de la natalité chez les neutres, c'est le départ des étrangers appartenant à des nations combattantes. Les mâles retournent au pays natal et par suite ils sont, pour les pays neutres, perdus en tant que progéniteurs. Le départ des mâles à la guerre n'est pas la seule raison de la diminution du nombre des conceptions. Il y a aussi le self-restraint. Le phénomène est visiblement constatable chez les neutres où les naissances nationales diminuent, bien que les mâles ne soient pas appelés à la guerre. Il semblerait que les hommes et les femmes se refusent à faire de nouvelle chair à canon. Chez tous les belligérants la natalité a beaucoup diminué. Il faut compter pour l'Allemagne une moyenne de 20 0/0 de diminution en 1915. En 1916, ce pourcentage croîtra, à cause de la proportion croissante des pertes des mâles. En Hongrie, un statisticien a montré qu'il en était de même. On peut dire avec certitude que la même chose se passe en France et en Grande-Bretagne. Les gouvernants se sont inquiétés de cela ; ils ont traité les troupeaux humains comme les éleveurs traitent les troupeaux de bovidés ou d'ovidés. On a donné des congés aux soldats pour qu'ils aillent chez eux accomplir leur devoir de progéniteurs, tout comme ils accomplissent leur devoir de défenseurs dans les tranchées. La reproduction devenait un devoir collectif, une fonction statale. Notons en passant la tendance à transformer l'individu en une bête grégaire. Les gouvernants, en Allemagne par exemple, ont aussi déjà commencé à modifier les lois sur les unions sexuelles pour arrêter la diminution de la natalité. Mais il ne semble point que cela puisse avoir une influence quelconque.

En outre de la diminution des naissances, nous avons un accroissement de la mortalité infantile, de la morti-natalité, sans parler des conceptions qui n'arrivent point à terme. Les causes de ces phénomènes sont diverses. La tension d'esprit dans laquelle on vit réagit nécessairement sur les mères et vient perturber les grossesses et produire des avortements naturels. Notons aussi que la natalité la plus forte se présente chez les pauvres, surtout chez les travailleurs non prévoyants. Or, actuellement les femmes de ces classes sont toutes plus ou moins occupées à un travail masculin, et même à un sur-travail, nécessité par le besoin de production et le manque de main-d'œuvre. Alors les grossesses ne peuvent, dans ces conditions, arriver à terme sans accident. Les enfants, une fois nés, ont moins de soins qu'en temps ordinaire et dans des pays assiégés comme l'Autriche-Hongrie, l'Allemagne, ou ruinés et envahis comme la Belgique, la Pologne, la Serbie, le nord de la France etc. les enfants ont une alimentation lactée insuffisante. Pour toutes ces raisons, la mortalité infantile est considérable.

Nous aurons donc, à la fin de la guerre, une humanité diminuée en nombre. A combien s'élèvera ce nombre ? Il ne peut être établi avec certitude, car on ignore et sans doute on ignorera toujours le nombre des morts dans les pays envahis comme la Pologne, la Serbie et le Monténégro, et le nombre des Arméniens massacrés. Mais on peut, sans être au-dessus de la vérité, évaluer ce nombre à une treizaine de millions environ, si la guerre se terminait dans les premiers mois de 1917.

A la fin de la guerre, l'humanité aura donc diminué en quantité ; mais elle aura diminué aussi en qualité biologique. C'est la jeunesse qui aura payé le tribut le plus élevé au Moloch de la guerre. Or, c'est la jeunesse qui présente le plus de potentialité créatrice. Il s'ensuit qu'il restera surtout des progéniteurs plus ou moins âgés, plus ou moins affaiblis par les fatigues de la guerre, ou les mauvais traitements comme prisonniers ou même plus ou moins infirmes. Parmi les tués seront certainement les plus énergiques et parfois les meilleurs au point de vue moral et intellectuel. En effet, ceux qui ont le sentiment de socialité très développé s'exposent pour la collectivité, plus que ceux qui sont restés au stade d'un égoïsme étroit et de l'isolement individualiste. Donc, parmi les géniteurs mâles, la guerre aura fait disparaître les meilleurs. Elle aura provoqué une sélection à rebours. La même chose se passe, mais à un degré un peu moindre, pour les géniteurs femelles, à cause du surmenage des travaux intensifs, de la tension nerveuse provoquée par les soucis de la vie et l'angoisse due à l'incertitude continue du sort du mâle militaire.

Chez tous les belligérants et même chez certains neutres, il y a une tension nerveuse extrême qui développe le nervosisme et tend à produire un déséquilibre mental. Les cas de folie ont augmenté partout, aussi bien parmi les militaires que parmi les civils des deux sexes. L'hyperexcitation nerveuse est donc générale ; condition bien mauvaise pour des progéniteurs.

Non seulement la guerre détermine une diminution des qualités biologiques des adultes, mais encore elle produit le même effet pour les enfants, grâce à l'ignorance, à l'incurie des gouvernants qui partout ont suspendu les lois protectrices du travail des enfants. Il y a là une bêtise si grande que le penseur demeure d'abord frappé de stupéfaction. Cette suspension des lois protectrices du travail des enfants montre que les gouvernants n'ont jamais compris le pourquoi de leur existence. Ils n'ont jamais saisi l'utilité de ces lois pour la collectivité, et cela parce qu'ils n'ont, en grande majorité, aucune connaissance de la science de la vie, de la physiologie ni de l'hygiène. Ce sont des militaires, des légistes, parfois des commerçants-industriels, des propriétaires fonciers, ce ne sont pas des scientistes ou des penseurs. L'humanité paye cher sa bêtise de laisser gouverner les nations par des ignorants. Quoi qu'il en soit, les enfants de la classe prolétarienne, tant urbaine que rurale, travaillent dans les usines et manufactures ou dans les champs et il en résulte un affaiblissement physique et un appauvrissement intellectuel et moral des individus-enfants. Le temps d'école est écourté, d'où perte en connaissances.

Les enfants, en ce moment, vivent dans une atmosphère de violence guerrière. Ils ne songent naturellement qu'à la guerre ; ils ne lisent, ne parlent et n'entendent que de la guerre, c'est-à-dire de tueries. Il s'ensuit un développement de l'esprit de violence. C'est fatal, parce que l'élément éducateur le plus fort, c'est l'exemple. Qu'il soit bon ou mauvais, l'exemple est contagieux parce que l'homme est un animal imitateur. L'enfant veut imiter l'adulte, aussi en notre époque de violence, on voit les crimes-délits de violence perpétrés par les enfants croître considérablement partout, en Allemagne, en France, en Grande-Bretagne. La diminution de la surveillance familiale y est certes pour quelque chose, mais pour bien moins que les légistes ne seraient tentés de le supposer. La cause principale est l'atmosphère de guerre qui enveloppe les pays belligérants. Il y a une véritable intoxication cérébrale des êtres, qui disparaîtra avec la disparition de sa cause : la guerre.

L'analyse précédente des conditions biologiques à la fin de la guerre montre qu'à ce moment l'humanité sera appauvrie en quantité et en qualité, tant chez les adultes que chez les enfants. Cette diminution ne se répartit pas également entre les deux sexes. En effet, il y aura parmi les morts et les infirmes bien plus de mâles que de femelles. Les femmes prédomineront en nombre sur les hommes. Cette constatation présente des conséquences curieuses. Envisageons ce phénomène au point de vue physiologique et philosophique et nous sommes amenés à y voir un argument contre l'égalité des sexes, un argument en faveur de la supériorité du sexe féminin.

En effet, il est heureux pour la collectivité humaine que les femmes soient détruites en moins grand nombre que les hommes, car cela permet une récupération plus rapide des pertes. Si l'humanité masculine, moins quelques unités, disparaissait, l'humanité se reconstituerait vite grâce à la féminité nombreuse. Par contre, si tous les hommes subsistaient et que toutes les femmes, sauf quelques-unes, disparaissaient, l'humanité serait très lente à se reconstituer à cause du petit nombre des femmes. On constate là l'importance, au point de vue collectif, de l'élément féminin, importance plus grande que celle de l'élément masculin.

De la prédominance du nombre des femmes sur le nombre des hommes, il en dérivera diverses conséquences sociales. Une plus grande partie des femmes sera vouée au célibat. D'une part il en résultera une activité plus grande du féminisme, parce que nombre de femmes dépenseront là les énergies que, mariées et mères, elles auraient vouées aux leurs. D'autre part, il en résultera une lutte sexuelle plus intense pour la satisfaction légitime des besoins physiologiques des êtres. Et alors il pourrait fort bien en résulter des réformes dans les rapports légaux et sociaux entre les sexes. Sans doute il s'ensuivra une modification des lois du mariage et des mœurs dans le sens d'une liberté sexuelle plus grande de la femme, et d'une disparition plus ou moins complète des différences légales entre les enfants légitimes et illégitimes.

L'humanité étant appauvrie en quantité et en qualité, il y aura une nécessité vitale de remédier à cet appauvrissement. Déjà quelques-uns y ont songé. Ainsi, en Allemagne, une société allemande pour la repopulation s'est fondée. En France, dès avant la guerre, existait une commission de dépopulation. En Angleterre, la presse discute la question.

Le processus de diminution de la natalité est général dans tous les pays dès avant la guerre; celle-ci n'a fait qu'accentuer une tendance générale. Aussi il ne faut pas compter que le taux de la natalité remontera à celui de l'avant-guerre, dans les divers pays. C'est chez les classes les plus pauvres que la natalité est la plus forte. Plus l'on monte dans l'échelle des classes, plus on constate une prévoyance voulue, une restriction volontaire des conceptions. Ce procès tend partout à continuer et à croître. C'est une conséquence de l'expansion des connaissances, des conditions de bien-être et de l'esprit de réflexion, donc de prévoyance.

La guerre sera une terrible leçon et sans doute elle aura plutôt donné une impulsion à la restriction volontaire des naissances. Pour remédier à l'appauvrissement humain, il faudra recourir à l'hygiène, à l'amélioration des conditions sanitaires des campagnes, des villes, des usines, des maisons; à l'amélioration des régimes alimentaires des humains, des soins aux mères et aux enfants, à la suppression de l'alcool. Bref, il faudra, si les hommes sont tant soit peu sages, chercher à prolonger la vie, à diminuer les causes de maladie et de mort. Là sont les seuls moyens qu'auront les nations de récupérer en partie leurs pertes en bras et en cerveaux. Ce but, l'amélioration des conditions de vie au point de vue physique, intellectuel et moral, ne peut s'accomplir qu'à l'aide de dépenses sociales plus grandes que celles qui y étaient affectées dans les époques d'avant-guerre. Nous arrivons là à un point d'une très grosse importance, car il se relie intimement aux conditions économiques d'après-guerre, dont nous parlerons ultérieurement.

*
* *

Cette longue guerre aura une fin : par conséquent il faudra déterminer des conditions de paix. L'élément essentiel que ces conditions doivent présenter, c'est qu'elles ne contiennent pas de semences de guerre pour l'avenir. La tuerie actuelle est assez grande, assez ruineuse pour avoir fait naître dans l'âme de tous les peuples le désir, la volonté que ce soit la dernière guerre. Eh bien, si telle est la volonté de tous les belligérants, il faut que la paix ne soit pas faite par des diplomates, mais par les peuples eux-mêmes. Comme l'a écrit un célèbre historien français, M. Ernest Lavisse, « la guerre ne peut pas aboutir à un traité de paix rédigé par des diplomates, car ce serait une fin misérable d'un grand drame ».

La guerre mondiale a montré la vanité des traités entre nations et des conventions et lois internationales, parce que ce sont des traités et des lois sans sanction. Il importe pour l'avenir de l'humanité que les conventions qui régleront le statut politique du monde aient des sanctions ou plutôt soient établies sur des bases si solides, si justes que les sanctions mêmes soient superflues.

Ce sont les diplomates qui, au cours des deux derniers siècles, ont partagé l'Europe en des Etats, et cela d'une manière si maladroite qu'ils accroissaient chaque fois, pour ainsi dire, les motifs et les causes de conflits. Ce n'est donc pas à eux que les peuples doivent imposer la tâche d'établir les clauses de la paix. Cela doit être la besogne de sociologues, de géographes, d'économistes, d'homme politiques et de penseurs de toutes les nations du monde. La besogne est assez grave pour nécessiter l'emploi des plus grandes intelligences et des plus grandes connaissances humaines. Si les peuples sont assez ignorants de leurs intérêts pour laisser cette tâche de fixer les clauses de la paix à des diplomates ou même à des légistes, l'œuvre sera à recommencer dans moins d'un demi-siècle.

Une seule fin à la guerre est logique et inéluctable : la victoire des Alliés occidentaux de la Quintuple Entente. Cependant, par souci d'objectivité, admettons un instant l'hypothèse de la victoire des Puissances Centrales. En ce cas, la paix est très simple : c'est la création d'un immense empire centralisé avec, gravitant autour, de petits royaumes vassaux. Toutes les nations sont inexistantes, sauf la nation conquérante. C'est l'écrasement de tous par le plus fort. Nous n'insistons pas, car la guerre ne peut se terminer par la victoire teutonique. La victoire appartiendra fatalement aux Occidentaux. Et alors la paix devient une chose complexe, très complexe même. Il en est ainsi parce que les gouvernements alliés ont déclaré qu'ils voulaient baser la paix sur le respect infrangible des petites nationalités, et parce que les peuples d'Occident ont exprimé la même volonté. La paix ne peut donc être fondée que sur des bases démocratiques de liberté et non sur des bases autocratiques.

Des annexions de territoire en Europe seraient de véritables actes de folie. Il en est cependant qui les préconisent, tant pour la Belgique que pour la France. Si l'on examine quels sont ceux-là, on voit que ce sont les éléments conservateurs, réactionnaires, antidémocrates. En leur propagande en faveur d'annexions, ils sont logiques avec eux-mêmes, car, partisans du militarisme et des haines entre nations, il est naturel qu'ils souhaitent une paix qui laisse subsister et le militarisme et les causes de haine. Parfois aussi il se mêle en leurs désirs des buts de politique interne. Ainsi l'annexion à la Belgique de provinces allemandes du Rhin, renforcerait le parti catholique belge, ce qui permettrait de conserver en Belgique le gouvernement catholique qui, on le sait, ne représentait pas, avant la guerre, la majorité des électeurs belges. L'annexion des provinces rhénanes à la Belgique et à la France serait une pure folie, parce que ce serait violenter la volonté des peuples annexés, qui n'auraient ni les mœurs, ni la langue de ceux qui les annexeraient. Il subsisterait donc des éléments de trouble, de friction, de mécontentement et de haine qui se résolveraient dans l'avenir en de nouveaux conflits. Mais bien plus, cette annexion à l'ouest présenterait un très grave danger politique, car elle autoriserait des annexions analogues à l'est, par la Russie.

Comme tout empire autocratique, l'Empire russe est un Etat-vampire qui ne demande sans cesse qu'à s'accroître, en absorbant des territoires et des peuples. C'est une menace aux démocraties, et celles-ci doivent veiller à en empêcher la réalisation. Ce serait donc une faute politique énorme que de donner à la Russie autocratique une apparence de raison dans ses désirs d'annexion. Il ne faut pas commettre cette faute ; il faut, par suite, que ni la France, ni la Grande-Bretagne, ni la Belgique annexent quoi que ce soit du territoire germanique européen. Il faut que les puissances démocratiques montrent l'exemple à la Russie, qui serait alors en mauvaise posture pour ne pas le suivre et pour réclamer des annexions. N'oublions jamais que l'exemple est le mode d'enseignement le plus fort.

Nous espérons donc que les peuples se refuseront à faire des annexions et exigeront une paix bâtie sur un solide fondement démocratique, seul fondement qui puisse donner une paix durable et même définitive. Quelle peut être la base de ce fondement ?

*
* *

Pour la déterminer, considérons un instant le monde de la nature, la formation des terres, les plantes et les animaux. Nous voyons que tout est formé d'individus, c'est-à-dire d'agrégats nettement définis de cellules, elles-mêmes bien déterminées. Et nous constatons que chaque élément d'agrégat est libre. Chaque individu possède une liberté qui n'est limitée que par les libertés des individus voisins, tous égaux entre eux. La nature donne, à qui l'observe, une leçon de liberté, une leçon d'égalité et une leçon de solidarité ou fraternité. Le naturaliste ne peut trouver de maître dans la nature ; il trouve seulement des individus égaux, c'est-à-dire *équivalents*, nous ne disons pas *identiques*, avec des fonctions variées et adaptés à ces fonctions. La nature enseigne la démocratie, c'est-à-dire le gouvernement de tous par tous. C'est cet enseignement que les hommes doivent suivre dans l'établissement de leur règlement de paix, s'ils veulent vraiment une paix durable.

Ils peuvent suivre cet enseignement essentiel de la nature parce que les Anglais et les Français, à la cessation des hostilités, seront les réels maîtres de la situation. Si le Gouvernement autocratique russe voulait faire une opposition, elle serait vite annihilée, soit par le peuple russe lui-même, soit par la puissance financière des peuples d'Occident.

Un remaniement politique de la terre ne pourra point, d'ailleurs, se faire sans que l'ensemble des nations neutres n'y participent. C'est l'intérêt des occidentaux de les appeler à cette participation, car elles sont des démocraties et dans le règlement des conditions de paix, leur influence ne pourra agir que dans un sens démocratique.

Il faut donc suivre l'enseignement de la nature et, dans le remaniement politique du globe, prendre pour base l'individu avec sa jouissance de la liberté et de l'égalité. Librement, les individus égaux se groupent en collectivités libres selon leurs affinités et leurs similitudes, de langues, de mœurs, de coutumes, de religion et de traditions. Cela forme ce que l'on appelle des nationalités. Parfois des dissemblances dans les mœurs, les langues, les religions n'empêchent nullement l'agrégation des individus en des groupes libres, s'il y a des traditions, des aspirations communes. Il y a une nationalité suisse quoiqu'il y ait des Suisses de mœurs et de langue germaniques, de mœurs et de langue françaises, de mœurs et de langue italiennes, de religion catholique, calviniste, luthérienne, etc.

Le caractère essentiel de la nationalité n'est donc point la communauté de langues, de mœurs, de religion. Il n'est pas plus la communauté de traditions. Il est, en fait, la communauté de volonté, la communauté de conscience des individus. Je ne parle pas de la race, car anthropologiquement parlant, l'humanité européenne ne présente plus de races, tant, au cours des millénaires, tous les hommes se sont entremêlés. La base de la nationalité c'est la volonté des individus de s'agréger en un groupement libre, indépendant et autonome. Cette volonté, nous la rencontrons chez tous les individus, dans tous les temps. Elle existe dès que les premiers groupes humains se formèrent librement. Et dans la formation des grands Etats autocratiques, cette volonté joua aussi son rôle, mais un rôle bien moins grand que dans la formation des nations libres.

Si l'idée de nationalité remonte loin dans le passé de l'humanité, la politique des nationalités est de date bien plus récente. Il fallait le développement de la liberté dans le monde pour permettre à cette politique des nationalités d'apparaître et de se développer. C'est avec la grande Révolution Française de 1789, avec sa devise Liberté, Egalité, Fraternité ou Solidarité, qu'on la voit poindre. Au cours du XIXe siècle, elle se développa dans la pratique autant que dans la doctrine et la théorie. Peu à peu, les peuples que la volonté de potentats avait séparés en tronçons épars et maintenus dans une servitude politique plus ou moins grande, reprirent conscience de leurs aspirations nationales et développèrent en eux la volonté de former une nation libre et autonome. L'idée allait mûrissant, suivant une courbe parallèle à l'accroissement des idées de liberté et de démocratie.

Ainsi, en 1900, lors de la grande série des Congrès internationaux de Paris, des intellectuels polonais, norvégiens, tchèques, géorgiens, lithuaniens eurent l'idée de former une société des petites nationalités opprimées et d'avoir un organe où leurs revendications seraient exprimées. Ils songèrent à la Revue Internationale, l'*Humanité nouvelle*, que je dirigeais alors, et ils me firent des ouvertures dans ce sens. Je les accueillis avec joie, car c'étaient là des efforts qui ne pouvaient que favoriser les idéaux de liberté, d'égalité et de solidarité qui m'étaient si chers. Les circonstances ne permirent point à cet essai de se réaliser pleinement, mais ce fait montre comme l'idée de nationalité avait peu à peu gagné toute l'humanité.

La nationalité est en opposition avec l'Etat. Celui-ci a pour base la force, la contrainte. Celle-là a pour base la liberté, la volonté libre des individus. L'Etat peut renfermer plusieurs nationalités, tels les Etats autocratiques : l'Empire russe, l'Empire germanique, l'Empire d'Autriche-Hongrie. En ces Etats, l'effort de dénationalisation se fait d'une façon incessante et violente. Les nationalités ne sont pas assimilées, elles sont soumises. L'Etat est un organisme artificiel, produit par la volonté de quelques individus s'imposant à des masses d'autres individus. La nation est un organisme naturel, résultante de la volonté commune et librement exprimée d'un ensemble d'individus. L'Etat implique centralisation et hégémonie ; la nationalité implique Fédération, Egalité entre les nations, ou Internationalisme. La Suisse, les Etats-Unis d'Amérique, et, partiellement, l'Empire britannique, qui sont tous des fédérations libres, donnent une idée juste des différences entre les Etats centralisés, destructeurs des nationalités et les fédérations libres, conservatrices et créatrices de nationalités.

La politique des nationalités implique fatalement l'internationalisme, c'est-à-dire l'entente volontaire, sur une base d'égalité, entre les diverses nations. De même que dans un groupe humain, l'individu ne peut se développer complètement que si tous les autres membres du groupe peuvent aussi librement et aussi également se développer, de même cela est pour les groupes de nations. Toujours l'oppression empêche le développement des individus, que ces individus soient des plantes, des animaux, des hommes ou des nations.

Les bases de la nationalité sont la liberté, l'égalité, la solidarité. Il découle de là que la détermination de ces nationalités doit être faite par la consultation des individus qui les forment, par un referendum. D'autre part, il résulte de là que chaque groupe national doit être indépendant et autonome. La conséquence de ces conditions nécessaires est que les petits groupes nationaux sont préférables aux grands groupements. Il est plus aisé, en effet, d'avoir une communauté d'intérêts, de mœurs, de langue et de volonté dans un groupement petit que dans un groupement considérable. La démocratie y est d'application bien plus facile. La vie est bien plus intense dans un petit groupement que dans un grand. Elle s'étend en effet partout, au lieu d'être centralisée en un point, comme dans les grands Etats.

Une conséquence inévitable de l'existence des petits groupements nationaux est d'accroître le nombre des capitales, c'est-à-dire le nombre des centres de vie intellectuelle. L'hétérogénisation des hommes développe la vie artistique, scientifique et littéraire ; l'homogénisation la restreint. Les grandes capitales tentaculaires comme Londres, Paris, Berlin diminuent en réalité la puissance productrice de la pensée humaine parce qu'elles tendent à l'uniformiser au lieu de tendre à la différencier et à la diversifier. Jamais les grands empires centralisés n'ont produit une moisson d'artistes, de penseurs, de scientistes, de producteurs dans toutes les branches humaines comme les petites cités libres et autonomes. Le processus de centralisation est un processus d'homogénisation, c'est-à-dire un processus d'affaiblissement et de mort des individus. Les grands hommes naissent de petites nationalités, de petites cités libres et fières.

Chaque groupement national doit pouvoir librement se

gouverner et s'administrer, et se fédérer avec ses voisins, pour pouvoir ajouter les bienfaits de la libre association aux bienfaits de la liberté individuelle. Il est évident, en effet, que certaines conditions de la vie des peuples montrent des communautés d'intérêts liant entre eux des nations voisines et éloignées. Il s'ensuit l'utilité, la nécessité d'organismes communs à une même fédération de peuples. Ainsi, la monnaie, les postes, télégraphes et téléphones, les règlements de la propriété intellectuelle, etc., ont avantage à être unifiés dans un ensemble de plus en plus grand de fédérations. Bref, il est possible et même facile, si l'humanité le veut, de bénéficier à la fois des avantages des petites nationalités et des grands Etats. On peut et on doit combiner sur un fondement solide de liberté et d'égalité les procès d'hétérogénisation et d'homogénisation des peuples.

C'est en se basant sur ces idées et sur le principe des nationalités qu'il faut faire le règlement territorial à la paix.

*
* *

Le nœud de la question à résoudre n'est point à l'Occident, ni même dans les Balkans. Il est à l'Est, aux confins des trois Empires russe, allemand, austro-hongrois. C'est la Pologne. Il y a un siècle, Napoléon Ier disait : « La clef de voûte de la question d'Europe est la Pologne ». C'est plus vrai que jamais.

La nationalité polonaise partagée entre trois empires n'a pas été détruite. Elle est très forte, très vivace, ayant résisté victorieusement à la russification et à la germanisation que ses maîtres voulaient lui imposer. Il importe, pour la tranquillité future du monde, que la nationalité polonaise recouvre sa liberté, son indépendance. Il ne s'agit pas de la réformation du royaume ancien de Pologne, car ce royaume contenait des populations conquises en Lithuanie et en Ukraine. Il s'agit de la formation de la nation polonaise en un nouvel organisme, déterminé librement, par le consentement de tous les Polonais, c'est-à-dire par referendum populaire. Mais la formation de cette nouvelle Pologne implique l'amputation d'une fraction des trois empires : Russie, Allemagne et Autriche-Hongrie. Un des Etats alliés, un des vainqueurs, serait obligé d'accepter cette amputation de territoire et de population, devenus siens par droit de conquête, c'est-à-dire par droit de vol, par droit du plus fort. Il y a là évidemment une situation délicate, d'autant plus que le Gouvernement russe est infecté de bureaucratisme. Il gouverne non dans l'intérêt national, mais dans l'intérêt de caste. Il ne peut donc comprendre combien la reformation de la nation polonaise en un tout autonome et indépendant libérerait la nation russe. Il semble que le peuple russe, à en juger par la Douma d'Empire et les Zemstvos, comprend cela. Par suite, le Gouvernement bureaucratique peut être jugulé, soit par la volonté des délégués mêmes du peuple russe, soit par la volonté des autres nations.

La question polonaise est une question internationale, ce n'est pas une question russo-germanique. Il appartient aux autres nations, c'est-à-dire à l'Empire britannique, à la France, à l'Italie, d'exiger pour cette question une solution conforme aux principes qu'elles ont déclaré soutenir, c'est-à-dire conforme au principe de la nationalité. Il se formerait une nation polonaise d'environ 24 millions d'habitants, qui séparerait complètement l'Empire russe des populations allemandes, puisque la Pologne s'étendrait jusqu'à la mer Baltique, avec Dantzig. Il ne faut pas que la Pologne soit autonome sous l'égide du Gouvernement russe, il faut qu'elle soit pleinement indépendante, car un lien d'inférieure à supérieure entre elle et la Russie serait source de difficultés sans cesse renaissantes. Ce serait le ver dans le fruit (1).

(1) J'exprimais ces pensées à mon auditoire de Birkbeck College,

L'indépendance entière et réelle est la condition *sine qua non* d'une paix définitive. En sa pleine indépendance, la Pologne pourrait se fédérer avec les autres groupements nationaux slaves, qui vont nécessairement naître de cette guerre. Mais il faut que le concert des nations du monde exige et garantisse cette indépendance de la Pologne. En même temps, d'ailleurs, il doit demander au peuple polonais des garanties pour les minorités non polonaises qui résideraient dans l'aire de la nouvelle nation. Ainsi, par exemple, la question des Juifs est tout aussi internationale que la question polonaise. Pour faire disparaître tout sujet de différend et de lutte, il faut que la liberté et l'égalité politiques soient garanties aux Juifs, en quelque nation que ce soit.

*
* *

La reconstitution de la Pologne brise l'Empire allemand et le royaume de Prusse. Le règlement de la paix ne peut d'ailleurs laisser l'empire subsister sur ses bases actuelles de centralisation et de militarisme. Il est dans cet empire des pays et des populations qui ont été violemment arrachés à d'autres états. Je veux parler du Slesvig et de l'Alsace-Lorraine. Ces populations ne peuvent pas rester allemandes *si elles ne le veulent pas*. Il faut les consulter par voie de referendum.

En France, nombreux sont ceux, peut-être est-ce même

le 4 mars 1916. En octobre 1916, les Gouvernements d'Autriche et d'Allemagne en ont confirmé l'essence en formant leur royaume de Pologne. L'internationalité de la question polonaise est devenue visible pour tous par l'enregistrement de la promesse du Gouvernement russe par les puissances britannique, française et italienne. De ce que je disais en mars 1916, je n'ai rien à retrancher. L'indépendance entière de la Pologne est la seule solution qui libérera complètement la Russie.

la majorité, qui se refusent à cette consultation populaire. Ils arguent que la violence ne crée pas le droit et que l'Alsace-Lorraine, arrachée par violence en 1870 à la France, revient de droit à la France. Les prémices de ce raisonnement n'impliquent point la conclusion. Il se pourrait en effet que l'administration par un vainqueur d'un pays pris par la conquête fût si bonne que les habitants préférassent rester sous leur nouvelle règle.

Le seul principe solide pour ne pas violenter la volonté des habitants est leur consultation. La France en eut une conscience très nette lorsque Nice et la Savoie furent consultées pour savoir si elles acceptaient l'union avec la France. Il importe que le même procédé soit suivi à l'égard de l'Alsace-Lorraine et du Slesvig. Cette consultation populaire évidemment emporte quelques difficultés : les immigrés, les fils d'immigrés y prendront-ils part ? Ce sont là des détails qu'on peut résoudre certainement, une fois admis le principe du referendum populaire. Il est de l'intérêt de la démocratie française de recourir à ce referendum pour l'Alsace-Lorraine, car elle fixera ainsi un principe de liberté, obligeant ses autres Alliés et notamment l'Empire russe à suivre son exemple. La France de la grande Révolution se doit à elle-même de faire passer dans les mœurs politiques des rapports internationaux les principes inclus dans sa splendide devise : Liberté, Egalité, Solidarité.

La consultation des populations polonaises, slesvickoises, alsaciennes-lorraines, aura pour conséquence inévitable la rupture de l'empire d'Allemagne. Il ne s'ensuit pas qu'il faille diviser l'Allemagne en une poussière de petits groupes et les empêcher de se fédérer. Ce serait là violenter la volonté des Allemands et entretenir, par suite, chez eux des semences de haine qui germeraient et donneraient plus tard une moisson de tueries. Il faut simplement briser l'hégémonie statale prussienne, imposée par la force des armes dans la seconde moitié du XIXe siècle, et laisser les peuples d'Allemagne se fédérer librement entre eux selon leurs besoins et leurs affinités. Il faut continuer et réaliser la révolution allemande de 1848, qui échoua grâce à la Prusse. La disparition de la centralisation impériale donnerait une revie aux centres multiples et petits de vie intellectuelle. La science, l'art, les lettres, la philosophie se développeraient mieux qu'ils ne se sont développés depuis un demi-siècle. La lignée des grands penseurs et des grands artistes, interrompue depuis l'empire — qui ne créa que de grands spécialistes — réapparaîtrait, fruit inévitable de la liberté qui manque à l'Allemagne actuelle.

Si l'humanité veut empêcher des guerres futures, elle doit non abaisser et diminuer le peuple allemand, mais le libérer du joug de ses maîtres. Nous ne devons jamais oublier que les hommes, qu'ils le veuillent ou non, sont, sur tout le globe, solidaires les uns des autres, et qu'abaisser son voisin, c'est s'abaisser et se diminuer soi-même.

*
* *

L'Empire d'Autriche-Hongrie est un Etat tout à fait artificiellement formé, agrégat de nationalités diverses, non seulement pas fondues entre elles, mais encore antagonistes. Cet empire sera donc inévitablement disloqué, si, selon la raison, on applique les principes de nationalité et du referendum populaire. Les nationalités subjuguées reprendront en effet avec joie leur liberté. Et déjà on peut les voir en France, en Angleterre, en Suisse, en Amérique, etc., propagander pour leur indépendance.

Il y a d'abord un groupe slave au Nord-Est, les Tchèques, les Moraves, les Slovaques ; une partie, petite en vérité, habite la Silésie prussienne. Il y a là une population d'environ 12 millions occupant une superficie de 120.000 kilomètres carrés. Mais une chose complique un peu la situation, c'est la présence d'environ 3 millions et demi d'Allemands épars au milieu des 8 millions et demi de Tchèques, qui peuplent la Bohême, la Moravie, la Silésie et la Slovaquie. La consultation des populations donnerait, pour la formation d'une nationalité tchèque, une majorité de près de 3 contre un. Cette nation nouvelle doit être indépendante ; mais comme pour la Pologne, il faut que le concert mondial des nations, qui présidera à la naissance de cette nation, exige des garanties que la minorité allemande jouisse des mêmes droits et des mêmes libertés que la majorité slave. Là encore, les principes de liberté et d'égalité s'imposent. Ils seront applicables avec d'autant plus de facilité que la base de la nouvelle nation sera fédérative, avec autonomie des groupes de Bohême, Moravie, Slovaquie. La formation d'une telle nation ne présente pas autant de difficultés qu'on pourrait le supposer *a priori*. Il suffirait de suivre comme modèle la Suisse ou le Canada.

La même remarque s'applique pour les groupements yougo-slaves, du Sud-Ouest de l'Empire austro-hongrois. Il y a là près de vingt millions de Serbes habitant la Slavonie, la Croatie, la Syrmia, la Bosnie-Herzégovine, la Dalmatie, la Serbie, le Banat. Cette population slave veut s'unir au royaume indépendant de Serbie. Malheureusement, au cours de l'histoire, tant par suite des conditions économiques que par suite des conquêtes, les populations se sont excessivement mélangées là d'Italiens et d'Allemands, ici de Magyars, ailleurs de Roumains. Cet entremêlement complique fort le problème à résoudre, d'autant que des différences de religion, catholicisme, orthodoxie grecque, mahométanisme, etc., viennent s'ajouter aux différences de langues. Certaines villes sur les bords de l'Adriatique ont des majorités italiennes, alors que l'Hinterland est peuplé en très grande majorité de Slaves. Dans le Banat, la partie Est est roumaine en majorité; la Transylvanie est toute roumaine avec des îlots magyars ou allemands.

L'interpénétration et l'entremêlement des peuples est tel que la formation d'un royaume yougo-slave conduirait certainement à une oppression des minorités allemandes, magyars, italiennes ou roumaines, si certaines précautions n'étaient prises. Leurs bases ne peuvent être que la liberté et l'égalité, si l'on veut que la construction de la nouvelle nation soit solide. Chaque groupe croate, slavonique, etc., doit être autonome, indépendant, avec une égalité de droits sociaux et politiques pour tous les citoyens sans distinction de langue, de religion, et cela, sous la garantie des autres nations du monde. Une fédération lierait tous ces éléments yougo-slaves. Il ne faut pas laisser se créer là un Empire slave centralisé, car, dans un avenir plus ou moins long, il tendrait à asservir les minorités allogènes. Seule, une libre fédération permettrait un développement progressif pour tous, sans chocs et sans froissements, car il y a des différences de culture entre les groupements. Ceux du Nord et du Nord-Ouest ont, en effet, une culture scientifique, littéraire et artistique plus développée que ceux du Sud et du Sud-Est (Bosnie, Herzégovine, Monténégro, Serbie). Cette fédération yougo-slave aurait des ports sur l'Adriatique, comme la Pologne en aurait sur la Baltique. Le Trentin, la région de Goritzia sont peuplés en majorité d'Italiens. Un referendum populaire montrerait leur volonté de s'unir au royaume d'Italie. La Transylvanie toute roumaine, l'est du Banat, roumain aussi, doivent pouvoir librement se joindre au royaume de Roumanie. Il est à désirer que la Bessarabie, habitée aussi en majorité par des Roumains, soit restituée par la Russie à la Roumanie. Ce serait dans l'intérêt russe autant que dans l'intérêt roumain. Mais la réalisation de ce désir ne peut être tant que l'autocratie bureaucratique gouvernera la Russie.

La Hongrie doit être indépendante et libre, tandis que la région germanique de l'Autriche, la région viennoise, devenant autonome, se fédérera librement avec tous les autres groupements allemands. Ainsi disparaîtrait complètement l'Empire austro-hongrois, cet agrégat artificiel, sans lien, de nationalités adverses. Il y aurait en somme des fédérations libres germanique, slave du Nord et slave du Sud, une Pologne reconstituée, une Roumanie agrandie. D'autres questions encore resteraient à résoudre, mais elles appartiennent plus à la Russie qu'à l'ensemble des nations. Je veux parler de la Finlande, de la Lithuanie et de l'Ukraine ou Russie Blanche. Pendant tout le cours du XIXe siècle, la Finlande était absolument autonome sous le protectorat du Czar-Grand-Duc de Finlande. C'est par une violation de formelle promesse que cette autonomie a disparu dans les dernières années du XIXe siècle. On sait combien ce mauvais traitement de la Finlande a été nuisible à la Russie et aux Alliés, au cours de cette guerre, puisqu'il est la cause de l'hostilité, parfois trop sensible, de la Suède neutre.

Tant que, dans le monde, il y a des peuples asservis, soumis contre leur volonté à une règle qu'ils abhorrent, il reste dans le monde des causes de conflit et de destruction. Combien donc il serait avantageux pour l'humanité entière et, par suite, pour le peuple russe, que la Finlande retrouve son autonomie, que la Lithuanie, la Russie Blanche — où les mœurs, la langue, la religion, les traditions sont autres que dans la Grande Russie — aient une autonomie sous l'égide moscovite. N'est-il point possible à l'Empire russe de se construire sur le modèle fédératif de l'Empire britannique? Evidemment si, mais il faut pour cela que la puissance bureaucratique soit brisée. Peut-être, et c'est à souhaiter, sera-ce un des résultats de la guerre mondiale ?

*
* *

Pour la région des Balkans, les difficultés de la solution sont réellement plus grandes encore que celles dont nous avons parlé. Cela provient de ce que la consultation des peuples est rendue difficile par leur manque de culture, par leur stade arriéré de civilisation. Il est évident que le peuple bulgare doit rester libre et indépendant, car tout arrangement autre que cette indépendance serait un ferment de haine et de trouble. Mais il y a la Macédoine et la Thrace ! Les statistiques selon les nationalités sont plus ou moins faussées ; et, selon les sentiments ou la nationalité des statisticiens, les chiffres varient du tout au tout. Il faudrait, croyons-nous, qu'une commission internationale de géographes, d'ethnologues, d'économistes et d'hommes politiques répartissent les territoires selon la majorité des populations entre la Bulgarie, la Serbie et la Grèce, toujours en prenant pour base la liberté et l'égalité des minorités, et en fixant pour ces pays un statut constitutionnel garanti par le concert mondial des nations.

Peut-être la solution la meilleure serait-elle l'autonomie, l'indépendance de la Macédoine, au lieu de sa répartition. Chaque groupe linguistique jouissant de droits égaux, il se formerait là peu à peu une nouvelle nationalité fondée sur la liberté comme s'est formée la Suisse au cours des cinq derniers siècles. Pour l'Albanie, la solution est évidemment aussi l'indépendance, simplement avec des garanties que les minorités jouiront de droits politiques et sociaux égaux à ceux des majorités.

La même situation se présente pour l'Asie Mineure, baignée par la Mer Noire et la Méditerranée. Pour certaines îles, les populations peuvent et doivent être consultées. Mais c'est impossible pour la population continentale grecque, juive, turque, arménienne, etc., si entremêlée et souvent en un stade arriéré de civilisation. Il faudrait, pour ces régions, suivre l'exemple montré par les Etats-Unis d'Amérique à propos de Cuba et des Iles Philippines, c'est-à-dire qu'il faudrait que ces régions d'Arménie, de Syrie, de Mésopotamie, etc., soient remises à des nations comme l'Angleterre, la France, la Russie, l'Italie, par exemple. Celles-ci auraient la charge de les administrer, de les développer sous un régime autonome et de liberté, pendant une durée déterminée, disons 20, 30 ou 40 ans, après laquelle ces régions deviendraient indépendantes. L'ensemble du monde garantirait aux populations l'exécution de ces conventions. Ces peuples, pas plus que les territoires, ne seraient donnés aux nations dirigeantes. Celles-ci auraient seulement une fonction à remplir, une mission à accomplir pour le bien des peuples qu'elles dirigeraient.

Ce système, basé encore sur la liberté et l'égalité, est le seul qui supprimerait toute cause de mécontentement et de révolte parmi les populations. Si, au contraire, les territoires et les populations sont distribués aux belligérants vainqueurs, inévitablement des lésions, des nuisances seront faites aux peuples dominés et il s'ensuivra des foyers multiples de haine et de révolte. Il faut que chaque groupe ethnique puisse conserver sa langue, ses coutumes, sa religion et que seules les conditions sociales et économiques agissent pour les modifier, sans qu'il y ait la moindre contrainte de la part des hommes.

Toutes ces régions sont, par suite des circonstances, dans un stade arriéré de civilisation industrielle, commerciale et culturelle par rapport aux régions occidentales. Le meilleur moyen de les développer à tous les points de vue est d'y ouvrir des moyens de communications, routes, chemins de fer et canaux, d'y exploiter les richesses minières, d'industrialiser enfin les régions. Ces modifications économiques entraîneraient forcément, au bout de peu de temps, des modifications politico-sociales qui consolideraient beaucoup l'autonomie des groupes linguistiques et les conduiraient à se fédérer entre eux, comme se sont fédérés les Etats dans le Nord Amérique.

Quant à Constantinople et les Détroits, il faut de toute nécessité qu'ils soient internationalisés. Leur possession par la Russie serait préjudiciable à la Roumanie et à la Bulgarie, qui pourraient être embouteillées dans la mer Noire, comme l'est maintenant la Russie. Constantinople aux mains des Grecs ou des Bulgares présenterait les mêmes inconvénients. Ce que Russes, Roumains, Bulgares, et le monde entier ont besoin, c'est la libre circulation dans les Détroits, de façon à ce que les flottes marchandes aillent librement de la mer Noire dans la Méditerranée. L'unique moyen pour réaliser ce *desideratum* du monde, c'est que Constantinople et les Détroits n'appartiennent à aucune grande puissance, et soient libres, autonomes, sous la garantie du concert mondial des nations (1).

L'empire d'Allemagne possédait en Afrique, en l'Extrême-Orient chinois, en Océanie, des colonies qu'elle a perdues. Lorsque la paix viendra, ces colonies devront-elles lui être rendues ? Nous ne le pensons pas, d'abord parce que l'empire d'Allemagne aura cessé d'exister en tant

(1) Neuf mois après que je disais ceci à l'Université de Londres, le premier Ministre russe, M. Trépov, rendait publique l'entente entre Alliés au sujet de Constantinople. La ville doit être russe. Rien ne peut assurer que les parlements Britannique, Français et Italien ratifieront ces conventions secrètes de leurs diplomates, conventions qui ne sont valables qu'après ratification des parlements. Malgré tous les engagements qui peuvent avoir été pris par la Russie pour garantir à la Roumanie et aux autres nations la libre circulation de la flotte marchande à travers les Détroits, je considère cette solution de la question comme mauvaise. Constantinople n'est pas une ville peuplée de Russes, même pas de Slaves. Ce n'est pas le peuple russe qui réclame Constantinople ; ce sont l'autocratie et la bureaucratie russes. Toujours la faim de territoires, à fin de création de places pour des fonctionnaires. D'ailleurs, en dehors de Constantinople même, il y a son hinterland. La déclaration du ministre Trépov n'a pas fait connaître son sort. Constantinople aux mains des Russes, c'est un élément de discorde entre les nations européennes, qui mettrait en péril la paix du monde. Constantinople libre, autonome, c'est la paix du monde assurée. La sagesse veut que les occidentaux n'aident pas à l'agrandissement de l'Empire moscovite, déjà trop grand.

qu'empire centralisé. Mais si ces colonies ne sont pas rendues à l'empire d'Allemagne, il importe que le peuple allemand y ait libre accès, que le libre échange y soit la règle, en un mot, que les Allemands soient en ces pays dans les mêmes conditions que toutes les autres nations. Ici, nous touchons surtout aux conditions économiques dont nous parlerons ci-après. Ces anciennes colonies de l'Allemagne doivent être réparties aux nations possédant des colonies limitrophes, mais avec un statut établi par une commission internationale d'hommes d'affaires, de géographes et d'hommes politiques, garantissant la liberté et l'égalité de traitement et de droits pour tous les individus, quelles que soient leur nationalité et leur religion et pour tous les produits, quelle que soit leur origine.

* * *

Si le règlement territorial se fait sur les bases dont nous venons de fixer les lignes directrices, toutes les causes de guerre dans l'avenir auront été éliminées. Bien plus, des pays entiers seront ouverts à une exploitation économique intensive, en même temps que les populations seront appelées à jouir des bienfaits de la liberté et de l'égalité politiques. Un tel règlement politique, à la paix, briserait pour toujours la puissance désuète de la diplomatie secrète. Elle cesserait d'être, car les raisons de son existence disparaîtraient. La diplomatie existe parce que les conflits politiques extérieurs doivent être empêchés ou provoqués. Comme le règlement que nous avons esquissé supprimerait la possibilité de ces conflits puisqu'il repose sur ces pierres angulaires, la liberté, l'égalité, la solidarité, il n'y aurait plus aucune raison d'être pour la diplomatie secrète.

Est-il possible de faire un tel règlement territorial ? Certainement oui. Cela est d'autant plus possible que toutes les nationalités sont profondément remuées et s'agitent et travaillent dans ce sens. Il suffit de coordonner les initiatives individuelles et nationales un peu chaotiques. Tous les éléments démocratiques du monde entier appuieront, aideront un règlement fondé sur la liberté et l'égalité. Toutes les forces intelligentes progressives des belligérants et des neutres tendent vers cette réalisation qui apporterait la paix définitive au monde saigné à blanc par ces années de tuerie. Bien entendu, ce règlement territorial doit être complété par un règlement des conditions économiques et de désarmement que nous examinons plus loin.

Les conditions créées par la guerre pour les relations entre les groupes nationaux agissent avec force pour amener une solution telle que celle que nous venons d'esquisser. Sans doute, les forces conservatrices et réactionnaires, si vivaces encore partout, tendront à réagir contre ces tendances et à maintenir les états artificiels violentant les volontés des collectivités humaines. Mais nous espérons que ces forces conservatrices seront réduites à l'impuissance par les peuples, prenant conscience de leurs besoins et de leurs forces pour les réaliser. Aussi nous pensons que la paix qui suivra cette guerre établira un règlement territorial conforme à la politique des nationalités, et par conséquent ce sera une paix définitive, reposant sur les trois colonnes fondamentales de toute solide construction humaine : liberté, égalité, solidarité.

Toute autre paix ne serait qu'une trêve.

Si la paix entre les nations est établie sur ces principes, il semble difficile qu'à l'intérieur de chaque Etat ces principes ne soient pas appliqués avec plus ou moins de rapidité et d'extension. Il est probable que la disparition des Empires Centraux centralisés réagira sur l'Empire russe et sur l'Empire britannique, poussant le premier à se libéraliser et à se démocratiser, le second à devenir un simple empire fédéral. L'autonomie de l'Inde ne pourra être longtemps retardée. Quant au Home Rule irlandais, il devra être réalisé sans délai. Très probablement au point de vue britannique, nous assistons à deux processus en apparence contradictoires et en réalité complémentaires : un processus de resserrement du lien fédératif et un processus d'autonomie croissante des unités fédérées. Les Dominions participeront sans doute à la direction de la Fédération, plus effectivement et plus directement que maintenant (1).

Il semble donc que le monde, et spécialement l'Europe, considéré dans son ensemble, verra après la guerre, en ce qui concerne la politique, une extension de la liberté et de la démocratie. Elle se manifestera par une nouvelle distribution politique de la carte d'Europe, reposant sur le principe des nationalités. Et ainsi, aux Etats artificiels actuels succéderont des nations organiques, douées d'une vie réelle et intense. Nous pensons donc que l'épouvantable guerre actuelle jouera dans l'histoire de la civilisation mondiale un rôle énorme. D'un grand mal naîtra, pensons-nous, un grand bien. Mais, ne l'oublions pas, ce grand bien eût été atteint aussi sûrement et à un bien moindre prix, quoique plus lentement, si la paix n'eût pas été rompue. Le monde entier suit, en effet, un processus vers de plus en plus de liberté et de plus en plus d'égalité, et rien ne peut le rompre. La guerre n'aura été qu'un agent accélérateur de ce processus.

(1) En juin 1916, trois mois après que je disais ceci à Birkbeck College, le Premier Ministre Britannique demandait aux Irlandais d'accepter la réalisation immédiate du Home Rule pour toute l'Irlande, sauf les six comtés de l'Ulster qui n'en voulaient pas. Il ajoutait qu'après la guerre, un Parlement fédéral comprenant des députés d'Angleterre, d'Ecosse, de Galles, d'Irlande et de tous les Dominions, fixerait la constitution politique de l'Empire et de ses Unités Fédérées. Le Home Rule irlandais échoua encore, à cause de la division de l'Irlande en deux fractions ; mais il est possible et même probable qu'avant la fin de la guerre, le Home Rule soit enfin réalisé en Irlande, et ce, pour le plus grand bien de l'Angleterre, de l'Ecosse et du pays de Galles.

CHAPITRE XII

L'APRÈS-GUERRE

Peut-être beaucoup de personnes seront-elles tentées de considérer comme utopiques les conditions politiques que j'ai examinées dans le chapitre précédent. Evidemment, il n'y a aucune certitude que le règlement territorial de l'Europe se fera sur les bases des nationalités et du libre consentement des peuples. Mais une chose est certaine, sans aucune possibilité de contestation, c'est que si ce règlement n'est pas sur ces bases-là, il restera dans le monde des semences de haines nationales qui, un jour ou l'autre, plus ou moins proche, donneront une moisson de luttes fratricides, analogue à celle qui ravage l'humanité depuis des ans.

Il y a d'ailleurs de grandes probabilités que la nouvelle division politique de l'Europe se fasse sur les bases du referendum populaire, du principe des nationalités et du respect des droits des minorités, car seule cette division donnera satisfaction au désir unanime des peuples d'éviter les conflits futurs. Les résultats de cette guerre sont si désastreux à tous les points de vue, que l'humanité entière demande et exige que ce soit la dernière guerre.

Si on envisage les conditions de l'après-guerre au point de vue économique, on constate aussitôt un accroissement immense des dettes statales. Chacune des cinq grandes nations belligérantes les aura accrues d'environ cent milliards de francs, rien que pour couvrir les dépenses de guerre, sans parler des indemnités pour les biens détruits, des pensions pour les veuves, les orphelins et les infirmes.

Il eut été possible de ne point tant augmenter ces dettes des Etats. Il eut simplement fallu recourir à la taxe de la richesse au lieu de recourir aux emprunts à longs ou à courts termes. Les gouvernements préférèrent les emprunts parce que cela masquait la ruine créée par la guerre. La vérité était cachée. Les peuples n'apercevaient pas le coût de la guerre. Ils ne voyaient pas le gouffre où la folie impérialiste de quelques-uns les entraînait et, par suite, il était impossible que naquit en eux la volonté d'arrêter cette course effrénée à l'abîme. Cependant je dois faire remarquer que la Grande-Bretagne pratiqua en partie une politique financière de taxes, par un relèvement de l'impôt sur le revenu et une création de nouveaux impôts. La France, au commencement de la troisième année de guerre, sembla vouloir en faire autant, mais avec une extrême timidité. J'observerai en passant que ce fut le plus démocratique de tous les belligérants qui usa de ce système, le seul qui permet au peuple de voir à peu près où il va.

Aux dépenses proprement dites de guerre il faut ajouter les indemnités pour les propriétés, les usines, les produits pris ou détruits par l'ennemi. Je ne parle point des indemnités possibles que la justice voudrait qu'on verse à tous ceux que la guerre a ruinés plus ou moins, auxquels elle a fait perdre leur situation, les jetant ainsi, eux et les leurs, dans la pauvreté et le dénuement. Je doute que cette foule soit jamais indemnisée, mais par contre, les biens détruits ou pris par l'ennemi donneront lieu à des indemnités.

Est-ce l'Allemagne vaincue qui paiera ces indemnités? Leur montant total dépassera cinquante milliards de francs, car nous ne devons pas oublier que les régions envahies, dépouillées, ruinées par l'Allemagne sont la Belgique, des districts industriels de la France, de la Pologne, tous très riches parce que très producteurs. En toute équité, c'est à l'Allemagne que devraient incomber ces indemnités puisque ce sont ses gouvernants qui déchaînèrent le fléau de la guerre sur le monde. Mais le pourrait-elle? A tout bien considérer, je crains que non.

Lorsque la paix clora l'ère des batailles, l'Allemagne aura une dette nouvelle d'au moins cent milliards de francs. Elle devra payer des pensions à quelques millions de veuves, d'orphelins et d'infirmes. Son budget annuel sera augmenté de plus de sept milliards de francs! Bref, elle sera complètement épuisée, au bord de la faillite. Le monde de la finance le sait bien et une preuve en gît dans la baisse continue de la valeur du mark. Elle sera donc dans l'impossibilité de verser une indemnité de 25 à 50 milliards de francs pour couvrir les ruines et les destructions. D'aucuns diront que les Alliés, pour l'y obliger, pourraient contrôler ses douanes, saisir ses chemins de fer, ses mines. C'est vrai, mais tout cela n'a de valeur que si le commerce et l'industrie reprennent vigoureusement, c'est-à-dire si l'Allemagne peut commercer librement avec le monde entier. Pour que le gage ès mains des Alliés ait de la valeur, il faut que la politique du libre échange et de la porte ouverte subsiste. Mais d'ailleurs ce contrôle des Alliés ne peut être que très restreint, infime, sous peine d'amener le peuple allemand à un dénuement si grand que, d'une part, le gage n'aurait plus aucune valeur, d'autre part, il subsisterait dans la population germanique des semences de haine qui germeraient et croîtraient.

Il faudra donc que chaque nation, sauf sans doute la Belgique, répare elle-même les ruines qui lui ont été causées. Chaque nation verra donc son budget annuel s'accroître d'au moins 6 milliards de francs. Pendant plusieurs générations, l'humanité européenne sera grevée des conséquences de cette guerre folle et absurde.

Il faudra que les peuples paient chaque année leur budget ainsi doublé, voire triplé ou plus encore, selon la durée de la guerre ! Un énorme buget, ce sont des taxes énormes. Aussi, l'assiette de l'impôt devra partout subir des changements plus ou moins grands. L'impossibilité d'impôts indirects trop élevés sur les produits de consommation saute aux yeux de tous. Force sera alors de recourir à des formes diverses d'impôts sur les revenus. Etant donnée la grandeur des budgets, il faudra une taxe proportionnelle et progressive selon les revenus. Elle atteindra vite un taux moyen de 40 à 50 0/0 et même plus, si l'on veut ainsi couvrir les dépenses budgétaires. Sans doute, on recourera aux taxes sur les héritages, en les augmentant considérablement.

D'ailleurs, ces taxes et impôts se répercuteront sur la vie des individus et des familles qui seront ainsi obligées à la réduction de leur type ordinaire de vie. Les économies seront obligatoires. Mais les gens du menu peuple, ouvriers, paysans, petits commerçants et petits fonctionnaires ne peuvent réellement pas réduire leur vie et celle de leur famille, car elle est très modeste, le plus souvent au-dessous de ce que doit être une vie saine, aux points de vue matériel, intellectuel et moral. C'est donc sur les riches que le fardeau des économies obligatoires devra porter, car eux seuls peuvent réduire leur type de vie sans diminuer leur bien-être au-dessous du bien-être normal. Ils ont du surplus et c'est ce surplus qui devra être taxé.

Dans l'avant-guerre, en moyenne, un sixième au plus du revenu moyen de chaque gagneur de pain était affecté pour couvrir les dépenses de la collectivité. Dans l'après-guerre, il faudra y affecter la moitié de ces revenus et, comme je le disais, cela n'est possible que si ces revenus sont élevés et permettent une vie au-dessus d'un type normal.

De cette situation budgétaire, il résultera que l'économie statale va être aussi obligatoire que l'économie individuelle. L'Etat va être obligé de diminuer ses dépenses. Il ne pourra ni réduire les arrérages de ses emprunts, ni diminuer les pensions de guerre, ni sensiblement économiser sur l'administration politique. Il devra faire porter ces économies sur d'autres chapitres budgétaires. Sur lesquels? Ceux relatifs à l'éducation, à l'hygiène sociale, aux lois sociales, aux armées et aux flottes? C'est ce que nous examinerons dans le chapitre suivant. Mais sur quelque matière que ce soit que portent les économies nécessaires, on est en présence d'une situation économique de la collectivité qui frise l'épuisement, la ruine générale. Tous les Etats d'Europe sont terriblement appauvris et il faudra des années d'après-guerre pour faire disparaître les dernières traces de cette ruine générale. Si la guerre atteint ou dépasse trois ans, les charges deviendront si grandes qu'on peut raisonnablement douter que les peuples y satisfassent. Il se pourrait fort bien qu'il y eût une liquidation de la situation.

*
* *

Cette guerre mondiale ruine donc plus ou moins les Etats belligérants, dont toutes les dettes vont être doublées ou triplées, mais bien plus, elle appauvrit les individus, quoiqu'un petit nombre s'enrichisse. La longue durée de la guerre a rendu plus sensible ce processus d'appauvrissement des industriels, des commerçants, des ouvriers et employés, des gens de profession libérale. C'est seulement une petite minorité qui s'enrichit extrêmement. Ainsi nous trouvons qu'en Angleterre, par exemple, certaines compagnies de navigation, de métallurgie, d'explosifs, de viande congelée ont accru leurs bénéfices en 1915, déduction faite des taxes de guerre, dans des proportions variant du double au sextuple ; le tableau suivant le montre :

	£ 1914	£ 1915
Smithfield and Argentine meat Co. . . .	25.732	142.055
Waring and Gillow	35.217	100.885
Projectile Co	30.739	194.136
Lanarkshire Steel	28.144	45.985
Frederick Leyland Steamship	337.188	1.196.683
Sutherland Steamship	94.600	295.200

Dans tous les pays le même phénomène se passe. En France, en Allemagne, en Russie, il fut constaté. Il y a donc un déplacement des fortunes et une diminution du nombre des fortunes. L'Allemagne est certainement la plus appauvrie, car son trafic commercial a été extrêmement réduit.

Ce phénomène général d'appauvrissement du plus grand nombre et de l'enrichissement d'un petit nombre montre combien, dans une société basée sur la fortune individuelle, il est impossible d'avoir de la justice. Les uns se font tuer au front et les autres s'enrichissent ! Cette constatation prouve une fois encore qu'il ne peut y avoir de justice dans une société, s'il n'y a pas une égalité économique entre les individus qui la composent.

Mais ce déplacement des fortunes a pour résultat d'appauvrir un plus ou moins grand nombre de gens, qui, naturellement, sont mécontents. Et leur mécontentement croît de ce qu'ils voient d'autres s'enrichir, non à cause de leur travail ou de leur intelligence, mais à cause des circonstances de la guerre.

Au cours de cette guerre, des quantités énormes de choses auront été détruites ou usées. Il faudra nécessairement les remplacer. Le besoin en sera grand et immédiat. Aussi, dès la fin de la guerre, il y aura certainement une poussée industrielle et commerciale considérable. Toutes les usines et manufactures, qui étaient devenues des productrices d'engins de morts, devront, sans délai, se transformer en productrices d'engins de vie. Cette transformation se fera probablement avec facilité. Les industries s'adapteront rapidement à leurs nouveaux besoins, tout comme elles se sont adaptées à leurs besoins de guerre. Et dans le monde entier, l'émulation sera générale pour reprendre la vie ordinaire d'avant-guerre, c'est-à-dire qu'on verra comme toujours les luttes entre groupes capitalistes pour accaparer les marchés.

Déjà, en pleine guerre, le monde de la finance, de l'industrie et du commerce se prépare, dans chaque pays, à cette lutte économique. Les buts capitalistes de la guerre apparaissent ainsi nettement. Pour ceux qui propagandent en faveur de projets d'unions douanières entre les puissances centrales d'une part et les Alliés d'Occident, d'autre part, le souci et de libérer le monde du joug du militarisme et de permettre aux petites nations de vivre indépendantes est inexistant. Seul existe l'intérêt industriel ou commercial.

La campagne, dans tous les pays, est menée habilement pour arriver à convaincre les peuples de l'excellence d'une union douanière entre Alliés. Les Chambres de commerce, les chefs des grandes firmes industrielles, les professeurs d'économie politique célèbrent les avantages d'une politique protectionniste. On susurre dans les journaux cette chose improbable et presque impossible que l'Allemagne accumule des stocks de marchandises pour en inonder le monde, à la paix, et que le seul moyen pour parer ce coup est d'élever entre les puissances centrales et tous les Alliés un mur de taxes douanières prohibitives des importations d'origine germanique. Bref, on préconise ainsi la continuation de la lutte contre les Allemands, une fois la paix signée. Au lieu de se battre à coups de canons, on se battrait à coups de tarifs. Ce serait toujours la guerre, mais sous une forme nouvelle, une guerre sans fin.

Examinons un peu les conséquences d'une telle politique

protectionniste. Au point de vue industriel et scientifique, le protectionnisme a pour conséquence une stabilisation de l'industrie, un ralentissement du progrès. Les chefs d'industrie n'ont plus besoin d'améliorer leur matériel et leurs produits, car ils sont défendus contre la concurrence par les tarifs douaniers. La supériorité commerciale n'est plus due à la supériorité de l'outillage et du produit, mais aux tarifs. Avec la disparition de l'élément de liberté disparaît le principe vital de l'émulation. Le protectionnisme est une maladie de l'industrie et du commerce qui aboutit à la mort, dans un temps plus ou moins long.

Au point de vue politique, le protectionnisme, si ardemment défendu par la grande industrie et le grand commerce, partagerait le monde en deux fractions en lutte permanente. Les neutres devraient prendre parti et se ranger d'un côté ou de l'autre, entrer dans une des deux unions douanières ! Il serait alors inévitable que les Etats-Unis d'Amérique se joignent plus ou moins aux puissances centrales, qui ainsi seraient fortifiées au lieu d'être affaiblies par cette guerre économique. En cas d'union douanière, les Etats du Nord et du Sud Amérique ne pourraient entrer dans l'union des Alliés, car alors la protection des industries, commerces et agriculture français, britanniques, etc. n'existerait pas. Pour qu'elle existe, il faut que l'Amérique reste en dehors des tarifs protecteurs. La situation serait autre pour les puissances centrales, qui seraient ainsi poussées à resserrer leurs liens économiques avec le Nord et le Sud Amérique.

Une telle politique économique reconstituerait un Empire d'Allemagne sur une base très puissante, à la fois économique et morale. L'antagonisme permanent commercial et industriel retentirait sur la vie des peuples, entretiendrait et accroîtrait la mésentente et la haine. Des luttes nationales violentes et sanglantes seraient inévitables. La seule possibilité de paix future reposerait sur la force croissante des partis socialistes. Mais, étant données les divergences de conceptions du socialisme, selon qu'il est centralisateur ou fédératif, et l'entretien des antagonismes nationaux, cette paix future serait renvoyée loin dans l'avenir.

Au point de vue des conditions intérieures de chaque Etat, la politique protectionniste aurait des conséquences non moins désastreuses. Les prix des produits fabriqués et des produits de la terre augmenteraient partout. La vie deviendrait plus chère. Et naturellement, il s'ensuivrait un désir de l'élévation des salaires. Les ouvriers partout sentiraient le besoin de cette élévation de leurs gains et la conséquence en serait une intensification des luttes contre les employeurs, qui, eux, tendraient à ne pas élever les salaires, de façon à garder pour eux le bénéfice des tarifs protecteurs. D'autre part, une politique protectionniste tend à accroître le régime autocratique de chaque pays parce que cette politique est faite en faveur d'une minorité de producteurs contre la majorité du peuple, les consommateurs. Le protectionnisme est essentiellement anti-démocratique. Aussi, si les peuples en guerre laissent les dirigeants établir ces unions douanières, ils laisseront forger des chaînes pour les tenir en servitude.

Cependant il importe de noter qu'une politique d'union douanière, divisant le monde en deux groupes de nations concurrentes, constituerait un progrès sur le système protectionniste de chaque nation. En effet, il n'y aurait pas seulement opposition d'intérêts, mais il y aurait aussi union d'intérêts dans le sein de chacun des deux groupes. Et alors, l'entente entre ces deux groupes serait plus facilement obtenue qu'avec la politique protectionniste pour chaque nation. Ce phénomène sociologique serait d'autant plus prononcé si les deux groupes antagonistes sont, non des empires centralisés, mais des Etats librement confédérés. Le but de l'impérialisme est de dominer et ses moyens sont la violence et la force. Le but du fédéralisme est de diminuer l'intensité de la lutte dans le sein des fédérés et d'accroître l'entr'aide ; ses moyens sont la raison, la démonstration.

Cependant une politique d'union douanière entre deux groupes adversaires aurait moins d'avantages qu'une politique de libre échange pour tous. Elle affaiblirait le démocratisme et renforcerait l'autocratisme, diminuerait le taux moyen de bien-être des masses, accroîtrait les richesses d'une petite minorité au préjudice de la masse. Ce serait entre les nations une semence de haine, donc un élément destructeur de la vie, car seul l'amour est une force productrice de vie. Pour l'avenir de l'humanité et pour le bien de chaque individu, il est à espérer que les hommes ne commettront pas cette folie d'élever entre les peuples des murs de tarifs douaniers plus ou moins prohibitifs. Si nous voulons que cette guerre soit la dernière des guerres, il nous faut supprimer les haines nationales et on ne le peut qu'en supprimant les motifs de haine. L'un d'eux est l'antagonisme économique. Supprimons-le, par un régime d'échange libre et égalitaire. Le progrès humain ne s'édifie que sur la liberté et l'égalité des individus et des groupes.

*
* *

Quoiqu'il en soit de la politique économique que les peuples auront la sagesse ou la folie de pratiquer, dès l'après-guerre, on assistera à une extraordinaire activité industrielle et commerciale dans tous les pays. Et comme partout la main-d'œuvre aura diminué en quantité et en qualité — plus de treize millions d'hommes seront ou morts ou impropres à la production manufacturière — il faudra développer le machinisme. Les usines devront se transformer, avec une machinerie plus puissante et plus perfectionnée.

De cette nécessité résultant du besoin de production, il s'ensuivra une conséquence fort importante : un grand besoin de capital. De toutes parts, jaillira un pressant appel pour le capital-argent afin de reconstruire tout ce qui a été détruit, afin d'exploiter tous les pays d'Orient et des Balkans, ouverts aux appétits capitalistes. Ce sera une véritable ruée pour les mines, les chemins de fer, les exploitations agricoles, commerciales, etc. Or, la guerre a raréfié le capital européen, au profit du capital américain, qui jamais auparavant n'avait été aussi élevé.

Au cours même de la guerre, le besoin de capital se fait déjà sentir. Ainsi, en Allemagne, pour obtenir l'accroissement des capitaux, nous voyons se former des unions d'industries, des trusts ou des syndicats industriels. Les sociétés minières s'unissent avec les sociétés de navigation ; les industries électriques des deux empires centraux se fédèrent entre elles. On assiste ainsi à la continuation du processus de concentration capitaliste qui existait dans l'avant-guerre. C'est l'indice que, dans l'après-guerre, la concurrence économique sera intensifiée et que la lutte de classe reprendra avec force.

Le besoin de capital dans l'après-guerre dépassera probablement l'offre ; et la conséquence sera une élévation du taux de l'intérêt de l'argent, d'où il résultera une tendance à l'élévation du prix des produits. Le besoin de main-d'œuvre sera aussi plus grand que l'offre, et par suite, il concourera vers le même résultat que le besoin de capital.

Le manque de main-d'œuvre sera assez considérable par suite des morts (8 millions au moins), des infirmes (5 millions au moins) et de la diminution ou de l'augmentation de l'émigration. Ainsi, il est certain que l'après-guerre verra un moindre nombre d'ouvriers émigrant de Belgique et d'Italie en France, pour le travail saisonnier. De même pour les Slaves. D'autre part, il semble probable que, les charges fiscales étant accrues en Europe, beaucoup d'hommes jeunes émigreront outre-mer, en Amérique, dans les Dominions d'Australie et d'Afrique. Cela semble d'autant plus probable que la vie militaire menée pendant deux ou trois ans aura fait naître dans les cerveaux humains une soif de liberté et de vie en plein air, qui ne peut être satisfaite dans les usines, les manufactures et les bureaux. L'émigration pour la vie de l'agriculteur et du pasteur croîtra donc dès la clôture des hostilités. De ce chef, la quantité de main-d'œuvre masculine d'après-guerre diminuera beaucoup. La diminution de la qualité sera non moindre, tant par la disparition des hommes que par l'affaiblissement, chez ceux qui resteront, de l'habileté manuelle et intellectuelle due à la cessation de la pratique pendant un temps assez long.

Pour compenser le manque de travailleurs masculins, il y aura évidemment la main-d'œuvre féminine. Au cours de la guerre, nous le savons, les femmes ont, en maints travaux, remplacé les hommes qui étaient sous les armes. L'habitude du travail de l'usine et du bureau a été ainsi développée dans le sexe féminin. Et son effet a retenti sur la domesticité féminine, devenue plus difficile à obtenir. Dans l'après-guerre, la lutte économique entre les sexes croîtra, d'autant plus que les employeurs s'efforcent de payer aux femmes des salaires moindres. Cette lutte économico-sexuelle pourrait revêtir et revêtira certainement un caractère très aigu, si les femmes ne comprennent pas l'utilité du syndicalisme, l'importance de la solidarité professionnelle et de l'action de masse, et si les hommes se refusent, par un exclusivisme nuisible, à accueillir les femmes dans leurs syndicats. De même que les syndicats réunissent les ouvriers indépendamment de leurs origines nationales et de leurs croyances religieuses, de même ils doivent les réunir indépendamment du sexe. Les intérêts de profession et de classe sont en dehors de la question de sexe.

Au lieu de la lutte entre les sexes, dans le prolétariat, il faut l'entente entre les sexes, sinon la classe capitaliste tirera profit de cet antagonisme sexuel. Nous retrouvons donc toujours la nuisance de la lutte et le bienfait de l'entente.

Qu'il y ait entente ou lutte entre les sexes pour les conditions du travail, l'après-guerre montrera toujours une main-d'œuvre déficitaire par rapport aux besoins de production. Il est possible, à en juger par les tendances manifestées au cours de la guerre, que le patronat cherche à combler ce déficit de main-d'œuvre, d'une part par l'abolition plus ou moins partielle des lois protectrices des travailleurs (durée du travail, travail des enfants et des femmes), et d'autre part, par un recours au travail d'Asiatiques et d'Africains. Ces deux systèmes de remplacer la main-d'œuvre déficitaire conduiront à accroître l'antagonisme entre employeurs et employés. Et cet antagonisme se résolvera en grèves pour le maintien des lois protectrices des travailleurs, pour la non-augmentation ou la diminution des heures de travail, pour l'accroissement des salaires et pour l'interdiction de recourir au travail des gens de couleur.

L'intérêt humain collectif sera pour le maintien et l'amélioration des lois protectrices, unique moyen d'empêcher la dégénérescence de l'espèce humaine par le sur-travail et les conditions des usines, etc. L'intérêt humain collectif sera aussi, non de ne pas recourir au travail asiatique ou africain, mais de donner à ces travailleurs un salaire égal à celui des ouvriers européens. C'est le seul moyen, en effet, d'empêcher le développement des haines de races qui aboutirait, dans un temps plus ou moins long, à des luttes sanglantes.

On peut donc dire que, dans l'après-guerre, on sera en présence de conditions économiques et de travail, qui tendront à intensifier la lutte entre les classes. Les hommes ne seront pas assez sages pour la diminuer et la faire disparaître en acquiesçant à une égalisation économique entre les hommes.

Cette lutte de classe atteindra même l'acuité d'une situation révolutionnaire, comme on peut le prévoir en étudiant les conditions individuelles économiques, morales et intellectuelles qui se présenteront dans l'après-guerre.

* * *

Un grave problème se posera dès la cessation des hostilités : celui de la démobilisation et des armées et des usines à armements, c'est-à-dire le renvoi dans leurs foyers des soldats valides et des ouvriers. S'il est effectué brusquement, quelques millions d'hommes seront jetés d'un coup sur le marché du travail dans chaque pays d'où une profonde perturbation et une tendance à l'abaissement des salaires, alors que le coût de la vie tend à croître. Si l'on veut éviter des troubles, il faudra procéder au renvoi des hommes progressivement, par échelons, et relativement avec une certaine lenteur pour qu'il n'y ait pas d'abord pléthore de travailleurs et pénurie de travail. Cette organisation du placement des ouvriers et employés, retour des armées, pourrait être extrêmement facilitée par les syndicats, si ceux-ci avaient la possibilité de traiter avec les employeurs pour leur fournir la main-d'œuvre nécessaire. Malheureusement, d'une part, le désir des employeurs d'avoir des rapports individuels et non collectifs avec leurs employés ; d'autre part, l'aversion de beaucoup d'ouvriers pour une action collective syndicale, par suite de la méconnaissance de leurs réels intérêts, font que l'organisation du placement des ouvriers par les syndicats rencontrera des difficultés. Et la conséquence sera que l'œuvre de démobilisation des armées et des usines à munition sera plus lente et plus pénible.

Cependant les syndicats ouvriers, par la force des choses, seront appelés à aider à l'organisation nouvelle. Leur participation à cette besogne sera d'autant plus grande que ces syndicats seront plus forts, c'est-à-dire que la classe ouvrière sera plus fortement organisée; et cela variera en chaque pays, selon le degré d'avancement démocratique. En Grande-Bretagne où les Trades Unions sont très fortes, elle joueront un rôle extrêmement important, évitant ainsi des troubles sociaux.

Mais quoiqu'il en soit de cette participation des organisations ouvrières, il importe, pour la paix sociale, que les gouvernements ne renvoient pas les soldats et les ouvriers sans leur continuer, pour eux et leur famille et pendant quelque temps, les allocations et indemnités nécessaires à leur vie. Il ne faut pas qu'à leur retour au foyer, les ouvriers des usines et de la terre, les employés, etc., se retrouvent sans pain en même temps que sans travail. Il faut qu'eux et leur famille puissent vivre, en l'attente du travail. Sinon, on serait en face d'une situation grave, très grave même.

En Grande-Bretagne, la question a déjà préoccupé l'opinion du monde des ouvriers et des industriels. Un comité s'est réuni, a étudié le sujet et a conclu que la démobilisation des 6 à 8 millions d'ouvriers et soldats, presque la moitié des salariés du pays, exigera au moins 2 ans. Comme je le conseillais, il demanda que les ouvriers aient des indemnités et des allocations, avec un délai donné pour trouver une autre place.

*
* *

La guerre a renversé les valeurs morales habituelles des actes. La vie au milieu des violences et des tueries développe chez l'homme des goûts de violence et l'accoutume à l'idée de recourir à la force violente pour la réalisation de ses désirs et de ses besoins. La vie guerrière éduque les hommes pour la guerre et non pour la paix. Elle aura donné aux masses prolétariennes la notion de la force des masses et leur aura fait comprendre la puissance de l'action directe. Les temps de guerre auront donc développé en les hommes l'esprit de violence.

D'autre part, la vie militaire est une vie de paresse relative. Par moment un effort extraordinaire est demandé aux hommes et durant de longs moments, le travail est réduit, l'effort exigé est médiocre. Ce n'est pas le labeur continu de l'usine ou du bureau.

Il résulte de là une diminution de l'amour du travail, et aussi une constatation qu'on peut très bien vivre sans travail productif. Et alors, invinciblement, on est amené à s'approprier les biens produits par d'autres. C'est ce qui explique le « chapardage » général des militaires de toutes les armées. Ce n'est qu'en apparence que la discipline tend à l'empêcher. D'ailleurs, la discipline est obligée de se relâcher à cause des circonstances de la guerre et de sa durée. Il y a diminution du respect de la propriété.

La vie en plein air aura créé des goûts nouveaux d'indépendance, accrus par la réaction naturelle à l'asservissement militariste subi pendant des mois. L'homme tendra à supporter moins aisément la domination de l'homme. Il se produira dans les cerveaux humains un phénomène analogue à celui qui se passe dans des chaudières d'où la vapeur ne peut s'échapper. La pression monte et un jour l'éclatement se produit, quand la pression a dépassé le point de résistance. De même les désagréments incessants de l'obéissance passive, subie par les inférieurs sous l'uniforme militaire, s'ajoutent les uns aux autres et engendrent un état d'irritation qui éclatera inévitablement quand la paix aura rendu par force tous ses soldats à la vie civile.

Le spectacle incessant que le militaire a eu sous les yeux

pendant des mois et des années est si plein d'horreurs que l'être humain a, peu à peu, été insensibilisé. Il n'a plus de pitié pour les souffrances d'autrui et il sent moins les siennes. C'est ce qui explique le fait d'hommes marchant avec d'atroces blessures, pendant des heures. L'homme acquière le mépris de la mort et des souffrances. C'est ce qui explique maintes violences vis-à-vis des femmes de la propre nationalité du violateur. C'est ce qui explique le souci croissant qu'a le militaire de ses propres besoins, de sa propre vie. L'humain retourne à l'animalité primitive : l'égoïsme étroit augmente, contrairement à ce que disent et écrivent, par ignorance ou par intérêt, ceux qui voient la guerre en « romanesques » et non en psychologues.

« La guerre est une école d'anarchie », entendis-je dire un jour à un soldat paysan. C'est très vrai. L'expérience quotidienne de ces années de guerre a montré à tous l'incapacité des chefs, le désordre et la gabegie qu'ils maintiennent. Et de cela est résulté le mépris de l'autorité. Tout le monde, en France, répète ce qu'un député a dit : La France a été sauvée par ses soldats, malgré ses chefs. De plus, les dangers courus, la mort toujours présente, ont habitué les hommes à cesser de craindre. Ayant moins de crainte, la contrainte n'agit plus. Ils deviennent plus libres et plus leurs propres maîtres. Plus la guerre dure, plus ces phénomènes s'accentuent.

Sous l'uniforme, les hommes ont la nourriture assurée. Ils n'ont pas à s'en occuper et elle ne dépend pas directement de leur travail quotidien. De plus, ils ignorent tous si demain les verra vivants. Il en résulte une insouciance plus ou moins complète du lendemain, une indifférence à ce qui suivra, mort ou blessure. Alors les hommes tendent à appliquer la maxime : la vie courte et bonne. Ils perdent notion de la valeur de l'argent et ne songent qu'à jouir de la vie. Et leur conception de la jouissance est très mesquine, très basse, sous l'effet des maux de la guerre. Demain peut-être, ils seront morts. Alors l'esprit d'économie s'en va, laissant place à l'esprit d'aventure, même chez les plus timorés et les plus casaniers.

La vie militaire est, à certains points de vue, une vie plus égalitaire que ne l'est la vie civile, surtout en période de guerre. Les hommes sont mieux nourris, mieux vêtus que souvent ils ne le sont au cours de leur vie civile. Ils vivent côte à côte, intimement mélangés, paysans, ouvriers, employés, petits et moyens patrons, intellectuels divers. Ils se pénètrent les uns les autres, connaissant mieux et leurs aspirations et leurs besoins. Les esprits s'ouvrent à des horizons nouveaux. Ce travail se fait souvent inconsciemment, et il n'apparaîtra à la lumière que dans l'après-guerre, quand la paix aura ramené le calme dans les esprits.

Il y a, entre les hommes, dans les tranchées, dans les camps, dans les casernes, un mutuel échange d'idées. Les mécontents, les socialistes, les syndicalistes parlent, expliquent, discutent, enseignent. Ainsi les Français prisonniers au camp d'Altengrabow publient une sorte de journal, *Les Pensées Libres*. Un immense travail de propagande souterraine se fait sans cesse. Et plus la guerre dure, plus sa force grandit sous l'influence des souffrances, des ennuis, de la fatigue, de l'énervement produits par la guerre même.

D'autre part, les inégalités et les passe-droits fréquents, comme dans toute collectivité humaine non égalitaire, sont perçus avec facilité et même acuité par tous, car tous vivent dans une promiscuité très grande, et non dans des plans différents, comme c'est le cas pour les riches et les pauvres dans le monde civil.

Il résulte de l'analyse que je viens de faire des conditions de vie en période de guerre, que les hommes de retour du service auront une mentalité quelque peu modifiée. C'est surtout l'intellectualité qui aura été influencée par les conditions de guerre, parce que les hommes auront connu ce qu'ils ne connaissaient pas. Le caractère, lui, se modifie bien plus lentement. Aussi, quoiqu'il ait pu paraître changé par suite des conditions de guerre, de l'état général de fièvre qui envahit l'humanité, en réalité le caractère humain ne montrera pas une modification permanente de son état. Ce ne sera que de longues années plus tard que les hommes pourront constater quelques effets psychologiques de la guerre.

Cependant il n'est pas douteux que dans l'immédiate après-guerre, les hommes seront impatients du joug ; ils répugneront à la vie casanière; ils auront des aspirations égalitaires, des vues un peu plus larges, un esprit aventureux, des goûts de recourir à la violence pour satisfaire leurs besoins, une tendance à moins travailler et un désir de jouir de la vie, insoucieux du lendemain. Ce sont là des éléments qui constituent un esprit révolutionnaire.

Avec un tel esprit, ces hommes rentreront dans leurs foyers, où ils trouveront des taxes et des impôts doublés, sinon triplés, une grande difficulté matérielle de vie, où ils en verront d'autres qui se sont enrichis, où ils rencontreront d'autres hommes qui auront été plus ou moins ruinés, plus ou moins appauvris ; où ils seront en présence de femmes qui les concurrencieront sur le marché du travail, de femmes qui seront elles-mêmes mécontentes de leur inégalité sociale. Ils constateront que rien n'est réalisé des idéaux que les dirigeants ont fait miroiter devant les masses populaires pour obtenir le sacrifice plus ou moins volontaire des vies. Ces idéaux, il ne faut pas l'oublier, sont : mieux-être, maintien et accroissement des libertés, esprit de patriotisme, c'est-à-dire en somme, esprit de solidarité, donc d'égalité, etc. Alors les mécontentements des uns et des autres s'uniront, de même que les aspirations, vers un état de mieux-être et de moins d'injustice. Les esprits s'irriteront et s'aigriront. Un état d'âme révolutionnaire sera né à côté des conditions économiques révolutionnaires.

Tout le monde sera atteint : peuple des villes et des

campagnes, petite bourgeoisie et même maints moyens bourgeois, rentiers dont les rentes seront diminuées par l'accroissement du prix des produits et des impôts. Cette situation mentale révolutionnaire pourra ne pas se résoudre en mouvements révolutionnaires, si les éléments capitalistes et conservateurs sont assez sages pour réaliser la gravité de la situation dans leur propre intérêt. Mais malheureusement, cela ne semble pas être et on les voit au cours de la guerre même s'efforcer: d'empêcher l'application de toute mesure qui répartirait plus équitablement le fardeau de la guerre ; de restreindre les libertés ; de détruire les conquêtes faites par le prolétariat ouvrier depuis un demi-siècle ; de construire un monde économique, politique et social imprégné d'autoritarisme et basé comme l'autocratie allemande, sur la crainte et le militarisme.

Tout paraît donc concourir pour le développement d'une situation et d'une mentalité révolutionnaires. Il semble par suite très probable que l'après-guerre verra partout, aussi bien chez les neutres que chez les belligérants, des mouvements révolutionnaires. Seront-ils graves et importants? Triompheront-ils ou échoueront-ils? Nul ne peut le prédire avec certitude. Il est sans doute probable que triomphes et échecs seront relatifs et se compenseront les uns les autres. Sans doute, lorsqu'après cette période de lutte sociale succédant à la période actuelle de luttes nationales, on fera le bilan, il en ressortira une amélioration sociale dans le sens d'un accroissement de liberté et peut-être d'égalité entre les hommes. Il en sera ainsi parce que les aspirations libertaires et égalitaires sont celles de la majorité humaine et parce que le cours de l'histoire montre un continuel procès de l'humanité vers de plus en plus de liberté et d'égalité.

Si ces mouvements révolutionnaires probables se réalisent, le monde aura assisté à une situation analogue, bien que renversée, à la situation de la Révolution Française de 1789. Des conditions économiques et politiques à l'intérieur de la France conduisirent les Français à leur révolution qui se transforma en une série de guerres étrangères et ainsi en une sorte de semence révolutionnaire dans le monde. Actuellement, un ensemble de guerres nationales va probablement aboutir à une série de mouvements révolutionnaires sociaux dans le monde entier.

L'impression que l'après-guerre présentera une situation révolutionnaire semble déjà très répandue. Aux tribunaux du Reichstag d'Allemagne et du Landtag de Prusse et à la Chambre des Lords anglaise, il en fut parlé plus ou moins nettement. Même le député Karl Liebknecht, en mars 1916, a ouvertement invité les masses à la révolution : « Les ouvriers doivent faire eux-mêmes leurs affaires. Les troupes ne doivent pas seulement combattre dans les tranchées ; elles doivent mettre bas leurs armes et les diriger contre l'ennemi commun ». « Dans certains journaux de France, de Grande-Bretagne et même d'Allemagne, des allusions parfois peu discrètes, des menaces, apparaissent fréquemment depuis ces derniers mois. Les conversations, les lettres des milieux prolétariens, tant du front que de l'arrière, révèlent à chaque instant un intense désir de changer ce qui est pour un mieux-être, moins injuste. Il commence à y avoir comme une hantise de révolution. Plus la guerre s'éternise, plus cette atmosphère de hantise s'étendra et enveloppera les êtres, plus il y a probabilité qu'elle se résolve en une pluie révolutionnaire.

Pour empêcher la révolution violente, il faudrait que les dirigeants soient assez sages pour céder du terrain, c'est-à-dire pour faire porter le poids des taxes sur les héritages et sur les revenus des riches, sans vouloir les faire retentir sur la masse des pauvres. Il faudrait qu'il s'établisse un mouvement d'égalisation entre la vie des riches et celle des pauvres, par suite d'une diminution du type de vie des premiers et une augmentation de celui de la vie des seconds. Il faudrait une nationalisation ou une communalisation sous des formes diverses de la terre et de certaines industries : chemins de fer, canaux, fabrication du sucre et du riz, navires de transport, mines, etc. La chose est très faisable, sans à-coups et sans chocs vis à-vis des propriétaires, au moyen de taxes très lourdes sur les héritages et sur les gros revenus, taxes payables, non en argent, mais en terres et actions industrielles, qui deviendraient propriétés nationales, ou communales inaliénables. Ce procédé éviterait des mouvements révolutionnaires toujours plus ou moins sanglants et plus ou moins destructeurs de biens. Nous souhaitons que les hommes soient assez raisonnables pour réaliser ce processus du progrès humain, mais à la vérité, la vue du passé nous fait douter de cette sagesse.

*
* *

La lutte des tranchées qui dure, sur le front d'Occident, depuis plus de deux ans, a eu ce résultat que, de la mer du Nord à la frontière suisse, les champs, les prés, les bois, tout a été labouré par les obus. Il ne reste plus rien de ce qui était dans l'avant-guerre : ni culture, ni bornage. Le sol même a disparu, tant il est mêlé des terres extraites du sous-sol par les obus. Les villages sont des amas informes de pierrailles, avec souvent des cadavres et des débris humains enterrés dessous. Parfois, l'herbe a poussé et plus rien ne montre que là, en juillet 1914, il y avait un village florissant, une belle ferme, voire un magnifique château. La destruction des villages a pour conséquence la destruction du cadastre qui était à la mairie.

Les études de notaires, dans les gros bourgs, chefs-lieux de canton, n'ont pas échappé au sort commun et souventes fois, des obus ou des bombes les ont incendiées. Les titres de propriété ont ainsi disparu. Plus de bornages, plus de cadastre, plus de titres de propriétés !

Le problème suivant se dresse donc : Comment, dans l'après-guerre, reconstituer la propriété et la remettre ès mains des propriétaires? La solution individualiste sera difficile et impossible. Des familles auront disparu, soit complètement, soit en partie : les jeunes enfants seuls restant. Il faudra se fier au témoignage humain. Mais combien il est faillible, même quand il est fait de bonne foi! Que sera-ce s'il est fait de mauvaise foi, dans le but d'acquérir un lopin de plus qu'avant la guerre! Et aucune preuve matérielle, aucun point de départ certain qui donne une base pour déterminer les limites. On se trouvera en présence d'affirmations contradictoires, et aucune possibilité de prouver la fausseté des unes et la véracité des autres, ou la fausseté des unes et des autres. Il existe une manière simple et élégante de résoudre ce problème difficile, mais aura-t-on le courage de l'employer? Ce serait de donner une indemnité aux propriétaires pour la perte complète de leur propriété, certifiée exister par le témoignage humain ; puis ensuite, toutes les terres, sur toutes les communes ainsi détruites, seraient déclarées propriétés communes inaliénables. Ce système éviterait toute contestation sur les bornages des propriétés, sur leur situation, sur leur étendue précise. La justice et l'équité seraient satisfaites puisque les propriétaires auraient été indemnisés de la perte de leurs biens.

En dehors de ce système de communalisation de la propriété agraire, je ne vois aucun moyen de résoudre équitablement le problème que pose la destruction complète des bornages, cadastre et titres de propriété pour les millions d'hectares de terre des milliers de villages détruits ou labourés par les obus.

*
* *

Les conditions économiques et sociales subiront beaucoup de changements au cours de l'après-guerre. Mais il n'en sera pas de même des conditions des arts, des lettres et des sciences. Les rapports internationaux entre hommes de sciences reprendront sans doute presque immédiatement ; la science est dans un plan bien au-dessus du plan national ; elle est, par essence, humaine, cosmopolite. Quand sera levé le manteau de plomb et de fer jeté sur le monde par le militarisme victorieux, la science resplendira à nouveau ; et la pensée scientifique communiera dans le monde entier comme durant l'avant-guerre. Dans la vie scientifique, une courte éclipse aura eu lieu, voilà tout. Sans doute une poussée scientifique aura lieu, par suite de la nécessité de remplacer la main-d'œuvre par des procédés mécaniques, physiques et chimiques. La science appliquée participera de la poussée industrielle et commerciale inévitable, dont j'ai parlé. Mais les applications scientifiques promeuvent toujours la science pure, la science abstraite, qui, elle-même, à son tour, promeut la science appliquée. Théories et recherches scientifiques sont inextricablement unies aux applications scientifiques. Aussi, toute la science, dans toutes les branches, sous l'impulsion des besoins de l'après-guerre, prend dans le monde une place visible, peut-être un peu plus grande que dans l'avant-guerre, surtout en Grande-Bretagne, où l'enseignement scientifique était un peu négligé.

Quant aux arts et aux lettres, il me paraît probable qu'ils tendront vers plus de réalisme et moins de sentimentalisme que dans l'avant-guerre. On est déjà saturé de la guerre, aussi bien de ses actes héroïques que de ses actes criminels et bas ; on le sera bien plus encore dans six mois, dans un an ou deux lorsque la paix viendra. Il semble donc qu'alors les traditionnels chants de l'héroïsme des combats, les traditionnelles descriptions des grandeurs militaires seront laissés de côté et donneront place à des œuvres réalistes comme le chef-d'œuvre de Tolstoï, *Guerre et Paix*. Il semble même qu'on cessera vite de parler de la guerre, car le public en est déjà fatigué et le deviendra de plus en plus. C'est ainsi qu'on peut déjà constater que les drames militaires classiques perdent de leur vogue. Les soldats vivent la guerre et ne tiennent plus à la voir ou à la lire sous une forme idéalisée et fausse. Les civils veulent la voir telle qu'elle est, en sa réalité.

Les souffrances physiques et morales de la période de guerre réagissent sur les humains pour faire naître en eux le désir de s'amuser, d'avoir des émotions plaisantes et gaies et non des émotions tristes. Toute époque de tristesse provoque une période suivante de gaieté : c'est la réaction naturelle. Aussi, il est probable que le public demandera un art et une littérature gais et non dramatiques et tragiques. La comédie, l'opérette, le vaudeville vont sans doute triompher sur les scènes. Ce sera un repos après les drames de la vie, durant la guerre.

Quant aux relations internationales entre artistes, littérateurs et dramatistes, elles reprendront vite, car l'art vit de l'apport mutuel de toutes ses manifestations. Un art clos entre des murailles nationales est un art figé en une ou plusieurs formules et condamné à une vie maladive et à la mort.

La force de vie de l'art, de quelque forme qu'il soit, est au-dessus des antagonismes nationaux et par suite, elle agira pour que les artistes reprennent rapidement les relations internationales, rompues par la maladie sociale qu'est toute guerre. Les paroles de haine et les jugements partiaux prononcés au cours de l'excitation de la lutte seront vite oubliés. Et de bonne heure, dans l'après-guerre, la vie reprendra son cours normal et pacifique.

CHAPITRE XIII

L'APRÈS-GUERRE

De cette guerre mondiale, tous les belligérants sortiront épuisés en hommes et en finances. Toutes les nations seront ruinées et, par suite, elles devront nécessairement réduire leurs budgets annuels. Sur quels chapitres budgétaires devront porter ces économies ? Etudions un peu cette question.

Les Etats ne pourront économiser ni sur les arrérages des emprunts, ni sur les pensions, ni sur les dépenses générales de l'administration politique des pays. Les chapitres budgétaires qui, au besoin, sont compressibles, sont ceux de l'entretien et de la création des voies de communication, des dépenses d'hygiène sociale, des lois sociales et d'assistance, de l'enseignement et de l'éducation, et enfin de l'armée et de la marine.

Des économies faites sur ces divers chapitres, à l'exception du dernier (armée et marine), ne peuvent se faire qu'au détriment de la nation. La puissance économique de chaque nation dépend de ses voies de communication, de l'excellence de son hygiène sociale. Toute diminution de ces dépenses-là appauvrirait la nation entière. La paix intérieure repose en partie sur les lois sociales et d'assistance ; les suspendre, les affaiblir, ne pas les accroître même, aurait pour conséquence une rupture de la paix intérieure, un affaiblissement moral de chaque nation. Il semblerait qu'il existe, au moins dans certains Etats, par exemple l'Empire britannique, une tendance à faire porter les économies sur les dépenses consacrées à l'éducation. Restreindre les frais annuels des bibliothèques, des laboratoires des recherches scientifiques, des écoles primaires et secondaires, paraît à certains une chose tout à fait raisonnable. Eh bien, si l'on réfléchit tant soit peu, on constate que ce serait la pire des folies.

Les intérêts de l'espèce humaine, ceux de la collectivité nationale et ceux de l'individu sont tous concordants pour montrer que tous les efforts doivent être faits afin d'élever toujours plus chaque individu. Et cette élévation ne peut se faire que par une expansion de plus en plus grande des connaissances humaines. Tout accroissement de ces connaissances est une conquête humaine qui aide à une conquête ultérieure. Plus s'accroît la quantité d'hommes possédant ces connaissances, plus croît la possibilité de leur augmentation. Plus s'accroît la qualité des connaissances des hommes, plus s'accroît aussi cette même possibilité d'augmentation des connaissances.

Le bien-être du monde, de chaque individu en particulier, repose sur l'expansion des connaissances. Toutes les découvertes scientifiques, toutes les inventions, toutes les applications des sciences sont l'œuvre de cerveaux humains développés par une culture scientifique. Et plus l'humanité aura de cerveaux cultivés, plus le bien-être pourra croître. Il y a là une œuvre incessante d'acquisition et de connaissances et de progrès.

Si, au cours des millénaires, l'homme n'avait pas acquis un cerveau de plus en plus perfectionné, il serait maintenant comme il était aux époques préhistoriques, lorsqu'il vivait nu, s'abritant dans les cavernes et les troncs d'arbres vivant de baies, de racines et de menu gibier pris à la course. Faire des cerveaux est donc la besogne la plus utile que la collectivité puisse faire. Bien loin de restreindre les dépenses que cette fabrication nécessite, il faut les augmenter. Chaque millier de francs dépensé pour l'éducatiou est en réalité une économie, une économie de vie, une économie de temps, faite par l'humanité dans sa marche inlassable et continue vers un mieux-être matériel, intellectuel et moral.

Donc, si les hommes sont guidés par la raison, dans l'intérêt de l'espèce, des collectivités et des individus, loin de faire des économies sur les dépenses afférentes à l'éducation, ils les accroîtront progressivement et régulièrement. Le seul chapitre budgétaire qui restera alors pour les économies nécessaires et indispensables, c'est le chapitre concernant les dépenses militaires et maritimes. On est ainsi amené au problème des armées permanentes et du désarmement.

* * *

Trois solutions sont possibles : 1° aucun désarmement ; 2° un désarmement général partiel ; 3° un désarmement général total.

Dans le premier cas, le cours des choses continue dans l'après-guerre comme il était dans l'avan-tguerre. C'est encore la course aux armements et aux armées nombreuses. C'est la paix armée ruineuse qui subsiste, avec toutes ses conséquences désastreuses : dépenses énormes pour entasser des armes et des munitions, millions d'hommes dans les casernes, improductifs et consommateurs ; par conséquent, taxes et impôts écrasants ; entretien de l'état d'esprit militaire, c'est-à-dire de l'état d'esprit d'autocratie et d'obéissance servile, du recours à la violence et au terrorisme, de l'esprit de conquête. C'est en résumé la certitude que, dans un avenir proche ou lointain, de nouvelles guerres surgiront, plus terribles parce que plus perfectionnées que celle-ci.

C'est le retour certain à la barbarie, à moins que les forces de paix et de raison n'acquièrent au cours des ans une puissance assez grande pour obtenir le désarmement avant l'éclatement de nouveaux conflits. Mais alors nous revenons, après un délai de plusieurs années, c'est-à-dire après du temps perdu, à la deuxième ou à la troisième solution. Il est plus sage de ne pas attendre et de résoudre le problème dès maintenant.

Le désarmement partiel laisse subsister la plus grande partie des méfaits actuels. Si le nombre des hommes sous les armes diminue, les armements se maintiennent au même niveau, par suite les dépenses sont peu diminuées. Au lieu d'une armée permanente nombreuse comme dans l'avant-guerre, il y aurait des milices, l'ensemble de la nation, puis une armée permanente relativement peu nombreuse, armée de prétoriens. L'état d'esprit militaire, dont les bases sont l'autocratie, l'obéissance servile, la crainte, continuerait à exister. Et nécessairement il enfanterait son produit naturel et logique, le goût des conquêtes, le recours à la guerre. En outre, la tendance naturelle de l'armée prétorienne la pousserait à s'efforcer d'asservir le reste de la nation, sans parler de son emploi fatal dans les conflits sociaux entre employeurs et employés.

Un désarmement partiel implique le maintien d'armées, dont la force en nombre serait évidemment proportionnelle à la population des états. Il s'ensuit donc cette conséquence : par le simple jeu démographique de la natalité et de la mortalité, certains Etats croîtraient plus vite que d'autres. Et moins civilisés ils sont, plus la croissance serait rapide ; car plus la civilisation croît, plus la natalité relative diminue, par suite de la volontarité des conceptions. Ainsi, l'Allemagne, en un quart de siècle, arriverait à une population écrasante par rapport à celle de la France, et son armée, quoique réduite, se trouverait bien plus nombreuse que celle de France. Le même phénomène d'ailleurs se produirait pour la Russie par rapport à l'Allemagne. La conséquence inévitable serait encore des alliances offensives et défensives entre Etats : la balance des puissances. Et l'aboutissement en serait de nouvelles guerres, comme s'il n'y avait pas eu le désarmement du tout.

Sans doute, avant ces nouvelles guerres, il s'écoulerait du temps et peut-être alors l'esprit de raison et de paix aurait-il gagné assez de force pour obtenir, avant la rupture, un désarmement total, gage sûr d'une politique de paix. Mais alors, à quoi bon attendre et pourquoi ne pas être sages dès maintenant en recourant au désarmement général complet ?

*
* *

Le désarmement général et complet est le seul remède qui donne satisfaction aux économies nécessaires et qui supprime toute cause et toute possibilité de guerre. Quand on n'a ni armes ni armées, on ne peut plus faire la guerre, quelque désir qu'on en ait. Le désarmement général complet est la clef de voûte d'une paix durable. Sans lui, on ne fera que des trêves.

Examinons les conséquences du désarmement total. Elles sont multiples et d'ordres divers. Elles ne présentent que des avantages et aucun inconvénient.

D'abord, du fait que les Etats n'ont plus besoin d'acheter et d'emmagasiner des munitions, des armes, des dreadnoughts, des zeppelins, il en résulte une économie budgétaire, qui s'élève chaque année à quelques centaines de millions de francs pour chaque grand Etat. Cette économie retentit en outre très heureusement sur les autres conditions économiques du monde. Les usines à munitions et à armes font place à des usines pour des produits de consommation et d'usages pacifiques. Les ouvriers qui étaient employés aux œuvres de mort le sont aux œuvres de vie.

Toutes les superficies occupées par les forts, fortifications, casernes, magasins militaires, etc. sont rendues à un emploi utile aux humains : culture, écoles, usines, etc.

L'économie budgétaire concernant le matériel de guerre entraîne donc bien d'autres économies dans l'utilisation des hommes et des choses pour la production.

Le désarmement, en faisant disparaître les armées, provoque une économie budgétaire qui atteint ainsi quelque centaine de millions de francs pour chaque Etat. Malgré son importance certaine, elle semble négligeable par rapport à l'énorme économie sociale qui en serait la conséquence. En effet, les soldats sont des consommateurs et non des producteurs. Lors des époques où ils se livrent à leur travail, c'est-à-dire aux périodes de guerre, ils sont non seulement des consommateurs, mais encore des destructeurs. A aucun moment, le soldat, en tant que soldat, n'est producteur. Le militaire est un parasite social.

La suppression des armées entraîne la suppression de ce parasitisme. Il s'ensuit que les hommes, au lieu d'être dans les casernes, resteraient dans les usines, dans les laboratoires, dans les bureaux, dans les champs où ils œuvreraient physiquement et intellectuellement. La production agricole, industrielle, commerciale, scientifique, artistique, croîtrait.

Le désarmement, c'est le rejet dans le torrent productif de l'humanité d'une foule de forces improductives et même inhibitrices de la production d'autrui. C'est un gain énorme, impossible même à évaluer tant il est grand.

Le désarmement complet, en supprimant les armées, produira des améliorations psychologiques considérables, par suite de l'affaiblissement progressif et enfin de la disparition de l'esprit militaire. Il y a vingt-quatre ans, dans un livre de science, qui scandalisa maintes gens, *La psychologie du militaire professionnel*, j'étais arrivé à cette conclusion que le militarisme est l'école du crime. Cette guerre a malheureusement prouvé à profusion que mes déductions étaient exactes. Ce qui était honni en 1893-94, comme paroles d'anarchiste et d'ignorant, ce qui appelait les foudres des lois vengeresses, est maintenant prononcé par des personnages officiels comme le Président des Etats-Unis. M. Woodrow Wilson a dit, en effet, dans un discours en juin 1916 : « Le militarisme est un état d'esprit et un but. Le but, c'est l'emploi des armées pour l'agression. L'état d'esprit du militaire est l'opposé de l'état d'esprit du civil. Dans un pays où le militarisme prévaut, le militaire regarde de haut le civil. Il le considère comme son inférieur ; il pense qu'il est créé, fait pour l'usage et l'aide du militaire ».

Par nature, la guerre est une succession de crimes. Ce n'est pas un sport. La chevalerie, dans la guerre, est une idée romanesque qui a existé plus dans les esprits et dans les récits des hommes que dans la réalité des faits. Toujours « la religion des armées, comme le disait, en 1790, Charles de Lameth à l'Assemblée Nationale de France, est de ne connaître ni parents, ni amis, ni pères, de ne savoir qu'obéir ». Les armées sont des forces sourdes, aveugles, inconscientes, des forces brutes en les mains des chefs. Pour ceux-ci, la guerre est un moyen qui conduit à un but pratique. Ce n'est pas un jeu. La mise en pleine lumière de cette vraie conception de la guerre est un service considérable rendu à l'humanité. Elle est ainsi éclairée sur la véritable nature criminelle de la guerre et peut constater que c'est un moyen inadéquat au but poursuivi. Constater que la guerre est un mode d'enrichissement et d'accroissement de pouvoir au lieu d'être un sport chevaleresque, c'est prononcer la mort de la guerre. On est obligé, en effet, d'enregistrer que la guerre manque à son but : elle n'enrichit plus, elle n'accroît plus le pouvoir ; au contraire, elle appauvrit et diminue la puissance. Le désarmement complet est donc la conséquence logique de l'inefficacité de la guerre comme mode de conquête, de richesse et de pouvoir.

En désarmant, on cesse d'avoir des militaires, c'est-à-dire des hommes se préparant à la guerre, ou, pour parler plus franchement, se préparant à commettre des crimes. Le militaire a toujours été et sera toujours comme Horace le représentait sous les traits d'Achille dans son *Epistola ad Pisones* :

> *Impiger, iracundus, inexorabilis, acer*
> *Jura neget sibi nata, nihil non arroget armis.*

un guerrier farouche, prétendant que les lois et la justice ne sont pas faites pour lui et que tout doit céder à la force de ses armes.

Le désarmement entraînerait la suppression de cet état d'esprit et, par suite, améliorerait notablement la mentalité humaine. Nous devons cependant noter, par souci d'objectivité, que la suppression des armées entraînerait un léger inconvénient. Les hommes seraient moins déracinés de leur lieu d'origine, moins mêlés les uns aux autres. Et le déracinement est en général un élément de force au point de vue de l'espèce et de l'individu, parce qu'il tend à accroître les connaissances. J'ai surtout en vue les paysans, pour beaucoup desquels l'appel à la caserne est un accroissement d'horizon parce qu'ils changent de milieu et sont mis en contact avec des hommes appartenant à d'autres milieux que le leur. Cet unique bienfait de la vie militaire disparaîtrait, mais vis-à-vis des méfaits du militarisme, il est si petit qu'on peut le considérer comme négligeable. D'ailleurs, il est possible et même probable que ce phénomène de déracinement et d'entremêlement se produise tout de même sous l'effort de conditions économiques et intellectuelles. On peut donc dire que du désarmement il ne résulterait que des améliorations psychologiques.

Les améliorations politiques qui dérivent du désarmement sont très considérables. Ainsi, il serait impossible de recourir à la force des armes, puisqu'inexistante, pour modifier des rapports conventuels entre nations, pour changer les limites des Etats. Il y aurait ainsi une sorte de fixité dans la distribution politique du monde, qui va être établie à la fin de cette guerre mondiale. Cette distribution territoriale ne pourrait plus être changée que par la volonté populaire, exprimée par un referendum. Les traités entre nations ne pourraient plus être considérés comme de simples chiffons de papier, ainsi que c'est la coutume générale avec le système des armements. Cet état nouveau des rapports internationaux a une répercussion juridique et morale intéressante : l'obligation de songer à la justice et à l'équité en établissant ces conventions entre nations.

De cette façon, la vie indépendante des petites nations est assurée, sans avoir besoin de la tutelle des grandes nations, d'ailleurs grandes nations relatives, car dans un avenir prochain, les peuples slaves domineront de beaucoup par leur nombre les peuples d'Occident et les peuples jaunes domineront de même les peuples slaves.

Un désarmement assurera la vie politique de tous les peuples et leur développement normal et libre, tandis que le maintien des armées entraînerait nécessairement, à un moment donné, d'abord une lutte exterminatrice entre Slaves et Occidentaux, puis ensuite entre jaunes et Slaves.

Une autre conséquence bienfaisante du désarmement serait l'aide ainsi apportée à la démocratisation du monde. Le militarisme est le soutien des autocraties. Partout où le militarisme triomphe, l'autocratie tend à régner et la démocratie à décroître. La guerre actuelle l'a montré d'une façon caractéristique dans les événements dont fut le théâtre un pays neutre, la Suisse ; et pourtant, depuis des siècles, la Suisse est une démocratie.

Le jour où le militarisme cesserait d'être, les autocraties perdraient leur plus solide soutien. Et alors, rapidement, elles s'effriteraient et disparaîtraient en faisant place à des démocraties. La suppression du militarisme, c'est l'éducation de la paix dans le monde. Et la paix ne peut régner que dans un monde éduqué pour la paix.

Tout bien considéré, on ne peut trouver que des avantages au désarmement, avantages économiques, psychologiques, moraux et politiques. D'ailleurs, à la vérité, peu de personnes osent nier ces avantages, mais dans leur défense de la politique des armements, elles se réfugient derrière cette affirmation : le désarmement est une utopie et la preuve en est que même les peuples démocratiques et fort peu belliqueux, comme le sont maints neutres actuels, s'arment sans cesse. La constatation est exacte, mais la déduction tirée est erronée. Les armements des neutres sont les conséquences des armements des autres nations. Chacun compte sur sa force de violence, sa force armée pour faire respecter son indépendance. Chacun arme donc, et arme sans cesse. C'est un état endémique général de la fièvre militaire. Cela ne prouve pas que le désarmement soit une utopie, un rêve, en contradiction avec la tendance naturelle des nations.

Si l'on vit au milieu d'assassins, on est bien obligé de s'armer pour protéger sa vie contre ces assassins. Mais si l'on vit au milieu de gens sans armes et pacifiques, on n'a pas besoin de s'armer pour protéger sa vie. Telle est, en réalité, la situation des peuples de Scandinavie, de Suisse, de Hollande, des Etats-Unis, etc. Toutes ces nations seront enchantées le jour où les grandes nations désarmeront, car le fardeau du militarisme est très lourd pour la plupart de ces peuples.

Le désarmement dont il s'agit est un désarmement complet, concernant aussi bien le désarmement maritime que le désarmement des armées de terre. Le navalisme doit finir en même temps que le militarisme. C'est là une nécessité conforme, d'une part à la justice et, d'autre part, à l'intérêt de chaque nation. Il n'est pas plus besoin d'avoir des flottes de guerre qu'il n'est besoin d'avoir des armées de terre ou des flottes aériennes pour la guerre. Les flottes maritimes ou aériennes ont pour raison d'être soit la défense, soit le recours à l'offensive pour la conquête. Or, un désarmement complet empêche la conquête et rend la défense sans objet.

La paix armée doit cesser d'exister aussi bien pour les armes de terre que pour les armes de l'air et les armes de mer. Si l'on pratiquait seulement le désarmement pour l'une de ces armes, et pas pour les autres, on aurait les inconvénients du désarmement partiel : les économies seraient inexistantes, la paix ne serait qu'une trêve.

Le désarmement complet et général aura certes des opposants lorsqu'il s'agira, dans l'après-guerre, de prendre une décision. Mais on peut être assuré qu'ils seront peu nombreux. Tout prouve qu'ils appartiendront à la caste des hobereaux, des militaires professionnels et aux groupements les plus réactionnaires et conservateurs. Il est naturel, en effet, que ces hommes voient avec mécontentement et tristesse disparaître leur raison d'existence, l'organisme social qui est le plus ferme soutien du mode de gouvernement qui satisfait leur idéal. Peut-être aussi, parmi les opposants, trouverons-nous les fabricants d'armes et de munitions. Il serait d'ailleurs facile de détruire leur opposition en les indemnisant. Mais à tout bien considérer, il ne s'agit là que d'une petite minorité même dans l'Allemagne militariste et dans la Russie autocratique. Partout, le monde des paysans, des ouvriers, des employés, des fonctionnaires, des intellectuels — à quelques rares exceptions près — supportent avec peine le fardeau du militarisme terrestre et naval. Partout le monde de la finance, de l'industrie et du commerce sait, par expérience, et avec certitude que la guerre ne paie pas et que le militarisme ne servant qu'à la guerre, mieux vaut s'en débarrasser. Cela est si vrai qu'il y a peu de temps, on pouvait lire dans la *Vossische Zeitung* un plaidoyer de M. Ballin pour le désarmement total ! C'est caractéristique, car M. Ballin fut un des capitalistes qui poussèrent l'Allemagne gouvernementale à la guerre. D'ailleurs le comte Okuma, le Premier Ministre japonais, a, en une interview, préconisé le désarmement. Sur ce sujet, les socialistes de tous les pays sont d'accord entre eux, et d'accord aussi avec la majorité des puissances capitalistes. Nul parmi les ecclésiastiques de quelque église que ce fût n'osera s'élever contre un désarmement après un massacre et un entassement de ruines comme on en voit en cette guerre. Si l'on réfléchit, on peut affirmer que la très grande majorité des gens est favorable au désarmement. Il suffira aux démocraties anglaise, française, belge, etc., de le vouloir pour qu'il soit.

Les conditions économiques déterminées par la guerre ont tué le régime de paix armée. Celle-ci devant cesser d'être, il faut nécessairement qu'elle fasse place à un état politique basé non sur la violence et la force armée, mais sur un consentement mutuel et libre. Et la conséquence de cette nécessité économique est le désarmement général et complet. C'est la pierre angulaire sur laquelle repose tout l'édifice de la paix définitive, de la paix qui n'est pas simplement une trêve. Et comme l'humanité entière crie après une paix définitive, il faut supposer que cette humanité sera assez intelligente et assez sage pour désarmer. De ce désarmement dérive un certain nombre de conditions nécessaires que nous allons examiner.

*
* *

Le désarmement entraîne inévitablement la suppression des usines d'armes et de munitions de guerre. Plus de consommation, donc plus de fabrication. La disparition de ces manufactures, à la vérité, ne sera pas complète, puisque, comme nous l'avons vu tout à l'heure, il devra subsister encore des forces policières armées. La fabrication des armes de chasse ne peut pas non plus ne pas continuer. Mais le besoin de ces armes et munitions sera excessivement réduit par rapport aux besoins de la période d'avant-guerre avec sa politique de la paix armée.

La plupart des usines et manufactures d'armes et de munitions de guerre devront donc disparaître ou se transformer en usines productrices d'engins et de produits aptes à entretenir la vie et à vaincre les puissances de la nature.

Etant donnée la base capitaliste de la société humaine, il est équitable que les possesseurs des usines et manufactures ainsi atteintes reçoivent une indemnité équivalente à leur perte. Il est de toute justice que la collectivité indemnise les individus des pertes qu'ils subissent dans l'intérêt de la collectivité. L'indemnisation des industriels en armes et munitions aura ce grand avantage de supprimer toute raison à l'opposition qu'ils peuvent faire à l'adoption du désarmement. Cette opposition peut être très forte, car la richesse de ces industriels est très grande. Et, en notre société capitaliste, la détention de la richesse est un des facteurs les plus importants de la puissance gouvernementale.

Le désarmement, nous l'avons montré, assure d'une façon permanente l'autonomie de chaque groupe national et la fixité de la division territoriale établie à la fin de cette guerre. Aucune nation ne pourra plus essayer d'asservir les autres ou de leur prendre des richesses ou des territoires. On ne peut faire la guerre sans armes, sans munitions et sans armées. Mais, de cette impossibilité de lutte entre groupes nationaux, il ne s'ensuit pas qu'il n'y aura plus de différends entre ces collectivités nationales. Il est donc de toute nécessité de résoudre ces différends. Comment ? Pour cela, il faut considérer les collectivités comme des individus et agir vis-à-vis de ces collectivité-individus comme dans le sein de chaque groupe on agit vis-à-vis des individus particuliers pour la solution des différends qu'ils ont entre eux.

Ces différends sont résolus par des tribunaux, soit de juges permanents, soit de jurés, qui rendent des sentences. Celles-ci sont exécutables par la force de la collectivité-nation, après épuisement des diverses juridictions d'appel, qui ont été créées, autant que possible, pour arriver à la justice, ou, si l'on préfère, pour diminuer l'injustice, qu'entraîne tout jugement des hommes. Tels sont les rapports entre les particuliers-hommes, tels doivent être les rapports entre les collectivités-nations.

Le désarmement général obligera donc à la création de cours et tribunaux internationaux, qui jugeront les différends qui pourront s'élever entre les nations. L'exercice incessant d'une fonction détermine une mentalité spéciale, qui produit, en somme, une déformation de la vision ordinaire des choses. Aussi, l'établissement des juges internationaux permanents aboutirait, après un certain temps, à la création d'individus, vivant en dehors de la vie des nations et incapables de comprendre les conditions de vie de ces nations, avec leurs sentiments et leurs intérêts multiples et complexes. Il faut éviter cet écueil et c'est facile si l'on imite ce que l'on a été amené à faire pour les tribunaux jugeant les différends entre particuliers. Il faut recourir au jury, non seulement au premier degré, mais encore pour la cour d'appel avec son arrêt définitif. Nous n'entrerons pas ici dans le détail de la constitution de ces tribunaux et cours, je dirai seulement qu'ils doivent avoir des membres permanents ou juges, pour maintenir une procédure régulière et des membres occasionnels comme jurés, pour juger. Juges et jurés, choisis et élus par les corps politiques gouvernants de chaque nationalité.

Des sentences n'ont aucune signification si elles n'ont pas une sanction. La sanction peut être morale et matérielle, ou seulement matérielle ou seulement morale ; mais il faut une sanction. Comment appliquer, et qui appliquera cette sanction aux infractions des conventions et aux différends entre nations ?

Cette sanction devra être appliquée par les soins d'un conseil administratif des nations, un conseil amphyctionique, si je puis dire. Composé de délégués nommés par toutes les nations, pour une durée brève, de façon à éviter la formation d'une caste gouvernementale, il devrait appliquer les sanctions établies par les conventions entre nations et veiller à ce qu'aucune nation ne viole les conventions. Bref il y aurait, vis-à-vis des nations, la même besogne que l'administration policière a vis-à-vis des particuliers dans chaque Etat. Comme sanction, des amendes suffiront largement. S'il y avait refus d'une nation d'obéir à ces sanctions, il ne serait certes ni nécessaire, ni même utile de recourir à la violence de l'armée internationale policière pour obliger à l'obéissance aux conventions librement consenties.

Au Moyen Age, à l'époque de la foi religieuse chrétienne, l'excommunication était une arme terrible. On peut encore y recourir. Les nations excommunieraient la nationalité délinquante, jusqu'au moment où elle viendrait à résipiscence. L'excommunication, c'est le retranchement complet de la vie internationale ! Plus rien de commun entre la nation délinquante et les autres : ni chemins de fer, ni bateaux, ni poste, ni télégraphe, ni téléphone, ni ballons, ni aéroplanes. L'isolement complet et strictement maintenu jusqu'au moment où le peuple délinquant accepte la sentence.

Bref, il se passerait vis-à-vis des individus-nations la même chose qui se passe maintenant vis-à-vis des individus-particuliers.

Le rôle administratif du Conseil Amphyctionique des nations serait surtout un rôle de surveillance, dans chaque pays, pour empêcher, par exemple, les armements secrets. Une police internationale, l'armée internationale, seraient sous les ordres de ce Conseil des nations, non seulement une armée territoriale, mais une armée maritime, une flotte chargée de la police des mers. Chaque nation possédant des colonies pourrait avoir dans ces colonies une petite armée de police coloniale, ou bien ces armées coloniales feraient partie de l'armée internationale relevant du Conseil amphyctionique. En tous cas, afin d'éviter la formation d'une armée prétorienne avec une mentalité militaire, il serait indispensable que le temps de service fût court pour tous, officiers et soldats. Mais ce sont là des questions de détails qui n'affectent point le grand principe : un Conseil de délégués des nations administrant les rapports entre nations, veillant à l'exécution des conventions internationales, et ayant dans ce but, sous ses ordres, une police et une armée policière.

Si la guerre mondiale doit être la dernière des guerres, il faut, de toute nécessité, qu'elle se termine par un désarmement général et complet. C'est le seul, l'unique moyen de terminer l'ère barbare des luttes brutales et violentes entre les hommes. Quand un enfant a un jouet, il s'amuse avec ce jouet. Quand un homme a une arme, il s'en sert. Quand des gouvernants ont des armées, ils en usent. Enlevez à l'homme son arme, aux gouvernants leurs armées et vous n'aurez plus de guerre. Tant que vous les leur laisserez, l'humanité pourra avoir des trêves, mais elle n'aura jamais la paix.

Le désarmement obligera à la création d'un système juridique entre les collectivités, tout comme il en existe entre les individus. Il se formera un embryon de fédération entre les Etats du monde entier : chacun d'eux continuant à vivre et à se développer en pleine autonomie et liberté. Le processus sociologique que nous indiquons là n'est point une vue de l'esprit, imaginaire et sans base. Il n'est que la continuation du processus sociologique qui a créé le monde social actuel.

—

A l'aurore de l'humanité, l'homme seul, ou l'homme accouplé avec sa femelle, luttait violemment avec le couple voisin. Puis l'entr'aide naquit et des associations se formèrent. Et les luttes guerrières se firent entre petits clans et petites tribus. Au cours des âges, les clans et les tribus s'agrandirent, embrassèrent des collectivités de plus en plus nombreuses et les guerres cessaient dans l'intérieur des collectivités pour continuer entre collectivités étrangères l'une à l'autre, donc ennemies. De grands empires se fondèrent et ils eurent une paix interne, mais toujours des guerres externes. Et ces grands empires se brisèrent, parce que la base de leur fondement était la contrainte et la crainte, jamais la libre volonté et l'amour.

Des débris de ces grands empires sortirent des royaumes, des principautés, des duchés, des comtés et ce ne furent qu'alliances et luttes guerrières entre tous. Mais l'entente, d'autre part, tendait à embrasser de plus en plus de groupes et d'individus, par suite de l'extension de la communauté des intérêts et de leur interpénétration. Les guerres diminuèrent en nombre, tout en étreignant un plus grand nombre de gens. Le besoin d'union et d'entente agissait sur les hommes, parce qu'ils avaient conscience que cette union satisfaisait leurs intérêts ; mais toujours les hommes voulaient cette union sur les bases de la contrainte et de la crainte. Ils confondaient unification et union.

En se continuant, ce même processus nous amène à la guerre mondiale, dans laquelle nous constatons un maximum de luttes et un maximum d'unions. La continuation logique de ce procès est l'union générale des nations, des peuples de la terre, non plus sous une forme impériale et centralisatrice basée sur la contrainte et la crainte, mais sous une forme fédérative, basée sur la liberté et l'amour.

*
* *

Le besoin d'union est si fort parmi les hommes qu'il est une cause inconsciente de cette épouvantable guerre. Le désir d'hégémonie de l'Allemagne dirigeante et intellectuelle, qui a déchaîné cette guerre, n'était, sous certains égards, que la manifestation dans l'esprit germanique, du besoin d'union et d'entente entre les hommes. Seulement l'esprit germanique était intoxiqué par l'esprit d'obéissance et l'esprit d'autorité. Le mode d'action de l'esprit germanique était la contrainte et la crainte. Il en résulta donc que le besoin d'union et d'entente se manifesta chez les Allemands par un désir d'asservissement des peuples, afin de les unifier et de les doter d'une civilisation supérieure. L'esprit germanique, ainsi empoisonné en ses profondeurs, ne comprit pas que l'existence du monde repose sur sa diversité et sa variété, et qu'un monde unifié serait un monde monstrueux, condamné à une mort rapide. La nature tend sans cesse à développer l'hétérogénisation.

Le besoin d'union est une force naturelle si grande que nous en voyons les effets dans la guerre même, qui semblerait être par essence une force qui divise. En effet, nous sommes les témoins, non d'une guerre de deux peuples l'un contre l'autre, mais d'une guerre d'union de peuples. D'un côté, dix nations, en comptant comme un seul peuple tous les peuples de la Fédération britannique, ce qui n'est pas scientifiquement exact, et de l'autre quatre. Un des enseignements de cette guerre est que la puissance d'union est plus grande que la puissance de désunion.

Mais il importe de ne jamais confondre union, unification et fusion. Les concepts sont très différents, de même que leurs effets. L'homme doit aider le travail de la nature et non s'y opposer. Son opposition ne ferait que provoquer des ruptures d'équilibres, donc des désordres. Aussi les hommes doivent-ils tendre à développer sans cesse le besoin d'union qui est en eux. Mais ils ne peuvent accorder ce besoin d'union avec le processus naturel d'hétérogénisation qu'en établissant ces unions sur des bases de liberté et d'amour. Ce sont ces seules bases qui permettent et le développement des groupes et des individus d'une façon indépendante et la formation de groupes variés et libres.

Le processus de fédération mondiale des nations est en marche depuis l'aurore du monde. Sa réalisation était une question de temps. La guerre actuelle a, semble-t-il, précipité cette réalisation, résultante inéluctable des multiples composantes sociologiques accumulées au cours des millénaires. La guerre mondiale n'est qu'un effet de ce déterminisme universel. Les dirigeants allemands qui la déchaînèrent en sont les agents inconscients. Et toutes ces conditions étant données, il n'était pas possible pour eux de ne pas la déchaîner. Ils étaient comme une avalanche qui roule sur la pente de la montagne, écrasant et entraînant arbres et maisons sur son passage. Et de même que les hommes n'ont aucune haine contre l'avalanche, de même les hommes ne doivent pas avoir de haine contre les Allemands, ces ouvriers inconscients des tueries qui ensanglantent le monde depuis deux ans et demi. Ils ne pouvaient pas faire autrement qu'ils n'ont fait, toutes conditions étant données.

La fin ultime de cette guerre mondiale doit être le désarmement universel et total. Tout l'ordonne : conditions économiques, conditions politiques et conditions morales.

Ce n'est point là une utopie, mais serait-ce une utopie que cela n'empêcherait point sa réalisation. L'utopie d'aujourd'hui est la réalité de demain. « L'histoire de l'esprit humain, comme l'écrivit Ernest Renan, nous montre toutes les idées naissant hors la loi et grandissant subrepticement. Qu'on remonte à l'origine de toutes les réformes; elles semblent régulièrement inexécutables. » Le désarmement total et universel semblera certainement à beaucoup de personnes inexécutable. Il n'en est pas moins le but vers lequel l'humanité marche d'un pas lent mais sûr. Et tout fait présumer que ce but sera atteint à la fin de la guerre. Il dépend des hommes de l'atteindre et surtout de ceux qui sont le plus avancés au point de vue politique, les peuples d'Occident, de France, de Grande-Bretagne, de Belgique, des Etats-Unis, etc. S'ils le veulent, ils peuvent clore l'ère des guerres entre les hommes, ce qui permettra aux humains d'utiliser mieux les forces physiques et intellectuelles, pour combattre et dominer les forces de la nature.

FIN

TABLE ANALYTIQUE DES MATIÈRES

L'importance sociologique de cette guerre. — L'aire des combats. — Le nombre des belligérants et des combattants. — La suractivité intellectuelle et morale de l'humanité. — Il en ressort des enseignements.

La manière violente dans la conduite de la guerre. — Les pertes. — Falsification des statistiques allemandes. — Tués, blessés et prisonniers chez les belligérants. — La défaite des Impériaux est fatale. — La totalité des pertes. — La nature de la guerre. — L'échec de la réglementation de la guerre. — La conduite de la guerre repose sur la violence et la ruse. — Le terrorisme. — La mentalité militaire. — Elle est produite par l'éducation basée sur la crainte. — Le mensonge, mode de conduite des hommes. — Définition de ce qu'on entend par démocratie et autocratie. — Les mensonges des communiqués militaires. — La presse, agent de tromperie des peuples. — La puissance de la diplomatie secrète. — Opposition avec le principe démocratique. — Les nuisances et les crimes produits par les mensonges et la diplomatie secrète. — Le mépris des Impériaux pour l'opinion publique. — Les mensonges et les falsifications des pièces du Gouvernement allemand. — Les traités ne valent que selon la volonté des contractants. — Le principe : la force crée le droit, doit disparaître. — Il est à la base de toute l'éducation, puisqu'elle est basée sur la crainte. — Les effets psychiques de cette éducation. — Discipline passive et discipline volontaire. — Les conséquences qui en dérivent. — Les hommes ne sont pas des automates et ne peuvent

La guerre et le gouvernement des militaires et des légistes. — Le gouvernement des vieux. — La richesse a plus de valeur que les vies humaines. — L'influence des conditions géographiques, climatériques et géologiques sur la guerre ; insularité ; la mer, les rivières, les monts et les plaines désertiques ; la neige, la pluie, le vent ; le mimétisme dans la guerre ; les productions du sous-sol et du sol. — L'entr'aide générale. — Le sentiment de socialité est plus développé chez les Britanniques. — Apparition d'un sentiment moral universel. — Les manifestations de haine sont simplement littéraires.

La question des représailles. — La politique de « œil pour œil ». — La vengeance est absurde. — Les représailles sont toujours inutiles. — La responsabilité collective, idée expulsée de nos codes et lois. — Les buts réels des raids aériens. — Par nature, la guerre est un tissu de crimes, non un sport. — Il n'y a pas de non-combattants. — Il faut exécrer la guerre et non simplement quelques-unes de ses modalités. — C'est le misonéisme qui fait condamner les raids aériens et sous-marins et pas les autres manifestations de la guerre. — Le critère unique de l'emploi d'armes, en guerre, est leur utilité pour le but de la guerre.

Les buts de la guerre. — Distinction entre les buts des dirigeants et les buts des masses populaires. — L'Allemagne déchaîna la guerre. — Les buts de ses dirigeants. — Ils sont économiques. — La surpopulation et le néo-malthusianisme.— Les buts de la masse populaire. — Les volontés d'hégémonie européenne et mondiale. — L'obligation de détruire l'Empire britannique. — L'Empire de l'Europe centrale. — Les buts des peuples britanniques. — Ils sont politico-moraux. — Les buts de l'Autriche-Hongrie. — La valeur des traités entre Etats. — Leur base est l'intérêt, car ils sont sans sanction autre que la guerre. — Le Droit légal n'a pas d'existence en soi. — Les droits naturels sont réellement des besoins de la Nature. — Les buts du Japon. — Les buts de l'Italie. — Les buts de la Russie. — Les buts de la Turquie, de la Bulgarie et de la Serbie, de la Roumanie. — Les buts de la Belgique et de la France. — Prédominance des buts économiques chez les dirigeants. — La lutte pour la possession des routes. — Les masses populaires ont surtout des buts politico-moraux. — La guerre est un conflit des principes autorité et liberté. — Sa gravité à cet égard. —

mement : *économies budgétaires, accroissement de la production,* disparition du parasitisme militaire, disparition de l'esprit militaire conséquences politiques, rapports juridiques internationaux, affaiblissement des autocraties, accroissement des démocraties. — L'armement des neutres est une conséquence de la fièvre d'armement des belligérants. — Le désarmement naval. — Les opposants au désarmement sont les militaires professionnels et les éléments conservateurs. — L'humanité entière veut la fin des guerres et le désarmement. — Sa réalisation dépend de la volonté des démocraties. — Les conditions qui résultent du désarmement : la suppression des manufactures d'armes, indemnité aux propriétaires ; les tribunaux ou cours entre nations, le conseil amphictyonique des nations. — L'excommunication comme sanction. — La police des nations. — L'armée policière. — La fédération des nations. — Ce processus sociologique continue le processus depuis l'aurore du monde jusqu'à maintenant. — Le besoin d'union, déformé par la mentalité germanique intoxiquée d'esprit d'obéissance et d'autorité, a engendré la guerre. — Les dirigeants allemands furent des agents inconscients du déterminisme universel. — La fin ultime de la guerre doit être le désarmement. — Résultat final de toutes les conditions économiques, politiques, morales, il n'est pas une utopie, mais une nécessité.

POSTFACE

Des événements qui se passèrent durant le temps où je corrigeais les épreuves de ce livre, il n'en est aucun qui vînt infirmer les leçons que nous tirâmes de cette guerre mondiale.

L'immobilité des fronts en Europe ; la campagne de mouvements dans l'entre fleuves de l'Euphrate et du Tigre avec la prise de Bagdad ; le blocus des Puissances Centrales par les Occidentaux et la tentative de blocus des Occidentaux par les sous-marins austro-allemands ; l'intensification de la guerre sous-marine ; l'intervention de M. Woodrow Wilson dans le conflit mondial par sa Note aux belligérants, son Message au Sénat américain, sa rupture diplomatique et, demain, sa déclaration de guerre à l'Allemagne ; les troubles populaires d'Allemagne et de Russie ; la Révolution populaire et militaire en Russie ; l'échec politique du Premier Ministre australien Hughes ; les menées diplomatiques des gouvernants allemands contre les Etats-Unis, au Mexique, à Cuba, etc. ; les aspirations croissantes pour la paix chez tous les belligérants, dont les manifestations sont l'accroissement des minorités dans les Partis socialistes et la crainte, ouvertement exprimée, de mouvements révolutionnaires plus ou moins proches ; les réglementations pour la consommation des subsistances chez les neutres et les belligérants ; et d'autres événements encore, confirment les enseignements que j'exposais à mes auditeurs de *University Extension Lectures* (Université de Londres) du 13 novembre 1915 au 18 mars 1916.

A nouveau l'observateur constata :

L'influence des milieux climatérique, orographique, saisonniers ; l'importance des produits du sol et du sous-sol ; l'indispensabilité des travailleurs de l'usine, de la terre et de la mine ; la nuisance des non-travailleurs, des parasites sociaux ; la manière brutale, terrorisante dont la guerre est menée et par conséquent, l'échec complet de la réglementation de la guerre ; la faillite du militarisme impuissant à obtenir une décision de cette guerre ; l'influence croissante de l'ingénieur et de l'administrateur, symptômes flagrants de la substitution de la puissance économique à la puissance militaire ; la nuisance de l'éducation et de l'esprit militaires, qui ont conduit les puissances centrales à entasser fautes sur fautes au point de vue diplomatique, l'Empire Britannique à l'échec de la campagne des Dardanelles, etc. ; la confirmation que la guerre actuelle est une guerre d'usure ; l'accroissement énorme des dépenses de munitions, donc l'accroissement des frais de guerre dont les conséquences sont l'impossibilité de toute indemnisation d'un belligérant quelconque et l'édification d'une situation économique révolutionnaire ; la diminution des subsistances et des matières premières chez les neutres et les belligérants, avec ses conséquences, l'augmentation du coût de la vie, la création d'une situation révolutionnaire et la marche lente mais sûre vers la disette et la famine ; la solidarité du monde entier, des peuples entre eux et des hommes avec les ambiants ; l'importance de la maîtrise de la mer ; l'atmosphère d'obscurité, d'ignorance dans laquelle les gouvernements — sauf aux Etats-Unis — maintiennent les peuples par les censures de la presse et de la poste ; la puissance des minorités agissantes comme celle de l'Ulster empêchant l'application du Home Rule à l'Irlande et donnant ainsi une arme morale aux gouvernants allemands ; la lutte des principes d'autorité symbolisés en les puissances centrales et des principes de liberté symbolisés en les puissances occidentales ; l'antagonisme des mœurs démocratiques des Français et des Britanniques avec les tendances autocratiques de leurs gouvernements ; le progermanisme des éléments conservateurs dans le monde entier (Suède, Cuba, Espagne) ; la croissance du socialisme et, dans le socialisme, de la minorité d'opposition ; la marche des partis socialistes vers une scission interne ; la croissance des démocraties et la diminution des autocraties ; la nuisance des autocraties ; l'échec complet des forces réactionnaires germaniques, dont les actes ont des résultats contraires à ceux qu'elles voulaient ; l'affaiblissement croissant des peuples d'Europe en quantité et en qualité par suite de la mortalité croissante, surtout des enfants ; un certain rajeunissement des cadres gouvernementaux en Grande-Bretagne et en France avec sa conséquence : une activité plus grande ; etc.

Le Message que M. W. Wilson a adressé au Sénat Américain en janvier 1917 a retenti dans le monde entier. Avec sa haute autorité de chef de l'Etat le plus puissant du monde, il a posé les principes d'une paix stable ; et c'est avec joie que j'ai constaté que ces principes étaient ceux que j'exprimais il y a un an déjà, ceux qui figurent dans les chapitres XI, XII et XIII de cet ouvrage. L'entrée, dans le conflit mondial, des Etats-Unis dirigés par un penseur comme M. Wilson fait bien augurer de l'avenir. Lorsque le canon se sera tu et qu'il faudra régler les conditions de la paix, l'arbitre de la situation sera M. Wilson. Il en sera ainsi parce que sa force reposera d'une part sur les milliards de francs, les millions d'hommes, les milliers d'usines et les millions d'hectares de terre des Etats-Unis, d'autre part ; sur ce qu'il sera le représentant réel des populations démocratiques du monde entier. Maintenant, plus n'est possible de restreindre la paix à être une paix entre belligérants seuls. Les délégués de tous les peuples y participeront. Derrière M. Wilson on verra entrer dans la salle où se discuteront les conditions de la paix, tous les neutres, si tant est que le terrorisme et l'insolence germaniques permettent qu'il en existe encore, à la fin de la guerre qu'on ne peut encore apercevoir.

La paix qui terminera cette guerre mondiale sera une paix stable, basée sur les principes démocratiques exposés par M. Wilson dans son admirable Message et dans nos chapitres de l'Après-guerre.

Les vaincus de cette guerre mondiale seront, que dis-je, sont d'ores et déjà les autocraties et leurs soutiens, les empereurs et les rois, les militaires profesionnels, les clergés et les castes imbues d'esprit réactionnaire. La conséquence générale du cataclysme épouvantable qui ravage le monde depuis août 1914 sera un grand progrès démocratique. L'Après guerre verra sur la terre plus de liberté, plus d'égalité, plus de solidarité entre les hommes et leurs groupements.

Port-Blanc en Penvénant (Côtes-du-Nord),
16 mars 1917.

SAINT-AMAND (CHER). — IMPRIMERIE BUSSIÈRE.

www.ingramcontent.com/pod-product-compliance
Ingram Content Group UK Ltd.
Pitfield, Milton Keynes, MK11 3LW, UK
UKHW021103220726
13924UKWH00005B/2216